KB242080

룸살롱
공화국

인사갈마들 총서

부패와 향락, 패거리의 요새
밀실접대 65년의 기록 —— 강준만 지음

룸살롱 공화국

인물과
사상사

룸살롱을 보면 한국 사회가 보인다

1999년 세계보건기구 통계로 한국의 1인당 순수알코올 소비량은 슬로베니아에 이어 세계 2위를 기록했다.[1] 2004년 도수 높은 고(高)알코올 증류주 1인당 소비량 상위 9개국은 ①러시아 6.5(리터/연간) ②라트비아 5.6 ③루마니아 4.7 ④한국 4.5 ⑤슬로바키아 4.3 ⑥폴란드 3.5 ⑦체코 3.3 ⑧태국 3.1 ⑨헝가리 3.0 등으로, 한국은 세계 4위를 차지했다.[2] 마르셀 모스(M. Mauss)는 한 사회의 특성이 그 사회의 음식문화에 압축되어 있다고 했다.[3] 술도 중요한 음식일진대, 한국이 세계적인 '음주공화국'이라는 사실을 어찌 가볍게 넘길 수 있으랴.

　2009년 금융위기 여파로 기업들이 광고비를 줄이는 등 허리띠를 졸라맸지만, 접대비 비중은 되레 늘린 것으로 나타났다. 한국은행의 집계를 보면, 2009년 국내 기업이 지출한 접대비는 6조 5000억 원으로 전체 매출(2592조 4000억 원)의 0.3퍼센트를 차지했다. 2008년 매출 대비 접대비(5조 7000억 원) 비중이 0.2퍼센트였던 것에 견줘 0.1퍼센트포인트 늘어난 수치였다. 접대비 비중이 늘어난 데 비해, 기업 경기를 반영하는 광고비 집행은 급감했다. 기업 전체 광고·선전비는 2008년 15조 원에서 13조 7000억 원으로 크게 줄었다. 매출액에서 차지하는 비중도 0.6퍼센트에서 0.5퍼센트로 축소됐다.[4]

6조 5000억 원이라는 돈의 규모도 놀랍지만, 더욱 놀라운 건 중요한 '역사'가 주로 접대의 와중에서 이뤄진다는 사실이다. 접대비에서 유흥비가 차지하는 비중은 절반이 넘는다.[5] 한국 유흥 접대문화의 꽃이라 할 룸살롱 고객의 70퍼센트 이상을 공급, 젖줄 역할을 하는 게 누구인가? 바로 대기업 그룹들이다.[6] 대기업이 그렇게 하면 중소기업과 자영업자들도 그 뒤를 따라가기 마련이다. 그리하여 한국 내 위스키 판매량의 80퍼센트가 룸살롱에서 소비되며, 그 덕분에 한국은 세계 5위의 위스키 소비국으로 급성장했다.[7]

한국은 '음주공화국'·'접대공화국'인 동시에 '칸막이공화국'이다. 나중에 자세히 논의하겠지만, 칸막이 현상은 한국 사회를 이해하는 핵이다. 그걸 이해하면 지역 갈등에서부터 유흥문화에 이르기까지 모든 수수께끼가 풀린다. 은밀한 접대는 칸막이를 필요로 하며, 룸살롱의 가장 큰 장점은 그런 칸막이를 우아하게(?) 구현했다는 점이다. 바로 이런 이유 때문에 한국 사회를 제대로 이해하는 데엔 정당, 국회, 검찰 등과 같은 공식적인 제도와 기구보다는 룸살롱에 대한 연구가 더 중요할 수도 있다.

한동안 한국 사회를 떠들썩하게 만든 '검찰 스폰서 스캔들'의 핵심도 룸살롱이 아닌가. 이 사건과 관련해 가장 흥미롭고도 놀라운 사실은 검사의 타락이라기보다는 룸살롱의 질긴 생명력이다. 검사뿐만 아니라 판사와 변호사 등까지 가담한 그런 스캔들이 그간 수년을 주기로 수도 없이 일어났으며, 그래서 급기야 "룸살롱이 법정인 나라"라는 말까지 나왔건만,[8] 도무지 바뀔 줄을 모른다. 아, 룸살롱의 위대함이여!

검사들은 삼겹살 먹거나 호프집에서 맥주 마시는 데까지 스폰서를 동원하진 않는다. 검사 월급으론 도저히 감당할 수 없는 룸살롱을 너무도 사랑했기에 스폰서가 필요했던 것 아닌가. 룸살롱이란 무엇인가? 드라마틱한 휘황찬란함과 '섹스'라는 실체와 이미지를 빼놓곤 생각할 수 없는 곳이다. 모든 룸살롱이 그렇다는 게 아니라 적어도 검사님들을 접대하는 수준의 이른바 '텐프로' 룸살롱은 그렇다는 것이다. 텔레비전 드라마에 나오는 미모의 탤런트들 뺨치는 싱싱한 미녀들이 모든 걸 다 바치겠다는 자세로 임할 때에 대통령 권력인들 부러우랴.

검사들은 대학입시에서부터 사법고시에 이르기까지 적어도 시험에 관한 한 대한민국의 톱 1퍼센트 영재에 속하는 사람들이다. 자긍심과 자부심은 하늘을 찌를 정도로 높다. 그런 사람들이, 게다가 일상적으로 정의구현을 외치는 사람들이, 결코 건전치 않은 스폰서의 돈으로 그런 주지육림(酒池肉林)을 넘보는 걸 어떻게 설명할 수 있겠는가?

검사들만 탓하면 속이 편하겠지만, 그게 전혀 그렇지 않다는 데에 진짜 문제가 있다. '스폰서의 능력'이 '검사의 능력'으로 통하는 조직문화와 세태가 진짜 문제다.[9] 검사들이 좀 심할망정, 이는 검사들에게만 국한되지 않는다. 조직을 통솔하는 리더십을 보여주기 위해선 부하들에게도 '접대'가 필요하다. 조직의 상하관계에서도 그럴진대, 생판 모르는 사람들 사이에선 오죽하랴.

이 책은 그런 문화를 비판하기 위한 것은 아니다. 물론 어느 정도 비판이 따라붙긴 하겠지만, 좋건 나쁘건 우리의 실상 그대로를 담담하게 기록함으로써 우리 자신에 대한 이해와 성찰의 기회로 삼자는 데에 주요 목적을 두고 있다.

이 책은 나의 '한국 사회문화사 시리즈' 가운데 『죄의식과 희생양: 대한민국 반공의 역사』(김환표와 공저, 개마고원, 2004), 『고종 스타벅스에 가다: 커피와 다방의 사회사』(오두진과 공저, 인물과사상사, 2005), 『축구는 한국이다: 한국축구 124년사, 1882-2006』(인물과사상사, 2006), 『강남, 낯선 대한민국의 자화상: 말죽거리에서 타워팰리스까지』(인물과사상사, 2006), 『입시전쟁 잔혹사: 학벌과 밥줄을 건 한판

승부』(인물과사상사, 2009), 『어머니 수난사』(인물과사상사, 2009), 『전화의 역사: 전화로 읽는 한국 문화사』(인물과사상사, 2009), 『영혼이라도 팔아 취직하고 싶다: 한국 실업의 역사』(개마고원, 2010)에 이어 아홉 번째 책이다. 한국 사회의 모든 것들을 역사적 기록으로 남기겠다는 나의 뜻에 지지와 격려를 아끼지 않은 독자들께 깊이 감사드린다.

2011년 3월
강준만 올림

| 차례 |

1947년 서울에만 3000여 개 이상의 요정이 있었으니,

요릿집과 기생집이 보통사람들의 화제가 되지 않는다면

오히려 그게 더 이상한 일이었을 것이다.

당시 요릿집과 기생집 출입은 정치 지도자들에서부터

경찰에 이르기까지 사회 전 분야에 걸쳐 만연된 관행이었다.

오죽하면 1946년 12월 중순 수도경찰청이 "경찰관들의

요정 출입으로 경찰 행정에 불민한 점이 적지 않으므로

경찰의 각종 요정 출입을 일절 엄금할 것"을 지시했겠는가.

그러나 위에서부터 늘 요릿집과 기생집을 출입하는데,

그것이 근절될 리는 없었다. 조병옥, 장택상 등

경찰 수뇌부도 '요정 정치'의 선두 주자였던 것이다.

1장

해방정국~1960년대

요정의 전성시대

해방정국의 요정 정치

한국의 유별난 접대문화는 언제부터 시작된 것일까? 박노자는 지금과 같은 접대문화가 일제강점기 때 굳어진 거라고 주장한다. "일제시대에 조선인은 일본 관료들한테 아주 잘 보이지 않고서는 도저히 되지 않았거든요. 대표적으로 당시에 조선 은행계·기업계에서 큰 역할을 했던 한상룡 같은 매판자본가는 자신의 집을 개방해서 총독부 관료들을 접대하는 것을 거의 일종의 의례처럼 하고 한술 더 떠서, 그 사람이 영어도 좀 했거든요. 총독부 쪽으로 오는 외국 손님들을 그 집에서 접대했습니다. 총독부 쪽에 공을 들이는 게 대체로 그런 방식이었습니다. 다른 매판 자본가들도 그런 식으로 접대를 했습니다. 그때의 관행이 굳어져 지금까지 고스란히 이어진 것입니다."[1]

그러나 기원은 일본일망정 한국인들이 창의적으로 발전시킨 것들도 많다. 접대의 역사는 기생과 요정으로까지 거슬러 올라가야 하겠지만, 이는 '매매춘의 역사'라는 별도의 책을 통해 다룰 것이므로,

일제강점기 일본 요정이 성행했던 진고개의 혼마치 거리. 박노자는 지금과 같은 접대문화가 일제강점기 때 굳어졌다고 주장한다.

여기에선 해방 이후부터, 그리고 룸살롱의 원조(元祖)라 할 요정과 룸살롱 중심으로 살펴보기로 하자.

해방정국의 문제는 좌우(左右) 분열만은 아니었다. 당시 모든 지도층 인사들에게 해당되는 것이었겠지만, 염불보다는 잿밥에 관심을 가진 사람들이 너무 많았다. 자신들의 독립투쟁에 대한 과도한 보상 욕구였는지도 모르겠다. 당시 장준하는 어느 환영회에 참석했다가 충격을 받았다. 민중은 굶주리고 있는데, 독립투사라는 사람들이 국내 제일의 요정인 명월관에서 산해진미와 기녀(妓女)들에 휩싸여 흥청망청하는 와중에 기녀들의 이마에 여기저기서 지폐가 붙여지는 걸 보고 '이건 아니다' 싶었던 것이다. 장준하는 훗날 이때를 이렇게 술회했다.

"이런 식의 초대 향응이 매일 매야 바뀌는 명목들로 벌어졌다. 누구누구를 초대하든 같은 명월관이나 국일관 등 주지육림 속에서 놀아나며 세월을 허송하는 것이었다. 요릿집 경기는 장안을 누르고, 해방된 기쁨이라고 사회와 인심은 둥둥 들떠 있었다. 이 혼잡 속에서도 불순한 정치세력은 칡넝쿨처럼 이권과 이해와 정치목적을 따라 뻗어나갔고 국민들은 깨어나야 할 혼돈 속에서 각성을 몰랐다. 임정을 위요(圍繞: 둘러쌈)하고 있는 밖의 정치세력들도 집요하게 달려들었다. 임정과 연결을 가지려는 이들 악착스러운 움직임에 빠져, 국무위원들은 각자 자기대로 외적인 파벌과 결탁을 하기에 바쁜 것이 현저한 그들의 행태였다."[2]

해방정국에선 모든 사람들의 일상적 삶이 정치화되었으며, 그렇게 하지 않고선 생존을 도모하기가 어려웠다. 미군정은 일본인들이 남긴 재산, 이른바 적산(敵産, enemy property)에 대한 처분권을 갖게 되었기 때문에 그 엄청난 이권의 배분을 둘러싸고 미군과 영어로 대화를 나눌 수 있는 사람이 유리한 고지를 차지할 수 있었다. 통역자들의 임금이 매우 낮은 수준이었는데도 불구하고 영어를 할 줄 아는 교육받은 지식인들이 대거 몰려들었던 것도 그런 사정 때문이었다.[3]

뇌물이나 매수 등을 뜻하는 속어인 '사바사바'라는 말도 바로 이때부터 생겨났다.[4] '사바사바'가 이루어지는 현장은 주로 요정이었다. 이른바 '요정 정치'의 만개는 민간 영역에까지 널리 퍼져 있었다. 『한성일보』(1946년 2월 28일)는 "미군이 진주한 이래 불량 모리배

보상욕구 때문이었을까. 해방 이후 독립투사들마저도 국내 제일의 요정 명월관에 모여 흥청망청하는
일이 잦았다.(사진은 명월관의 1930년 모습)

철거 직전의 태화관(1980년). 명월관 분점으로 태어난 태화관은 1919년 3월 1일 〈독립 선언서〉를 낭독
하는 자리를 제공했다는 이유로 영업 정지를 당하고 연이어 원인 모를 화재로 피해를 입었다.

들과 또는 아첨을 즐기는 도배들이 미 군인들과 교제를 핑계로 ……
그 교제의 태반은 주연으로 벌어져 날이 갈수록 그 도수가 잦아가고
있는 형편"이라고 썼다.[5]

한국인들은 미군정을 불신하게 되었지만, 미군 역시 한국인에 대
해 불신을 쌓아나갈 이유는 충분했다. 사회적 혼란이 외양으론 좌우
(左右) 갈등의 형식을 띠었지만, 그 내면에선 자기편의 승리를 위해
또는 자기 자신의 이권을 위해 중상과 이간과 모략을 밥 먹듯이 하는
사람들이 너무 많았기 때문이었다. 언론인 오기영은 월간 『신천지』
(1946년 11월호)에 쓴 글에서 이렇게 말했다.

"실로 현재의 조선은 정계나, 산업계나, 교육계나, 관계(官界)나 모
두가 이 열병에 걸려 있습니다. 창고만을 들여다보고 욕심이 발동하
여 생산 책임을 고려할 새 없이 적산(敵産) 관리인이 되고 싶으니 이
미 돼 있는 사람을 몰아내는 모략이 필요하며 지위만을 탐이 나서 거
기 따르는 책임과 자기의 역량을 고려할 새가 없이 그 지위에 앉아보
고 싶으니 먼저 앉은 자를 쫓아내는 중상이 필요하게 되어 있습니다.
미국인의 눈에 조선 사람처럼 저희끼리 칭찬할 줄 모르고 욕할 줄만
아는 민족이 없다고 보이는 것은 그들의 인식 착오가 아니라 그들은
적어도 조선 사람에게서 고가의 요리 접대를 받아가면서 정직하게
인식한 결론입니다."[6]

'빈대떡 신사'의 비애

그랬다. 굶어 죽는 사람이 속출하는 해방정국에서도 그런 접대를 위한 요정 산업은 최대의 호황을 구가했다. 이에 대해 민심이 고울 리 없었다. 1946년 12월 사회단체들은 엄동설한(嚴冬雪寒)에 추위에 떨고 있는 전재민(戰災民)과 귀환동포들에게 요정을 개방하라는 성명을 발표했다.[7] 이런 요구가 빗발쳐 서울시는 13개 적산 요정을 2000여 전재민에게 개방키로 했으나, 실제 개방을 지연시켜 비난을 샀고, 나중엔 요정에 수용된 고아들을 다시 내쫓음으로써 논란을 빚었다.[8]

1947년의 히트 가요인 한복남의 '빈대떡 신사'는 요정에 미쳐 돌아가는 세태를 풍자한 코믹송이었다. "양복 입은 신사가 요릿집 문 앞에서 매를 맞는데/왜 맞을까 왜 맞을까 원인은 한 가지 돈이 없어/들어갈 땐 폼을 내어 들어가더니 나올 적엔 돈이 없어 쩔쩔매다가/뒷문으로 도망가다 붙잡히어서 매를 맞누나 매를 맞는구나/으하하하 우습디 이히히히 우습나 에헤헤헤 우습다 우화화화 우습다/돈 없으면 집에 가서 빈대떡이나 부쳐 먹지/한 푼 없는 건달이 요릿집이 무어냐 기생집이 무어냐"[9]

1947년 서울에만 3000여 개 이상의 요정이 있었으니, 요릿집과 기생집이 보통사람들의 화제가 되지 않는다면 오히려 그게 더 이상한 일이었을 것이다. 당시 요릿집과 기생집 출입은 정치 지도자들에서부터 경찰에 이르기까지 사회 전 분야에 걸쳐 만연된 관행이었다. 오죽하면 1946년 12월 중순 수도경찰청이 "경찰관들의 요정 출입으로

굶어 죽는 사람이 속출하는 해방정국에
서도 접대를 위한 요정 산업은 최대의
호황을 구가했다. 이런 세태를 풍자한
노래인 한복남의 〈빈대떡 신사〉가 수록
된 앨범.

경찰 행정에 불민한 점이 적지 않으므로 경찰의 각종 요정 출입을 일
절 엄금할 것"을 지시했겠는가. 그러나 위에서부터 늘 요릿집과 기
생집을 출입하는데, 그것이 근절될 리는 없었다. 조병옥, 장택상 등
경찰 수뇌부도 '요정 정치'의 선두 주자였던 것이다.[10]

　『조선경제』(1948년 4월호)에 게재된 「도탄에 빠진 남조선의 민생문
제」라는 제목의 글에 따르면, "도시의 요정은 불야성을 이루고 있나
니 그곳은 포만도당(飽滿徒黨)인 친일파 자본가 모리배 악덕 관리들
의 호유처(豪遊處)로 되어 근로 인민들의 세계와는 별천지를 형성하
고 있다. 신문 보도에 의하면 최근 1개월 동안 서울 시내의 유흥비는
1억 수천만 원이라 하여 작년 6월 한 달 동안의 유흥세(서울)만 약
6000만 원에 달하고 있다."[11]

　특히 엘리트 계급이 주도하는 '요정 정치'는 미국 기자가 조롱할
정도로 기승을 부리고 있었다. 미국 『라이프』지의 사진 기자 조지 실

크는 서울발 기사에서 이렇게 썼다. "나는 지금 한국의 유명한 기생집에서 파티가 벌어지는 가운데 이 기사를 쓴다. 이 파티는 이와 유사한 51개 파티 중 세 번째 것이다. 지난 수 주일 동안 한국에서는 51개의 정치집단이 우후죽순처럼 생겨났으며, 그들은 저마다 미군 당국에 접근하려고 노력하고 있다. 이에 실패하자 그들은 미국 언론으로 표적을 바꾸어 환대해주고 있다."[12]

한국전쟁 중에도 요정은 호황

대한민국 정부 수립 직후에도 공무원들의 '요정 출입 엄금령'이 떨어지지만, 별 효과는 없었다.[13] 요정이 호황을 누리자 무허가 요정들이 무더기로 생겨 심각한 사회문제가 될 정도였다.[14] 1948년 12월 10일을 기하여 고급요정 철폐령이 떨어지지만, 비현실적이라는 이유로 집행이 유예돼 요정은 엉거주춤한 자세로 계속 호황을 누렸다.[15] 1949년 4월 내무부가 정복 경관의 요정 출입을 엄금한다고 발표한 걸 보면, 요정의 인기가 계속되었다는 걸 알 수 있다.[16] 경관이 사복을 입고 요정에 드나드는 건 어쩔 수 없다고 본 게 아닌가. 요정 출입자 중 공무원은 49퍼센트이며, 1위는 재무부 공무원, 2위는 상공부 공무원인 것으로 밝혀졌다.[17]

　1950년 3월 국무회의와 서울시의 결정에 따라 매주 수요일이 술과 고기를 팔지 않는 '무주무육일(無酒無肉日)'로 지정되자, 그날 요정의 기생들이 부잣집 잔치판에 나가거나 자기 집으로 손님을 모시는 풍경이 연출되었다.[18] 1950년 한국전쟁의 발발은 요정에 어떤 변화를 가져왔을까? 얼른 생각하면 전쟁 통에 요정은 다 사라졌을 것 같지만, 그게 전혀 그렇질 않았다. 1950년 12월에 그 해묵은 '고급요정 폐쇄령'이 또 나온 걸 보면, 요정의 호황이 계속되었다는 걸 알 수 있다.[19]

부산 피란 시절 총리를 지낸 장택상의 회고에 따르면, 공무원들이 열한 시쯤 되어 점심을 한다고 나가서는 두세 시까지 지체하고, 그것도 모자라 다방에서 한두 시간 지내다가 서너 시에 돌아왔고, 또 밤이 되면 고급 요정에 드나들면서 협잡을 일삼았다.[20] 피란지 부산에선 요정에 더하여 댄스홀까지 호황을 누렸다.

김두한의 증언에 따르면, "부산은 혼란의 도가니였다. 먼저 내려온 정부 고위층의 가족들은 전쟁과 아랑곳없이 환락에 잠기고 있었고 부산 유흥가는 전쟁을 모르는 채 화려한 네온사인에 뒤덮여 불야성을 이루고 있었다. …… 나는 부산 앞바다 20리 전방에 수백 쌍의 기동선이 전세를 관망하면서 일본 도피를 꿈꾸고 있다는 것을 알았다. 이들은 대부분 정부 고위층과 사회 유력인사들의 가족이라고 했다. 100리 전방에서는 치열한 전투가 벌어지고 있는데 민족의 자유를 수호하는 전쟁에 아랑곳없이 보화를 싣고 자식들만 데리고 일본으로 피란 가려는 가증한 반민족 모리배를 용서할 수 없었다. 그들에게서 출전 자금을 뜯어내려고 결심한 나는 이른 새벽에 발동선 1대를 강제로 징발했다. 기관총 1정을 싣고 특공대원에게 권총을 휴대시킨 후 내가 선두에 서서 부산 앞바다 20리 지점에 정박하고 있는 그들의 배에 올라타 금품을 강제로 희사받았다. …… 당시 그들의 선실을 뒤졌을 때 나는 그들의 화려함에 놀란 정도가 아니라 기절할 뻔했다. 군대에 가야 할 적령기에 있는 젊은이가 여인들과 춤을 추고 있었고, 외래품으로 몸을 감은 그들은 양주병을 앞에 놓고 엔조이에 한창들이었다."[21]

김두한은 다음엔 쌍권총으로 무장하고 광복동에 있는 '늘봄' 댄스홀로 갔다고 말한다. "댄스홀 앞에는 고급 세단과 군 고급장교 지프들이 즐비하게 늘어서 있었다. 나는 늘봄 댄스홀의 문을 열고 들어서자마자 양손에 권총을 들고 16발을 공중에 발사했다. 쌍쌍이 춤을 추던 남녀가 한꺼번에 땅에 엎드렸다. 불과 백여 리 전방에서는 전투가 치열해 젊은 청년들이 쓰러져가고 있는데, 전쟁을 아랑곳하지 않는 특권층들은 여자들과 함께 일대 육체의 향연을 베풀고 있었던 것이다. 이러한 반민족분자들을 나는 치고 때리고 했다. …… '너희들이 가진 금품을 이 광주리에 담아라. 나는 단순한 금품강도가 아니다. 포항작전에서 의용군으로 참여했다가 부상당해 돌아온 500명의 학도병 치료비로 쓸 것이다. 또다시 국가와 민족을 망각하고 춤을 추러 다니는 년놈은 부산 앞바다에 수장시켜버릴 테니 알아서 하라.'"[22]

수없이 반복되는 '고급요정 폐쇄령'

김두한이 괜한 말을 한 것 같지는 않다. 강문봉의 회고도 비슷한 내

"휘하 장병들이 굶어 죽어 병들어 죽는 순간에도 그들은 따뜻한 요정에서 기생을 옆에 끼고…" 9만 명의 군인이 사망한 국민방위군 사건 재판 당시 중령 김태청이 피고에 던진 추상과 같은 일갈에도 요 정은 빠지지 않았다.(사진은 소집된 국민방위군의 모습)

용이다.[23] 당시 후방 군인들의 군기도 매우 문란해 육군참모총장 정 일권은 1950년 9월 8일 일부 후방근무 장병들이 군의 사명을 망각하 고 탈선행위, 풍기문란, 민중에 끼치는 폐해 등으로 군에 대한 비난 이 자자하다며 다음과 같은 명령을 내렸다. "1.장병의 요정, 식당 출 입을 엄금한다. 2.입원환자의 외출을 엄금한다. 3.군인의 개인 입장 에서의 가옥 차용을 금지한다. 4.본부 장교는 일체 병영 내 거주하 라. 5.헌병은 특히 야간순찰을 이행하며 사건 적발에 철저하라. 6.공 용 이외 차량 사용을 금한다."[24]

일선과 비교하여 너무도 극명히 대조되는 그림이었다. 당시의 남 한은 과연 나라였을까? 김두한의 말마따나, 일선에선 아무런 훈련도

받지 못한 채 애국심 하나로 총을 들고 나간, 청년학생들로 구성된 학도의용군이 쓰러져가고 있었는데 말이다. 홍성원의 『남과 북』의 한 대목이다.

"술집이 붐비고, 댄스홀이 만원을 이루고, 호화판 같은 비밀요정은 스물네 시간 휘황하게 불이 밝혀진다. 그들은 전쟁을 위험수당으로 지니고 있다. 내일의 시간표를 짤 수 없는 그들은 오직 현재에서만 내가 살아 있다는 어설픈 위로를 받을 수 있을 뿐이다. 이 위로를 확인하기 위해 그들은 철저하게 감각과 욕망에 몰두할 기회를 찾는다. 여인의 몸값은 전쟁과 더불어 공급 과잉의 덤핑이 계속되어 한없이 추락했다. 남자들은 이제 청루(青樓)나 유곽(遊廓)에서 남자들의 주머니에 눈빛을 번쩍이는 직업적인 창녀들을 찾아다닐 필요가 없다. 그들은 불과 쌀 한 말 값 정도면 식성과 구미대로 어떤 여인이든 골라잡을 수 있다."[25]

전쟁 중 "9만 명가량의 군인이 동사, 아사, 병사 한 천인공노할 사건"[26]으로 명사되는 국민방위군 사건에서도 '요정'은 빠지지 않았다. 1951년 7월 5일 방위군 사령부가 있던 대구 동인국민학교 강당에서 열린 육군고등군법회의장은 물론 교정에까지 방청객이 꽉 차고 성능 마이크까지 가설했다. 검찰관인 중령 김태청은 피고들에게 추상과 같은 논고를 폈다. "휘하 장병들이 굶어 죽어 병들어 죽는 순간에도 그들은 따뜻한 요정에서 기생을 옆에 끼고 양주가효로서 유흥 삼매하였던 것이니, 이로 인해 이름 모를 언덕에 원혼이 된 애국장정의 수는 또한 얼마나 되겠습니까? …… 피고인에게 묻노니 그대들

귀에는 이삼천만 민족의 아우성 소리가 들리지 않는가?"[27]

　전쟁 중에도 여전히 요정 출입자들의 태반은 공무원들이었다.[28] 고급요정 폐쇄령이 반복되고, 감사반원들이 요정에 투입되고, 요정 출입 공무원들에게 징계가 내려지는 등의 일들이 전쟁 기간 내내 계속되었다.[29] 단속이 강화되자, 여관으로 위장영업을 하는 요정마저 생겨났다.[30]

요정 단속은 숨바꼭질 놀이

전쟁이 끝난 후에도 '요정 논란'은 계속되었으며, 여기엔 '접대비'와 관련된 부정부패 문제가 꼭 끼어들곤 했다.[31] 흥미로운 건 경찰당국이 '봉급자와 일반 서민층'도 즐길 수 있게 한다는 이유로 요정은 억제하는 한편 '빠'와 '캬바레'는 부활시키는 정책을 폈다는 점이다.[32] 요정 단속은 계속되었지만, 그런 단속 자체가 요정의 건재한 인기를 말해주는 것이었다.[33]

　당시 노동단체들은 이승만 정권와 유착해 '노동귀족'이라는 비판이 자자했는데, 『동아일보』(1955년 9월 7일)는 대한노총 간부들에 대해 다음과 같이 비판했다가 혼이 났다. "우리나라 근로자들의 처참한 생활상과는 달리 마카오 양복 입고 다방에 드나들고 고급요정에서 태평세월을 노래하는 신사양반들이 노동자와 무슨 관련이 있다고 노동자 이름을 팔아 다니며 노동운동을 합네 하고 돌아다닐까."[34]

이 글은 필화를 불러일으켰다. 대한노총에서 동아일보사에 대한 송전과 신문 수송을 거부하고 불매동맹을 일으키겠다고 위협한 것이다. 지방 발송이 중단되고 단전되는 등 동아일보는 홍역을 치렀는데, 여기에서도 어김없이 등장하는 건 '고급요정'이 아닌가. 1950년대 중반에 요정 단속과 관련된 이런저런 이야기들이 신문지면을 장식하고 있는 걸로 보아 요정의 인기가 지속되었다는 걸 알 수 있겠다.[35] 부산의 어느 대학 교수는 졸업시험을 보지 못한 4명의 학생을 요정으로 불러 자신은 술을 마시는 가운데 시험을 보게 해 징계를 받는 희한한 일이 일어나기도 했다.[36] 요정이 얼마나 좋았으면, 그게 얼마나 습관화가 되었으면, 그런 일을 저질렀을까.

1950년대 후반 내내 요정 단속 기사들이 신문 지면을 장식했다.[37] 아무런 효과가 없는 걸로 보아, 마치 장난삼아 하는 숨바꼭질 놀이 같았다. 1960년 2월 15일 민주당 대통령 후보 조병옥이 신병(身病)으로 사망했을 때, 당시 합동통신사 기자였던 리영희가 조병옥의 죽음을 청천벽력(靑天霹靂)과 망연자실(茫然自失)로 표현하면서 '고급요정'을 비난한 게 흥미롭다. "나는 그날 저녁 외신부 동료들과 무교동 술집에서 정신없이 마셨다. 모두가 울부짖으며 퍼마셨다. 술집마다 사람들로 가득 찼고, 술의 힘을 빌린 고함소리가 골목길에 울렸다. 힘없는 인텔리들의 절망적인 신음소리였다. 아마도 같은 시간에 불빛 휘황한 고급요정들에서도 '금준미주(金樽美酒)에 옥반가효(玉盤佳肴)'를 둘러싸고 노랫소리가 밤을 지새웠을 것이다. 그것은 태평성대를 구가하는 승리의 축전이었음이 틀림없다. 그 풍경은 도저히 한

1960년 2월 민주당 대통령 후보 조병옥의 사망 당시, 기자 리영희가 그의 죽음에 망연자실해하는 글에서도 '고급요정'을 비난하는 대목이 나온다. 요정 단속 기사들이 줄곧 신문 지면을 새겼지만 아무 효과도 보지 못했던 때였다.('조병옥 박사 국민장 모습' 동아일보 1960년 2월 26일자)

나라의 모습일 수가 없고, 같은 국민의 반응일 수 없었다. 전 국민이 통곡하는 한쪽에서는 소수의 기득권자들이 승리의 합창을 소리 높이 부르고 있었으니까."[38]

4·19와 5·16에도 불구하고

1960년 4·19혁명 덕분에 탄생된 장면 정권은 관기(官紀) 확립 차원에서 공무원의 요정 출입 금지령을 내렸지만,[39] 과거의 경험으로 보더라도 그게 먹힐 리 만무했다. 1961년 1월 26일에 발족된 신민당 소장파 의원의 모임인 청조회(淸潮會)는 '청조운동'을 전개했다. 이들

4·19 이후 질서 회복에 앞장선 대학생들. 그러나 이들은 자유를 넘어선 방종의 시류를 타고 요정의 새로운 고객으로 등장했다. 1961년 1월 한 달에만 100여 명에 이르는 학생들이 요정 출입으로 적발됐을 정도였다.

은 갈색의 코르덴 제복을 입고 등원했으며 ①자가용차 폐지 ②요정 출입 금지 ③이권운동 금지 등과 같은 실천사항도 발표했다.[40]

그러나 자유를 넘어선 방종의 분위기를 타고 요정을 출입하는 새로운 유형의 고객이 생겨났으니 바로 4·19혁명의 주역인 학생들이었다. 1961년 1월 한 달에만 적발된 요정 출입 학생이 100여 명에 이르렀다.[41] 왜 이 지경이 되었을까? 학생들이 정치인 행세를 했기 때문이다. 강원용은 일부 학생들의 정치인 행세에 대해 이렇게 개탄했다.

"하루는 내가 시내의 길을 걷고 있는데, 갑자기 내 앞에 웬 세단차가 와서 탁 서는 것이었다. 그러더니 차에서 사람이 나오는데 보니까 우리 교회에 나오는 대학생이었다. 그는 4·18 고대생 데모 때 국회의사당 앞에서 선언문을 읽었던 4·19 주역 중의 하나였다. 그는 나를 보고 '목사님, 타시지요. 어디까지 가시는지 모셔다 드리겠습니다' 하고 말했다. 나는 깜짝 놀라 '누구 차냐?' 고 물었더니 자기 차라는 대답이었다. 그때 버스를 타고 다녔던 나는 그의 대답에 놀라지 않을 수 없었다. 더구나 그가 차 안에 앉아 있는 예쁘장한 여자를 가리키며 '제 비서입니다' 라고 소개를 할 때는 '어찌 학생이 이럴 수 있는가' 하는 생각이 절로 드는 것이었다."[42]

박정희 소장이 주동한 1961년 5·16쿠데타는 행동개시 5시간 전에 정보가 누설돼 육군참모총장 장도영에게 보고되었는데, 당시 장도영은 요정 '은성' 에서 회식 중이었다.[43] 요정 회식의 후유증이었을까? 5월 16일 새벽 1시 45분, 해병대 1개 대대가 한강 다리를 향해 진격해 온다는 보고를 받은 장도영은 육군본부 헌병대에 한강 다리 사수 명령을 내리면서도 중화기 무장에 반대하며 카빈총만 가져가고 명령했다. 게다가 한강 다리를 막되 차가 한 대 정도 통과할 수 있도록 여유를 남겨두라는 명령도 내렸다. 쿠데타를 막겠다는 뜻이 있는 건지 없는 건지 도무지 이해할 수 없는 명령이었다.[44]

군사정권의 이중적 행태

결국 5·16쿠데타는 성공했고, 새로운 군사정권은 민심을 얻기 위해 청교도적 접근방법을 썼다. 공무원들에게 요정은 말할 것도 없고 아

'댄스광'으로 군법재판에 회부된 시민들(1961년). 미풍양속을 해치고 혁명정신을 모독한 혐의로 징역 3개월~1년을 언도받았다.

예 술집 출입금지령을 내린 것이다. 당시 상공부 화학과장이었던 오원철의 증언에 따르면, "업자와 같이 먹는 것은 물론, 자기 돈 내고 먹어도 옆에 여자가 앉으면 처벌감이 된다. 그래서 난다 긴다 하던 장안 기생들이 갑자기 흰 앞치마를 두르고, 하고비(일본말로 음식 나르는 사람)가 되었다. 독방은 안 되고 문은 전부 열려 있어 어디서 감시하는지 몰라 손도 만질 수 없었다."[45]

단속의 눈길을 피하기 위해 '안방술집'이라 불리는 비밀요정이 무더기로 생겨났고, 다시 이를 단속하는 풍경이 연출되었다.[46] 박정희는 지위 고하를 막론하고 요정 출입을 하는 공무원을 엄벌에 처하겠다고 경고했지만,[47] 이런 단속엔 풋내기만 걸려들었다. 5·16쿠데타 주체들은 계속 요정 출입을 하고 있었기 때문에 술 없이 못 살고 배포가 좋은 공무원들은 그런 요정을 출입하면 안전하다는 걸 곧 깨닫게 되었다.

술집에 단속반이 들이닥치면 한바탕 난리가 벌어지곤 했다. 술집 웨이터 옷을 빌려 입고 무사히 빠져나온 사람, 장독대의 빈 항아리 속으로 들어간 사람 등등 수많은 '무용담'이 양산되었다. 이런 경우도 있었다. "허(許) 계장은 숨을 곳이 없어, 변소에 들어가 문을 안으로 걸어 잠갔는데, 단속반이 계속 문을 두드리지 않는가. 나중에는 문짝이 깨지도록 두드렸지만, 나가면 목이 날아가는 판이라 문을 열수 없었다. '설사요, 설사요' 하며 30분 가까이 실랑이를 했는데, 단속반원이 착한 사람이었던지 '옛다, 적선 한 번 하지, 봐줄게' 하고 가버려서 살았다고 한다."[48]

군사정권의 겉 다르고 속 다른 이중적 행태에 대한 방우영의 증언이다. "5·16혁명이 일어나자 고급요정이 부패와 사치의 온상으로 지목돼 '대중음식점'으로 격하됐다. 여자들도 한복이 아닌 평복 차림으로 나와 손님 시중을 들고 보니 요정 정치가 사라지는 게 아닌가 생각했다. 장원의 주 마담이 장사가 안된다며 울상이 되어 불평을 하기에 '두고 보시오. 중이 고기 맛을 보면 그때는 신나게 장사가 잘될 터이니 조금만 참으라'고 위로한 적도 있다. 아니나 다를까 1년도 못 가서 요정 정치는 더욱 기승을 부리며 부활(?)했다. 혁명 세력들이 앞을 다투어 차를 몰고 위풍당당히 요정 정문에 차를 세웠고, 공화당 정객들의 '새나라' 자동차가 문전성시(門前成市)를 이루었다."[49]

5·16쿠데타에 성공한 혁명 세력이 또다시 요정의 거물급 손님으로 등장했다. 공화당 정객들의 새나라자동차가 요정 정문에 문전성시를 이루며 또 다른 장관을 연출했다.

군사정권은 1961년 9월 미군의 위락시설인 워커힐을 짓기 위해 서울시 성동구 광장동 부지 18만 평을 수용했다. 전 미8군 사령관 워커의 이름을 따서 지은 워커힐은 마땅한 휴양지가 없어 일본으로 떠나는 주한미군의 달러를 잡아두기 위해 구상되었다. 1962년 봄 일본의 주간지들은 앞다퉈 "한국의 군사정권이 미군 장병을 끌어들이기 위해 술과 여자와 도박판 위주의 위락시설을 짓고 있다"고 보도했다. 미국 언론도 1962년 10월 "이 시설은 매춘굴·카지노·미인 호스티스 등을 갖추고 있다"고 보도했으며, 이에 미국 부인단체가 유엔군 사령부와 한국 정부에 강력 항의하기도 했다. 그러나 공사 착공 11개월 만인 1962년 12월 26일에 준공된 워커힐은 원래 목적인 미군 장병

워커힐 전경(1963년). 군사정권이 미군 장병 유치를 목적으로 구상했지만 적자 경영을 면치 못했으며,
이후 박정희가 기생 파티에 주로 이용했다.

유치엔 실패해 적자경영을 면치 못했으며, 그 대신 박정희가 기생 파
티를 위해 자주 이용하게 된다.[50]

"비밀요정은 부패의 상징"

1963년 1월 1일 전화 보급에 따른 주택용 가입자가 증가하면서 정액
요금제의 불합리성이 표출되자, 이를 시정하기 위해 자동전화 도수
제(度數制)가 실시되었다. 월 기본요금은 83원, 1통화당 요금은 3원
이었다.[51](1963년 당시 월 신문구독료는 80원이었다.) 도수제 실시 3개월

1967년 박정희가 제6대 대통령 취임사에서 부정부패 척결을 강조하자, 각 단체들로부터 요정 정치 먼저 청산해달라는 요청이 쇄도했다. 그러나 워커힐을 드나들며 뻔질나게 기생 파티를 하는 그로서는 도저히 받아들일 수 없는 일이었다.

후 광화문전화국의 경우, 최고 사용률을 기록한 업소는 요정이었다. 2위는 다방, 3위는 여관, 4위는 언론사 등이었다.[52] 1963년 6월 24일 박정희가 다시 공무원 요정 출입 엄금령을 내리고 이후에도 이런 엄금령이 계속 나오는 걸 보면, 요정의 그 질긴 생명력에 경외감을 갖지 않을 수 없겠다. 당시 『조선일보』에 실린 다음과 같은 기사 제목들이 그런 실상을 잘 말해준다.

「요정 출입 말도록: 박의장 공무원에 경고」(1963년 6월 25일), 「요정 출입 등 무조건 징계: 공무원 기강 확립 위해 특별감사」(1963년 12월 31일), 「공무원 80여 명 적발: 경찰에서 고급요정 뒤져」(1964년 1월 9일), 「요정 드나드는 공무원은 파면: 정총리 엄중 시달」(1964년 12월 13일), 「'지하'로 들어간 고급요정」(1965년 1월 12일), 「한숨만을 쉬는 비

밀요정 단속: 구류 끝나면 재업(再業)」(1965년 1월 16일), 「공무원과 비밀요정(사설)」(1965년 1월 17일), 「못 믿을 '관기 확립': 요정 출입 공무원에 3개월 정직만」(1965년 2월 2일).[53]

1967년 5·3대선에서 윤보선을 누른 박정희는 7월 1일 제6대 대통령 취임사에서 '빈곤과 부정부패와 공산주의'를 한국의 '3대 공적'으로 지목하면서, 부정부패 척결을 유난히 강조했다.[54] 이화여대 교수 이범준은 신문 기고를 통해 '주부로서 어머니로서' 새 대통령에게 요정 정치부터 청산해달라고 요청했다.[55] 여성단체들도 '정치지도자에게 보내는 건의문'을 통해 국회의원이나 정부 고위관리들이 요정을 출입하거나 기생 파티를 하는 일이 없도록 해달라고 요청했다.[56] 언론도 "비밀요정은 부패의 상징"이라며 척결을 요청했다.[57]

그러나 그런 요청은 실현되기 불가능한 일이었다. 대통령부터 기생 파티를 위해 뻔질나게 워커힐을 찾고 그 바람에 심심하면 육박전(육영수-박정희 부부싸움)을 벌이곤 했는데, 무슨 수로 기생 파티를 없앨 수 있었겠는가. 박정희는 야당 정치인들에게 정치 보복을 하더라도 여자관계만큼은 건드리지 말라는 지시를 내릴 정도로 기생 파티의 가치를 인정하거나 높게 평가하는 인물이었다. 그런 이유 때문이었는지는 몰라도 한국의 기생 파티는 산업적 규모로 성장해 세계적인 명성을 떨치면서 외화 벌이에 기여하게 된다.

1970년대부터 중산층을 대상으로 한 룸살롱(또는 유사 룸살롱)과

이에 따른 '호스티스 문화' 가 꽃을 피우기 시작했다.

룸살롱이 아닌 업소들도 룸살롱 흉내를 내기 마련인바,

오늘날까지도 유사 룸살롱으로 인해 룸살롱의 엄격한 정의를 놓고

논란이 벌어지는 게 현실이다. 룸살롱 '원맨밴드' 경력 33년인 A씨에

따르면, 국내에 룸살롱이 들어선 것은 1970년대 중반이며,

1세대 룸살롱은 서울 퇴계로 주변에 모여 있었다.

이후 이태원 근처에 '길싸롱' '밤길' 같은 룸살롱이 생기기 시작했다.

2장

1970~1980년대

'요정'에서 '룸살롱'으로

'요정 망국론'

1967년 이후에도 요정을 둘러싼 논란은 그치지 않은 가운데, 요정은 계속 번영을 누렸다.[1] 요정이 어찌나 장사가 잘되던지, 요정에 취업하려는 여대생을 매춘부로 팔아넘기는 조직범죄단까지 등장하고 변심한 애인이 나가는 요정에 뛰어들어 분신자살을 기도한 청년까지 나타났다.[2] 1970년 8월 프랑스인 여동찬 신부는 '요정 망국론'을 내세웠지만,[3] 이미 '요정 정치'에 중독된 박정희 정권에겐 마이동풍(馬耳東風)이었다.

공직 사회 전반의 '요정 정치'와 성 문란은 극에 이르렀고 이는 부정부패를 심화시켰다. 조성식에 따르면, "1970년대 서울의 요정은 비밀요정까지 포함, 100개에 가까웠다. 그중 접대부 수가 50명이 넘는 대규모 요정은 10여 개였다. '북한산 3각'이라 불린 삼청각 청운각 대원각을 비롯해 낙원동의 오진암 한성(뒷날 명월로 바뀜), 회현동의 회림, 종로의 옥류장 등은 저마다 정계 거물들을 단골로 잡고 '요

1970년 3월 17일, 승용차에서 살해된 채 발견된 정인숙. 그의 죽음 뒤에는 한국의 '밀실 음모 정치'라는 검은 그림자가 길게 드리워져 있었다.

정 정치' 시대를 열었다. 그 시절 요정업계 사장들은 재벌그룹 회장 부럽지 않은 돈을 벌었다. 또 이른바 일류 기생들은 정치인 재벌총수와 농거 또는 '첩살이'를 하며 호화저택을 마련하는가 하면 평생 살아가는 데 지장 없을 정도의 큰돈을 모으기도 했다."[4]

박 정권하에서 모든 중요한 정치적 결정들은 요정에서 이루어졌다. 기생들이 술자리에서 들은 이야기가 다음 날 TV 뉴스에 그대로 나타나곤 했으니, 중앙정보부가 국가안보 및 정권안보 차원에서 요정을 특별 관리하는 것도 놀랄 일은 아니었다. 정보부 요원들은 요정을 드나들면서 '누가 얼마나 자주 오며 주요 파트너는 누구냐' 하는 것까지 꼼꼼히 챙겼다.[5] 또 중앙정보부는 서울 퇴계로 라이온 호텔 2층에

'미림(美林) 팀'을 만들어 운영했는데, 이들은 요정의 정보를 총괄 수집하는 곳이었다. 전 중앙정보부원 최종선은 다음과 같이 말한다.

"그 방을 눈여겨보면, 장안의 일류 요정 마담들이, 주인들이, 때로는 일류 탤런트들이 숨을 죽이고 다소곳하게 들어갔다가 다소곳하게 나오곤 합니다. 때로는 눈퉁이가 퍼렇게 터져 나오는 사람들도 간혹은 있었을 것입니다. 무엇 하는 곳이냐고요? 만약 누가, 제2인자 군에 속하는 인물은 말할 것도 없고 이른바 정재계 요인들이 '삼청각' '오진암' 또는 '선운각(정인숙이 나가던 요정)' 이던지, 모여서 같이 점심을 하였다던지, 저녁에 한잔하였다면, 바로 그곳 '미림 Team'을 통하여 정보부장은 그 즉시에 누가 언제 어디서 누구들과 모여 무슨 이야기를 하면서 돈을 얼마 쓰고 그 돈은 누가 냈으며 누구는 어떤 여자아이에게 어떤 짓거리를 했고, 그야말로 모든 것을 즉각 알게 되는 것입니다. 말 잘 안 듣거나 태도가 트릿하면 눈퉁이가 퍼렇게 멍드는 건 아무것도 아니요, 그 정도로 안 되면 그까짓 요정 하나, TV 출연계약 같은 건 한순간에 물 건너가는 것입니다."[6]

'요정 공화국'

일류 기생을 놓고 정치인들끼리 서로 차지하겠다고 다투는가 하면, 요정들끼리의 경쟁도 제법 치열했다. 1972년 7·4 남북공동성명이 발표된 직후엔 중앙정보부장 이후락의 지원을 받은 삼청각이 청운

▲ 박정희 정권 당시 요정 정치의 산실로 대표되던 삼청각. 2000년 5월 22일 서울시가 문화시설로 지정하고 리모델링 공사를 끝낸 후 2001년 10월 전통 문화공연장으로 새로 문을 열었다.(2005년 9월 8일 촬영. 서울성곽 숙정문에서 내려다 본 무습)
◀1972년 7월 4일 남북공동성명을 발표하는 이후락 중앙정보부장. 삼청각 증축에 지대한 공헌을 했다.

각의 10배 크기로 한꺼번에 500~600명이 들어갈 수 있는 요정을 지었다. 개업식 오픈파티엔 이후락을 비롯한 중앙정보부 요원 50여 명이 참석했고 인기 연예인들이 대거 동원되었다고 하니, 이 정도면 '요정 공화국'이라고 해야 하지 않을까.[7]

박정희 주최 연회에 퇴짜 맞은 연예인을 공직자가 가로채는 일도 있었다는 것 또한 흥미로운 사실이 아닐 수 없다.[8] '성(性) 생활의 평등'을 추구하겠다는 것이었을까? 하긴 그래서였는지는 몰라도 이런 '요정 문화'는 군부에까지 파급되었는데, '요정 문화'를 한 단계 발전시킨 해괴한 작태를 보여준 게 바로 보안사령관 J였다.

보안사 수사1국장을 지낸 예비역 대령 백동림의 증언에 따르면, 보안사령관 J는 사령관 집무실 옆에 사령관 전용 사우나실을 만들어놓고 청와대 상납용이라는 핑계를 대고 '마사지 걸' 두 명을 채용, 일과 시간에도 수시로 마사지를 즐겼다는 것이다. 또 지방 예하 부대 순시 때는 저녁에 주석 자리를 마련토록 하면서 20세 미만의 접대부를 준비하라고 특별지시를 내리는 바람에 미처 준비를 하지 못한 예하 부대장들이 술집 마담과 짜고 모든 접대부를 20세 미만으로 둔갑시키는 일도 있었다는 것이다.[9]

이처럼 박 정권 실세들의 엽색 행각엔 밤과 낮의 구분이 없었다. 시인 고은은 「요정 종업원 임도빈」이라는 제목의 시에서 임도빈의 증언에 근거해 다음과 같이 말한다. "70년대 성북동 대연각이라 우이동 삼청각이라/아니 코밑의 청진동 장원이라/거기 가면/온통 번드르르르/아리따운 여인의 치맛자락 방바닥을 쓸어가며/교자상 가득히/산해진미/(중략)/점심때라면 밥도 은수저로 떠넣어주고/그렇게 밥 먹고 나면/야들야들한 손으로/등때기 굳은 살 풀어주고/슬슬 졸음 오는 척하면/뒷방으로 모셔가/그 침침한 방 요 위에 눕혀져/졸음은커녕/잠은커녕/난데없는 운우의 정이 쏟아지나니/정아무개가 뒹군 방/이아무개가 뻗은 방/박아무개/김아무개가 늘어진 방/이렇게

점심때/대낮 주색까지 마치니/퇴근 후에는/영락없는 모범공직자 아니었던가/그것으로도 모자라지만" [10]

요정에 나가는 여자 연예인들이 많다는 소문이 떠돌자, 탤런트 최불암은 1975년 6월 신문 기고에서 이렇게 개탄했다. "몇몇 동료가 요정에 나간다는 소문이 있습니다. 지극히 근거 있어 뵈는 소문이라고 하겠습니다. 술 따르는 작부라고 천한 직업은 아니겠지만, 그런 말이 나올 때마다 마음 착잡합니다. (중략) 이제 무슨 대책을 강구해야 될 때가 된 것 같습니다. 연예계의 냄새나는 풍토가 빨리 가셔야지 더 이상 창피해서 배우 노릇도 못 해먹겠습니다. 우리 집 애들이 동무들한테 손가락질 받지 않게 하기 위해서라도 뭐 좀 어떻게 되어야 하겠습니다." [11]

룸살롱과 '호스티스 문화'의 등장

물론 세상의 보는 눈이 있어 '요정 단속' 시늉은 심심하면 벌어지곤 했지만, 늘 걸려드는 건 요정이 아닌 일반 유흥업소들이었다. [12] "네가 하면 나도 한다"는 한국인의 강한 평등주의가 그 꼴을 어찌 감내할 수 있었으랴. 1970년대부터 중산층을 대상으로 한 룸살롱(또는 유사 룸살롱)과 이에 따른 '호스티스 문화'가 꽃을 피우기 시작했다.

조선일보가 1972년 9월 5일자부터 연재한 최인호의 「별들의 고향」은 룸살롱에서 일하는 호스티스 우경아를 주인공으로 내세움으로써 그런 변화상을 잘 포착했다. 이 연재소설은 "'별들의 고향'을 보기 위해 조선일보를 산다고 하는 사람이 있을 정도"로 큰 인기를 끌었다.[13] 그러한 인기를 물려받아 1973년에 단행본으로 출간된 『별들의 고향』은 1975년까지 40여 만 부가 팔리는 대기록을 세웠다.(이후 모두 합해 100만 권 이상 판매되었다.)[14]

룸살롱이 아닌 업소들도 룸살롱 흉내를 내기 마련인바, 오늘날까지도 유사 룸살롱으로 인해 룸살롱의 엄격한 정의를 놓고 논란이 벌어지는 게 현실이다. 룸살롱 '원맨밴드' 경력 33년인 A(54)에 따르면, 국내에 룸살롱이 들어선 것은 1970년대 중반이며, 1세대 룸살롱은 서울 퇴계로 주변에 모여 있었다. 이후 이태원 근처에 '길싸롱' '밤길' 같은 룸살롱이 생기기 시작했다.[15] 이 주장에 따르자면, 우경아가 일했던 업소는 유사 룸살롱으로 보는 게 옳겠다.

1974년 한국 영화계의 최대 화제작은 단연 최인호 원작, 이장호 감독의 〈별들의 고향〉이었다. 이 영화는 4월 26일 국도극장에서 개봉해 8월 8일까지 105일간 46만 4000여 명의 관객을 동원하는 대기록을 세웠는데, 이토록 수많은 관객을 끌어들인 1등 공신은 주인공인 우경아(안인숙 분)였다. 이 소설과 영화는 당시 경제 성장의 그림자 속에서 급성장하던 유흥산업에 종사하는 수많은 호스티스들을 매료시켜 "수많은 '경아'들이 이 소설들의 애독자가 되었고 그들은 앞다투어 자신의 가명을 경아로 바꾸었"다.[16] 경아는 과연 어떤 여자였던가?

"우경아. 대학을 중퇴한 26세가량의 호스티스. 소녀티가 가시지 않은 순진한 모습에 껌을 '짝짝' 소리 내 씹거나 항상 가슴에 인형을

한국 호스티스 영화의 원조 격인 이장호 감독의 1974년
작 〈별들의 고향〉.

품고 다니는 순진하면서도 좀 모자란 듯하고 천박함마저 풍기는 여자. 남자들의 발길에 차여 알코올중독자로 전락, 끝내는 도시의 비정 속에 날개를 접은 겨울나비 경아. 영화 〈별들의 고향〉의 여주인공 우경아는 시궁창에 빠져 있으면서도 천사 같은 마음씨를 잃지 않는 따뜻한 여자였다. '제 입술은 작은 술잔이에요'라며 몸을 맡기는 그녀는 만인의 연인이었나. 1970년대 초 살얼음판 같은 상황을 살아가는 외로운 도시인들의 동반자였고 마스코트였다."[17]

이 영화는 당시의 시대 상황과 어떤 관계를 맺고 있었던 걸까? 영화평론가 호현찬은 다음과 같이 말한다. "1970년대에 이르면서 경제 사정이 좋아지고 국민소득이 증가하면서 향락산업이 고개를 들기 시작했다. 경기가 좋아진 기업인, 주머니에 여유가 생긴 샐러리맨들, 수출로 신이 난 사장들이 점점 늘면서 시중에는 고급 술집인 '룸싸롱' 같은 것이 우후죽순처럼 생겼고, 거리는 향락으로 흥청대기 시작했다. '호스티스'라는 새 유행어도 등장했다. …… 박정희 정권 역시 퇴폐적인 사회 풍조에는 오히려 너그러울 정도였다. 물론 표면 상으로는 장발 단속, 퇴폐풍조 일소 등을 표방하기는 했지만. …… 고급 술집 룸싸롱은 주로 신흥재벌과 소비성 장사꾼들의 사교장인 반면, 도시의 뒷골목에 있는 사창가, 유흥업소는 대중들이 성을 배설 하는 곳이었다. 이러한 영화가 대중들에게 흥미 있는 소재가 된 것은 당연했다."[18]

호스티스는 '날개 없는 천사'?

『별들의 고향』은 1974년의 베스트셀러인 조선작의 『영자의 전성시 대』, 1976년 조해일의 『겨울여자』[19] 등과 더불어 이른바 '호스티스 문학'의 전성시대를 만들어냈으며, 이 베스트셀러들도 영화화되어 큰 성공을 거두었다. 이런 소설들의 대중적 성공은 문단으로부터 차 가운 배척을 받았지만, 당대의 현실을 정확히 포착해낸 것은 부인하 기 어려운 사실이었다. 언론은 룸살롱과 유사업소들을 가리켜 '돈과 본능이 교차하는 광란장(狂亂場)'이라며 '세상이 이래서야……'라 는 개탄을 쏟아냈지만,[20] 언론인들도 룸살롱의 주요 고객이었다.

　1977년 한국 영화계를 주름 잡은 트렌드는 또다시 '호스티스 영 화'였다. 관객 동원에 있어서, 1977년에 개봉된 〈겨울여자〉(김호선 감독) 60만 명, 〈내가 버린 여자〉(정소영 감독) 38만 명, 1978년에 개봉된 〈속 별들의 고향〉(하길종 감독) 32만 명,[21] 〈O양의 아파트〉(변장호 감독) 28만 명 등의 기록을 세웠거니와, 이외에도 관객 10만 명을 넘은 영화가 10편이나 되었다. 이에 대해 영화평론가 호현찬은 "영화 경기를 살리는 데는 아무래도 호스티스와 창녀들의 공이 큰 것 같"[22]다고 했고, 영화감독 이원세는 "섹스 묘사도 못하는 처지에 호스티스 영화가 범람하는 이상 풍조"[23]라는 평가를 내렸다.

그런 현실 때문인지 아니면 그런 현실은 아는 바 없다는 것인지, 1978년과 1979년에 당시 문공부가 발표한 각 연도 영화시책은 '총화 유신 이념의 구현'이었다.[24] 그러나 1979년에 '총화 유신 이념의 구현' 차원에서 쏟아져나온 영화들은 여전히 호스티스 류의 영화들이었다. 〈아침에 퇴근하는 여자〉(박용준 감독), 〈꽃띠 여자〉(노세한 감독), 〈태양을 훔친 여자〉(이원세 감독), 〈학을 그리는 여인〉(조문진 감독), 〈가시를 삼킨 장미〉(정진우 감독), 〈목마 위의 여자〉(김응천 감독) 등과 같이 제목에 '여자'가 난무했다.[25]

호스티스 문화를 '양지의 문화'로 삼자고 결정한 것이었을까? 서울시는 1979년 4월 관광한국의 이미지를 쇄신한다는 이유를 들어 서울시내 고급술집에서 일하는 4000명의 호스티스를 대상으로 교양강좌를 실시했다. 강사진은 김동길, 안병욱, 장병림 등 국내 최고의 명교수들로 구성되었다. 『경향신문』에 따르면, 박강수 경기대 교수가 "일본을 현재와 같이 부자나라로 만든 것은 다름 아닌 호스티스들이다. 일본이 2차 대전으로 패망한 후 가문 있는 집 아가씨들도 모두 호스티스를 자원, 가장 중요한 역할을 해냈다"고 열변을 토하자 일순

1970년대 꽃을 피우기 시작한 '호스티스 문화'는 영화계를 주도하는 트렌드가 되었다. 〈별들의 고향〉에 이어 1977년 개봉돼 큰 성공을 거둔 흥행작품들.

숙연한 분위기가 감돌기도 했다.[26]

"요정의 얼굴마담은 50세가 정년"이라는 대법원 판결과 더불어 호스티스는 신문지상에서도 양지화된 것처럼 보였다.[27] 『경향신문』은 '직업인의 실상'을 탐구한다며 호스티스의 세계를 집중 조명하는 연재물을 실으면서 호스티스를 "식구 위해 총대 멘 '나 하나의 희생'을 하는 '날개 없는 천사'라고 했다. 비판도 예전과는 달리, 단지 팁이 배보다 배꼽이 더 클 정도로 과하다는 '실용적인' 방향으로

돌아섰다.[28]

김수희의 '멍에'가 대변한 '영동문화'

더러운 역사는 요정에서 이루어지는가? 1979년 10·26사건이 벌어지자 12·12쿠데타로 사실상 집권한 신군부는 1980년 5·18광주학살을 저질러놓고, 이에 대한 여론 조작을 위해 추악한 '요정 정치'를 폈다. 윤덕한에 따르면, "광주에서 유혈극이 절정에 달하고 있던 5월 22일 전두환은 각 언론사 발행인을 불러 계엄 확대 조치의 배경과 불가피성을 설명하고 언론계의 협조를 요청했다. 이어 사태 보도의 실질적인 책임자인 사회부장들을 요정으로 불러내 똑같은 당부를 하고 1인당 100만 원씩 촌지를 돌렸다. 당시 중앙 일간지의 부장급 월급이 45만 원 내외였으므로 100만 원은 촌지의 수준을 넘는 거금이었다. 그래도 최소한의 양심이 있는 일부 사회부장들은 전두환으로부터 촌지를 받은 것이 부끄럽고 괴로워 부원들과 통음을 하는 것으로 그 돈을 다 써버렸다고 하지만 상당수는 입을 씻고 너스레를 떨어 기자들로부터 눈총과 손가락질을 받기도 했다."[29]

신군부는 정화(淨化)를 외치며 요정과 룸살롱을 단속하는 시늉을 냈지만, 그건 그야말로 시늉일 뿐이었다.[30] 민심을 얻기 위해 골몰하던 신군부는 1982년 1월 5일 밤 12시를 기해 전방 접경지역과 후방 해안지역을 제외한 전국에서 통행금지를 해제했다. 1945년 9월 7일

통금 해제 후 서울의 밤거리(1982년). 밤문화와 성적 욕망의 배설구들이 호황을 누리게 되면서, 때맞춰 개발이 본격화된 서울 강남이 룸살롱을 비롯한 유흥업소의 새로운 메카로 떠올랐다.

미군정 치하에서 미군 사령관 하지의 군정포고 1호로 시작된 지 36년 만이었다. 새로운 역사는 늘 두 얼굴을 갖고 있기 마련이었다. 야간통행 금지가 해제되자, 국민들은 엄청난 해방감에 빠져들었지만, 가정주부들은 통금 해제를 크게 반기지 않았다. 다른 이들에겐 해방감이 밀려들었을지 몰라도 주부들은 그렇지 않아도 매일 술로 인해 귀가가 늦는 남편이 통금이 해제되면 아예 귀가조차 하지 않을까 봐 속만 태워야 했다.[31]

가정주부들의 판단은 빗나가지 않았다. 통금 해제가 가져다준 해방감은 민주화 쪽으로 나아가지 않았다. 통금이 해제된 후, 호황을 누리기 시작한 건 본격적인 밤문화와 성적 욕망의 배설구들이었다.

때맞춰 서울의 강남 개발이 본격적으로 이루어지면서, 강남은 부동산 붐을 타고 룸살롱을 비롯한 유흥업소의 새로운 메카로 떠올랐다.[32] 1970년대의 '호스티스 문화'처럼 새로운 '영동문화'가 가요를 통해 표현되었다.(당시 강남은 '영동'으로 불렸다.) 1983년 가수 김수희의 히트곡 '멍에'(추세호 작사·작곡)는 호스티스들의 최고 애창곡이 되었다.

"사랑의 기로에 서서 슬픔을 갖지 말아요/어차피 헤어져야 할 거면 미련을 두지 말아요/아무리 아름답던 추억도 괴로운 이야기로/사랑의 상처를 남기네 이제는 헤어졌는데/그래도 내게는 소중했던 그날들이/한동안 떠나지 않으리 마음이 괴로울 때면/한동안 떠나지 않으리 마음이 괴로울 때면//이별의 기로에 서서 미움을 갖지 말아요/뒤돌아 아쉬움을 남기면 마음만 괴로우니까/아무리 아름답던 추억도 괴로운 이야기로/사랑의 상처를 남기네 이제는 헤어졌는데/그래도 내게는 소중했던 그날들이/한동안 떠나지 않으리 마음이 괴로울 때면/한동안 떠나지 않으리 마음이 괴로울 때면"

음악평론가 임진모는 "'멍에'가 전 국민의 가요로 부상한 데는 유흥가 풍속과 관련이 있다"며 "당시 유흥가의 중심이 서울 종로·명동·무교동 등 기존의 강북에서 급속도로 강남으로 이전됐다. 경기가 호황이었던 1980년대 초반 강남에는 룸살롱·스탠드바 등 유흥업소들이 만개하고 번성했다. 이른바 '영동문화'가 솟아난 것이다"라고 했다.

"유흥업소란 손님들의 질펀한 주색 파티 뒤에 접대부들의 애환이 그림자처럼 깔리는 곳이다. 당대의 유행에 민감한 대중가요가 영동문화를 놓칠 리 없다. '멍에'의 애절한 색조와 김수희의 감칠맛 나는 보컬은 사람들을 그 유흥문화의 짙은 뒤안길로 데려갔다. 유혹적이면서도 동정을 불러일으키는 외모의 김수희와 그녀가 부르는 도시의 블루스는 단숨에 유흥업소에 종사하는 '사연 많은 여자'의 이미지를 대변했다."

김수희와의 인터뷰에서 임진모가 "조금 쑥스러운 얘기지만, '멍에'가 당시 룸살롱 여인들이 가장 즐겨 부른 노래였다는 것을 아시는지요"라고 묻자 김수희는 이렇게 답했다. "(웃으며) 그럼요. 왜 모르겠어요? 영동에 유흥업소들이 우후죽순으로 생겨나던 시절에 경제적인 이유였든 가정과 사회에서 버림받았든, 사연 많은 여자들의 단골 레퍼토리로 사랑을 받았죠. 그런 사람이 아니더라도 그렇게 많이들 연관 지은 것 같습니다. '멍에'가 그런 사람들, 그렇게 생각한 사람들에게 카타르시스를 제공해주었다고 봐요. 성인적(成人的)인 필은 분명했으니까요. 만화가 이현세 씨가 저를 '영동언니'로 표현했던 게 기억납니다. 황필호 교수 같은 분은 '김수희의 노래가 나오지 않는 술집에서는 술을 마시지 않는다'고 하셨을 정도니까요."[33]

주현미의 '비 내리는 영동교'·'영동블루스'

1984년 「돈을 마시는 초호화 룸살롱」, 「룸살롱은 '황금시장'인가」

등과 같은 기사 제목이 말해주듯이, 룸살롱의 전성시대가 도래했다.[34] 얼굴 없는 노동자 시인 박노해는 1984년 9월에 출간한 『노동의 새벽』에 실린 「손 무덤」에서 그런 세태를 다음과 같이 고발했다.

"올 어린이날만은/안사람과 아들놈 손목 잡고/어린이 대공원에라도 가야겠다며/은하수를 빨며 웃던 정형의/손목이 날아갔다/작업복을 입었다고/사장님 그라나다 승용차도/공장장님 로얄살롱도/부장님 스텔라도 태워주지 않아/한참 피를 흘린 후에/타이탄 짐칸에 앉아 병원을 갔다/(중략)/고층 사우나 빌딩 앞엔 자가용이 즐비하고/고급요정 살롱 앞에도 승용차가 가득하고/거대한 백화점이 넘쳐흐르고/프로야구장엔 함성이 일고/노동자들이 칼처럼 곤두세워 좆빠져라 일할 시간에/느긋하게 즐기는 년놈들이 왜 이리 많은지/(후략)"[35]

그러나 일반 대중은 노동자들의 그런 기막힌 사연보다는 1980년대 중반에 등장한 에로비디오에 관심을 기울이고 있었다. 1985년을 계기로 우후죽순처럼 생기기 시작한 소위 '떡텔'로 불리는 교외의 러브호텔과 대중화의 길을 걷기 시작한 룸살롱 등 섹스산업이 번창하고, 여기에 비디오 테크놀로지와 영상미디어의 진보가 가세하면서 에로비디오는 전성기를 누리게 되었다.[36]

룸살롱 환락가로 우뚝 선 강남의 새로운 모습은 1985년에 주현미가 히트시킨 '비 내리는 영동교'(정은이 작사, 남국인 작곡)와 '영동블루스'(안치행 작사 · 작곡)로 표현되었다. "밤비 내리던 영동교를 홀로 걷는 이 마음/그 사람은 모를 거야 모르실 거야/비에 젖어 슬픔에 젖어 눈물에 젖어/하염없이 걷고 있네/밤비 내리는 영동교/잊어야지

룸살롱 환락가로 우뚝 선 강남의 변화는 대중가요에도 반영됐다.(관련 곡이 수록된 인기가수들의 앨범. 왼쪽 위부터 시계방향으로 김수희, 문희옥, 김지애, 주현미)

하면서도 못 잊는 것은 미련 미련 미련 때문인가 봐" "사랑이 피어나는 영동의 밤거리/이별도 서러운데 밤비마저 날 울리네/허전한 마음 속에 떠오르는 그대 모습/(중략)/사랑했던 순간들이 나를 나를 울리네/밤비를 맞으면서 터벅터벅/아 영동의 밤 블루스"

　1986년엔 김지애의 '밤 깊은 서초동'(박춘석 작사·작곡)이 가세했다. "서초동의 밤은 깊어/궂은비는 오는데/어느 누가 달래주나/외로운 이 마음/하나둘씩 꺼져가는/네온사인 불빛은/식어가는 사랑에/한숨어린 내 사연/이젠 다시 돌아올 수 없는/그님 생각하면서/울면서 걸어가는/밤 깊은 거리//서초동의 밤은 깊어/궂은비는 오는데/어느 누가 달래주나/외로운 이 마음/하나둘씩 꺼져가는/네온사인 불빛은/식어가는 사랑에/한숨어린 내 사연/이젠 다시 돌아올 수 없는/그님 생각하면서/울면서 걸어가는/밤 깊은 거리"

88서울올림픽은 '룸살롱올림픽'?

강남 룸살롱의 호황은 1986년에 나타난 저금리 · 저유가 · 저달러의
'3저 호황'과 궤를 같이했다. '3저 호황'은 수출에 목을 걸고 살아가
거니와 외채 상환과 석유의 전량 수입 부담을 지고 있는 한국과 같은
나라에겐 엄청난 행운으로 작용했다. 1985년 GNP 성장률은 6.6퍼센
트로 1983년의 12.2퍼센트, 1984년의 8.5퍼센트에 비춰 크게 낮았지
만, 1986년에 12.9퍼센트의 고성장을 기록했다. 1985년 해외 순부채
는 467억 달러였지만, 1986년 46억 달러의 경상수지 흑자를 기록함
으로써 파국적인 외채 위기 상태로부터도 벗어날 수 있었다. 1인당
GNP도 1980년 1592달러에서 1987년엔 3000달러 선을 넘어서 3110
달러를 기록했다. 그리하여 '난군 이래 최대 호황'이라는 말까지 나
오게 되었다.[37]

　호황 심리는 과연 어느 정도였을까?『조선일보』(1986년 7월 17일)는
1면「소비…분수를 넘고 있다」는 제목의 기사를 통해 경제성장력을
앞지른 과열 소비풍조가 '큰 일'이라며 고소득계층의 무절제와 중
산층의 '환상소비' 태도를 비판하면서 고가쇼핑, 에너지 낭비, 불로
(不勞) 사치를 '3 악(惡)'으로 규정했다. 이후『조선일보』는 과소비
현상을 계속 시리즈로 다뤘다.[38]

1980년대 테헤란로는 네온사인이 불야성을 이루는 밤이 없는 욕망의 거리였다. 양쪽으로 여관들이 즐비하게 들어서 '테헤란로 여관단지'라고 불리기도 했다.

이어 『조선일보』(1986년 7월 30일)는 그 시리즈의 하나로 강남 유흥가를 다루었다. 이 기사는 "매일 저녁 어둠이 찾아들 무렵이면 서울 강남구 테헤란로 주변은 빨강 파랑 등 갖가지 색깔의 네온사인이 넘실거리는 불야성으로 변한다"며 "○○호텔 △△안마시술소 XX살롱 □□카바레 등등 우리 시대의 과소비문화를 상징하는 갖가지 향락업소가 4킬로미터에 달하는 테헤란로를 문자 그대로 밤이 없는 이방지대로 만들고 있다"고 했다.

"강남전철역 근처에 위치한 M살롱은 객실이 24개에 달하는 국내 최대 규모의 룸살롱 중 하나다. 3층짜리 빌딩의 지하층과 1·2층을 10여 억 원을 들여 초호화관으로 꾸몄다. 호스티스만 200명에 이른

서진 룸살롱 집단 살인사건 현장 검증에 나온 범인들이 수갑을 찬 채로 방에 앉아 있다.

다는 얘기고 보면 이곳을 찾는 손님들의 수를 미루어 짐작할 수 있다. M살롱과 같은 고급 룸살롱은 테헤란로 주변 이외에도 압구정동 신사동 방배동 서초동 등 강남지역 곳곳에 우후죽순처럼 생겨나 번창하고 있다."

또 이 기사는 "테헤란로 주변에는 현재 100~200여 개의 호텔 여관 안마시술소 등이 성업 중이며, 신축 중인 건물의 상당수가 향락접객업소들이다"라며 "특히 강남구 역삼동 역삼전철역 주변지역은 ○○장 △△모텔 등의 장급(莊級) 고급여관이 무려 20여 개나 몰려 있어 '테헤란로 여관단지'로 불리고 있다"고 했다.[39]

1986년 8월 14일에 일어난 강남구 역삼동 '서진 룸살롱' 살인 사건은 비대해진 강남 유흥가의 한 단면을 보여주었다. 조폭들 간의 싸움으로 현장에서 4명이 살해된 이 사건을 특종 보도한 조선일보 기자 김윤수는 "서진 룸살롱 사건은 당시 서울 강남이 신흥 유흥지로 떠오르면서 처음으로 노출된 조폭들 간 헤게모니 쟁탈전이었다"면서 "이를 통해 조폭들의 잔혹성, 암약상이 수면 위로 떠올랐다"고 말했다.[40]

1987년 최초로 "여자손님만 받습니다"라고 내세운 여성전용술집에서 남성윤락 혐의로 업주 3명이 구속되는 사건이 일어났다.[41] 오늘날 호스트바의 원조인 셈인데, 이를 매매춘의 남녀평등으로 반겨야 할 일인지, 많은 이들이 헷갈려 했다.

88서울올림픽은 '룸살롱올림픽'이기도 했다. 전두환 정권은 1986년 1월 기생관광으로 이미 명성이 자자하던 11개 대형 요정업체에 총 20억 원이나 되는 돈을 특별융자 형식으로 지원해주었고, 국제관광공사에서 발행하는 외래 관광객용 지도에도 기생관광 장소인 요정의 위치를 각국어로 친절하게, 또 상세하게 밝혀놓기도 했다.[42] 이런 기생관광 장려는 룸살롱 호황에 호의적인 분위기를 형성했다.

기생관광 이벤트는 주도면밀했다. 올림픽 개최일이 다가오면서 외국 관광객들의 숫자가 늘어나기 시작하자 접대부 아가씨들에게 이른바 소양 교육이라는 것을 실시했는데, 물론 이 소양 교육의 핵심 메시지는 국가를 위해 외국 관광객들에게 최대한의 편의와 서비스를 제공하라는 것이었다. 소양 교육을 담당한 강사들은 "아가씨들이 벌어들이는 외화가 우리 경제발전의 밑거름"이 되고 있다거나 "전후 일본의 경제성장은 일본 여자들이 자신들의 성을 팔아 벌어들인

88서울올림픽은 '룸살롱올림픽'이기도 했다. 전두환 정권은 기생관광으로 유명한 대형 요정에 특별 지원을 했고, 외래 관광객용 지도에 각 요정의 위치를 상세히 싣는 친절함을 베풀었다.

달러의 덕"이라는 미담도 잊지 않았다.[43] 서울시는 룸살롱과 카바레 등 103곳을 '모범업소'로 지정해 여러 특혜를 주기도 했다.[44]

88서울올림픽은 국가 자긍심 향상엔 엄청난 기여를 했지만, 관광 산업 진흥이라는 미명하에 국가적 차원에서 부추겨진 향락 풍조를 심화하는 결과를 초래했다. 올림픽이 끝난 후 신문지면을 장식한 건 바로 그런 풍토에 대한 지적과 고발이었다.[45]

룸살롱의 전성시대

1989년엔 '남서울 영동'을 예찬하는 문희옥의 '사랑의 거리'(정은이 작사, 남국인 작곡)라는 노래가 히트를 쳤다. 어린 나이에 가냘픈 이미지를 가진 문희옥은 남서울 영동에도 '사랑'이 있음을 선포했지만, 그 사랑의 정체에 대해선 말들이 많았다.

"여기는 남서울 영동/사랑의 거리/사계절 모두 봄봄봄/웃음꽃이 피니까/외롭거나 쓸쓸할 때는/누구라도 한번쯤은/찾아오세요/아아 여기는/사랑을 꽃피우는/남서울 영동/사랑의 거리//여기는 남서울 영동/연인의 거리/사계절 모두 뜨거운/바람이 있으니까/외로움에 지친 사람들/누구라도 한번쯤은/걸어오세요/아아 여기는/사랑을 꽃 피우는/남서울 영동/사랑의 거리"

이영미는 "여고생 티가 채 가시지 않은 문희옥은 '여기는 남서울 영동 사랑의 거리(중략) 언제든지 찾아오세요'라고 노래하여 이른바 '영계'를 연상시키기도 했다"며 "이제 트로트는 비극성을 탈피하고, 향락적 즐거움을 드러내는 노래가 되었다"고 했다.[46]

임진모는 "'사랑의 거리'는 이제 대중가요 노랫말의 주 무대가 과거의 종로, 무교동, 명동이 아니라 엄연히 신흥지인 남서울 영동으로 바뀌었음을 선포하는 득의양양한 강남의 찬가였다"며 "그것은 북에서 남으로 서울 도심이 이동, 그것도 완전 이동했다는 것에 대해 방점을 찍은 것을 의미했다"고 했다.

"거대 빌딩의 현란함, 상업적 자본 회전의 우위와 같은 단순한 외형의 승리가 아니라 도시민의 바이오리듬과 같은 내면에 있어서도 중력이 강남으로 옮겨왔다는 것을 알리면서 강북을 초라하게 만들고 있다. 한마디로 강남이 사랑의 거리란다. 모든 것이 다 강남으로 건너갔어도 적어도 여전히 사랑만은 전유물이라고 위안하며 옛 시절의 영광으로 연명하는 강북에 대한 확인사살이 아닐 수 없다."

이어 임진모는 "아닌 게 아니라 1980년대 중반을 기점으로 서울 사람들은 더 이상 강북에서만 공동의 대중문화를 찾지 않고 '호기심 반, 성취감 반'이 교차된 흥분을 가슴에 품고 신흥 강남지역으로 몰려갔다"며 "젊은이들은 신흥 부유층 자녀들의 라이프스타일을 관찰하려고 압구정동에서 값비싼 커피를 마셨고, 집단으로 방배동 카페에서 질펀한 회합을 가졌다"고 했다.

"성인들은 불야성의 신사동 일대 나이트클럽에서 밤새워 춤추다 새벽녘에는 간장게장 식당을 찾아 허기진 배를 채우기도 했다. 놀이든 음식이든 패션이든 유행을 리드하는 곳은 명동이 아니라 '영동'이었다. 특히 스탠드바, 디스코텍, 나이트클럽 그리고 무엇보다 룸살롱이 우후죽순으로 생겨나 '유흥'의 패권을 장악하게 되면서 강남은 더 많은 사람들을 유혹하고 불러들였다. 강남에서라야 놀 수가, 제대로 놀 수가 있게 된 것이다."

또 임진모는 "강남에 맛과 멋이, 술과 여자, 섹스가 있으니 외로움, 쓸쓸함, 그리움, 미련, 추억의 감정은 저절로 줄기를 친다"며 "1960~70년대에 강북의 무교동과 명동의 많은 노래가 증명하듯 그것들은 대중가요가 입맛을 당기는 정감들 아니던가"라고 했다.

"그리하여 1980년대에는 '못 잊을 영동의 밤' '영동 나그네' '영동 네온가' '영동 민들레' '강남 블루스' '강남 아리랑' 그리고 '강남 사모님' 등 지금은 멜로디의 궤적조차 찾기 어려운 무수한 강남과 영동 노래들이 쏟아져 나왔다."[47]

그런 노래의 양산과 더불어 환락가의 이른바 '퇴폐변태영업행위'도 늘어갔다. 1989년 12월 서울시에 따르면 5월 이후 룸살롱 등 유흥음식점과 룸카페 등 대중음식점, 이발소 등 4345개 업소에 대한 퇴폐변태영업행위 일제 단속에서 밀실이나 칸막이 등을 설치하는 등 위반율이 33.7퍼센트로 1988년의 18.3퍼센트보다 훨씬 높아진 것으로 나타났다.[48]

그러나 칸막이는 비단 유흥업소에만 존재하는 건 아니었다. 오히려 유흥업소들이 사회 전반의 칸막이 현상을 반영했다고 보는 것이 진실에 더 가까웠다. 급기야 '룸살롱이 법정'인 나라라는 말이 나올 정도로 칸막이 현상은 한국의 법치(法治)에까지 나타나게 된다.

"많은 변호사들이 형사사건을 따내려고 외근 사무장을 고용한 뒤

경찰과 검찰·법원 직원 등에게 향응을 베풀고 소개료를 준다.

판·검사를 지내다 개업한 변호사는 대부분 전관예우라는

뿌리 깊은 관행에 힘입어 이름과 돈을 얻는다. (…)

이름을 밝히지 않은 한 변호사 사무장의 증언은 정말 충격적이다.

그는 자신이 겪은 일임을 강조한 뒤 '심지어는 룸살롱에서

판사와 검사, 변호사, 외근 사무장이 만나 형량과 재판 기일

등등을 결정하는 일까지 벌어진다' 고 털어놓았다.

이것이 사실이라면 '룸살롱이 바로 법정' 이었던 셈이다."

3장 1990년대

'룸살롱이 법정,인 나라

'골프와 룸살롱과 검사'

1990년 설날 연휴 중 서울 구로동의 어느 룸살롱에서 10대 남녀 4명이 피살당하는 엽기적인 살인사건이 일어났다. 이에 대해 『경향신문』은 "일이 이쯤 되면 룸살롱이 퇴폐와 범죄의 온상이라는 이미지를 씻기 어렵게 되었다. 음탕한 음주문화가 빚은 참사라는 생각이 든다"며 다음과 같이 말했다.

"우리 사회의 향락산업이 뿌리 뽑히자면 밀실지향적인 음주문화부터 바뀌어야 한다. 요즘엔 룸살롱만으로도 부족해서 디스코장과 카페와 룸살롱의 기능을 종합한 '디카룸'이란 혼거형태의 술집까지도 생겨났다. 음주와 여가를 죄악시하는 우리의 전통적인 가치관도 바뀌어야겠지만 술집에서부터 이발소에 이르기까지 모든 위락·휴식공간이 밀실화되어 있는 것부터 터놓아야 한다. 언제나 독버섯은 음습한 그늘에서 피어나는 법이니까."[1]

1990년 4월 12일 국무회의가 결정한 '공직자 새정신운동 실천기

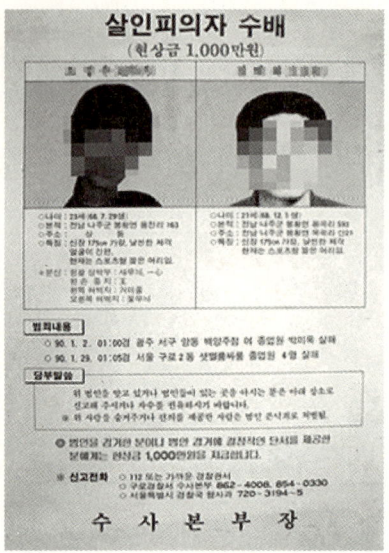

1990년 초 서울 구로동 룸살롱에서 10대 4명이 살해되는 사건이 일어나면서 룸살롱은 퇴폐와 범죄의 온상이라는 이미지를 씻기 어렵게 되었다.(사진은 당시 범인의 지명수배 포스터)

본계획'은 특급호텔에서의 오·만찬 간담회 직원회식 등을 지양하고 룸살롱이나 요정 출입은 공사를 막론하고 자제하되 외빈접대의 경우는 제외하도록 했다.[2] '외빈접대의 경우는 제외'라니, 하나 마나 한 말이 아닌가. '새정신' 치고는 참으로 희한한 새정신이라 하겠다.

골프와 룸살롱과 검사. 1990년 8월 육정수 기자는 검찰을 취재하면서 이 세 가지가 불가분의 상관관계에 있는 것이 아닌가 하는 생각이 든 때가 한두 번이 아니라고 했다. 그는 "국민들 가운데는 사건에 관련돼 검찰청을 드나들면서 직접 보고 듣고 느낀 체험에 의한 '검찰상'이 뇌리에 자리 잡고 있다. 기자의 입장에서 볼 때 대표적인 사례의 하나가 검사들의 잦은 골프장 및 고급 룸살롱 출입을 꼽을 수 있을 것 같다"며 다음과 같이 말했다.

"검사들의 흔한 골프장 및 룸살롱 출입은 그들의 공사생활상을 충분히 짐작하고도 남음이 있게 한다. 다른 공무원보다는 처우가 좋다 하더라도 검사 처지에 자력으로 거의 매주 골프장에 나가고 빈번히 룸살롱에서 술을 마신다는 것은 어림없는 일이다. 사업을 하는 학교 동창이나 사법시험 동기생인 변호사가 초청하는 경우가 가장 많은 것으로 알려져 있다. 이들이 검사를 과연 순수한 인간관계로 대접을 하는 것일까. 그렇지 않으면 지금 당장은 아니더라도 언젠가는 있을 수 있는 '사건처리과정'에서 활용하겠다는 투자 차원에서 대접하는 것일까. 특히 우리 법조계처럼 학연과 지연이 판을 치는 풍토에서는 뻔한 이치라 할 것이다. …… 국민의 신뢰 회복을 위해 우선 검사들에게 골프장과 룸살롱 출입을 삼가는 캠페인이라도 벌이라고 권고하고 싶다."[3]

'권력-폭력 유착의 충격'

그러나 육정수 기자의 권고가 받아들여질 리는 만무했다. 그의 권고는 한국에서 출세를 해야 하는 이유를 정면으로 거부하라는 주문과 다를 바 없었으니, 그게 어디 가능한 일이었겠는가. 1990년 11월 23일 서울 형사지법에서 열린 대전 폭력조직 간 칼부림 사건에 대한 공판과정은 모든 국민에게 룸살롱에 대한 인식을 새삼 새롭게 해준 기회가 되었다. 이 공판을 통해 약 10개월 전인 1월 12일 밤 10시경 폭력조직의 두목들이 대전 패밀리관광호텔의 룸살롱에서 국회의원 판검사 등과 술자리를 함께했다는 사실이 밝혀졌기 때문이다.[4]

이에 『동아일보』(1990년 12월 1일) 사설은 "폭력배 두목들에게 판사 검사 국회의원 보안사 직원들이 술을 얻어 마셨다. 그들이 보는 앞에서 거침없이 싸움판이 벌어지고 검찰이 늑장수사에다 사건 자체를 축소 종결해버렸다. 이 엄청난 사건 자체가 제대로 세상에 알려지지 않고 있다가 1년 가까이 지난 오늘에서야 그 사실이 드러났다. 국회의원은 법을 만드는 사람, 판검사는 법을 집행하고 판결하는 사람들인데 바로 이들 눈앞에서 끔찍한 패싸움이 벌어졌었다는 데에 문제의 심각성이 있다"며 다음과 같이 말했다.

"이 사건의 핵심은 어째서 이들 폭력배들이 판검사를 두려워하지 않고 그들 앞에서 버젓이 폭력을 휘둘렀는가에 모아져야 한다. 그리고 그 원인은 판검사들이 자초한 인과임에 틀림없다. 법의 집행자요 수호자인 판검사가 바로 범죄자인 폭력조직과 친교를 갖고 호텔 룸살롱에서 술을 얻어 마시는 행위는 직업 윤리상 용납되는 일이 아니다. 그러고서는 법의 사회적 가치를 선양하고 법의 공정성을 지키는 법관의 임무를 다할 수 없다. 이들 폭력배들은 판검사들을 자기네들을 돌봐주는 후원인 셈도로 생각했을 게 틀림없다. 그러나 더욱 수상적은 것은 이들 관련 검사들이나 동석 국회의원에 대한 사후처리가 미흡했던 점이다. 관련 검사 2명은 다른 지방으로 전보되는 것에 그쳤고 국회의원에 대해서는 아무런 제재 없이 넘어갔다. 사건의 원인제공자요, 방조자요, 축소조정자인 이들 검사들이 단지 자리를 옮김으로써 면책되는 법무당국의 미온적인 사후처리를 납득할 수 없다. 그리고 동석 국회의원은 국회의원으로서의 품위손상은 물론 청탁을 가리지 않는 권력의 세태풍속을 보여준 패덕자의 낙인을 면키

권력과 폭력의 검은 유착. 국회의원, 판검사 등이 룸살롱에서 조직폭력배와 술자리를 함께했다는 사실은 국민들에게 큰 충격을 주었다.

어렵다."[5]

김영호 기자는 "검사는 그렇다 치고 조직폭력배와 전혀 '관계가 없어 보이는' 판사까지 일요일도 아닌 평일에 '검은 술'을 얻어먹고 술상이 엎어지고 폭력배들끼리 치고받는 현장에서 이리 피하고 저리 피하다 술자리를 빠져나왔다니 그 무슨 망신이며 그러고도 어떻게 법복을 입고 '신성하다'는 재판정에 들어설 수 있을까. 그것도 근엄한 표정으로"라고 했다.[6] 육정수 기자는 "이런 상태에서 어떻게 '대 범죄전쟁'을 한다는 말인가. 일부 판검사들의 마비된 도덕성 회복을 위한 '내전'이 오히려 과제라고 감히 충고하고 싶다"고 했다.[7]

서울 변호사협의회의 이 모 변호사는 "일부이긴 하지만 요즘에는 갓 임관한 30대 초반의 판사들도 술집에 모시려면 으레 룸살롱이어야 하고 대선배인 변호사들에게 반말을 하거나 골프 초청을 공공연히 요구한다"며 "기본적으로 법관의 언행이나 판결에 영향을 미칠 수 있는 것은 법관 자신뿐이어야 한다"고 말했다.[8] 회사원 김학철 씨는 "현직 국회의원이 폭력배와 어울리고 검사들도 함께 술을 사주 마신다는 풍문을 들었어도 설마 그럴 리가 있겠느냐고 의심했다"며 "강력범죄가 설치는 이 험한 세상에 도대체 누굴 믿어야 할지 온몸에 힘이 다 빠진다"고 분개했다.[9]

『경향신문』(1990년 12월 4일)은 "요즘의 룸살롱은 은밀한 음주공간으로서의 기능뿐만 아니라 상담이나 뒷거래를 위한 음습한 공간으로도 곧잘 이용된다. 그런가 하면 때로는 폭력배끼리의 피비린내 나는 대결장소가 되기도 한다"며 이렇게 말했다. "심지어 현직 국회의원과 판·검사 등이 폭력배 두목들과 어울려 권커니 잣거니 하는 '권·폭 유착'의 장소 구실도 하는 판이다. '권력'과 '폭력'이 사이좋게 동석할 수 있었던 것도 밀실이기에 가능했을 것이다. 룸살롱이 냄새와 음모의 온상처럼 되어가는 것은 안타까운 일이다. 더욱 안타까운 일은 일상의 스트레스를 풀고 활력을 되찾는 계기가 되어야 할 음주문화가 음모의 빛깔을 띤 '음주'로 되어가는 일이다."[10]

10대 소녀들의 룸살롱 진출

정부는 씨알도 먹히지 않을 새정신운동을 외쳤지만, 갈수록 확실하게 새로워지는 건 룸살롱 접대부들의 나이였다. 1990년 6월 27일 서울시경 특수대는 10대 소녀를 룸살롱에 접대부로 소개시켜 이들이 받은 화대 중 7000여 만 원을 가로챈 무허가 직업소개업자 홍 모 씨(30)에 대해 아동복지법위반혐의로 구속영장을 신청했다. 홍 씨는 1989년 4월 자신의 아파트에 '로얄보도'라는 무허가 직업소개소를 차려놓고 우 모 양(16) 등 10대 소녀 12명을 고용, 서울시 영동 일대의 룸살롱에 소개해 지금까지 이들이 받은 화대 중 하루 2만 원씩을 뜯었다는 것이다.[11]

1991년 1월 14일 서울 서초경찰서는 겨울방학을 맞은 여고생들을 꾀어 강남 일대 룸살롱에 접대부로 공급하고 이들이 받은 팁의 일부를 가로채온 조 모 씨(26)에 대해 직업안정법 위반혐의로 구속영장을 신청했다. 조 씨는 1990년 9월 말부터 서울 강남구 논현동에 유흥업소 접대부를 알선하는 '영보도'라는 무허가 사무실을 차려놓고 최 모 양(18) 등 여고생 6명을 포함, 13명을 고용해 강남 일대 룸살롱 50여 곳에 알선해주고 이들로부터 하루 평균 1인당 1만 원씩을 소개비 명목으로 받아 모두 500여 만 원을 가로챈 혐의였다.[12]

1991년 3월 19일 경기도경은 자신이 운영하는 룸살롱에 친조카 등 7명의 미성년자를 고용한 뒤 강제로 윤락행위를 시켜 화대 일부를 갈취한 길 모 씨(32·여)를 윤락행위 등 방지법 위반혐의로 구속영장을 신청했다. 길 씨는 1990년 10월 자신이 운영하는 ㄱ룸살롱에 친조카 길 모 양(16·여) 등 10대 소녀 7명을 종업원으로 고용한 뒤 윤락행위를 강요하고 이를 거부하던 허 모 양(19)을 집단폭행 하는 등 1990

©경향

1970년대 '요정 정치' 시대를 주도한 고급 한정식집의 원조 격인 '장원'. 1991년 경영 위기를 맞아 문을 닫았으나 후신인 '향원'을 거쳐 다시 '장원' 간판을 달고 영업 중이다.

년 12월부터 100여 회에 걸쳐 윤락행위를 시키고 화대 중 217만 원을 뜯어낸 혐의였다.[13]

룸살롱에 미쳐 놀아가는 이들이 많기에 그런 일들도 벌어지는 게 아닌가. 심지어, 웃음을 자아내게 만드는, 이런 일도 있었다. 1991년 1월 14일 서울 서대문경찰서는 국회의원 비서관을 사칭, 룸살롱에 들어가 술값도 없이 18만여 원어치 술을 마신 이 모 씨(32)에 대해 사기혐의로 구속영장을 신청했다. 이 씨는 13일 밤 11시쯤 서울시 창천동 이화 룸살롱에 들어가 패스포트 양주 1병과 안주 등 17만 5000원어치를 시켜 먹은 뒤 종업원 이상호 씨(24)가 술값 계산을 요구하자 민자당 강 모 의원 비서관 명함을 내보인 뒤 "나는 이런 사람이다"라며 공짜로 달라고 요구했다는 것이다. 이 씨는 경찰에서 "여당 의원 비서관 정도면 술값을 안 내도 되는 줄 알았다"고 능청을 떨었다나.[14] 재벌 2세로 행세하면서 룸살롱에서 공짜 술을 마시다 걸려든 이도 나타났다.[15]

1991년 9월 청운각 삼청각 오진암 등과 함께 한국 막후정치와 밀실회담의 본산으로 불려온 한정식집 장원(서울시 청진동 235의 1)이 헐린 '사건'은 '요정'에서 '룸살롱'으로 '음주유흥 패권'이 이동한 현실을 상징적으로 웅변해주었다. 『국민일보』(1991년 9월 17일)는 "일개 요정에 불과한 장원의 폐업이 세인의 눈길을 끄는 것은 33년이라는 '역사와 전통' 때문이기도 하지만 일본 정치를 본뜬 한국 정치의 대표적인 특성으로 여겨온 '요정 정치'가 막을 내리고 있다는 상징성 때문"이라고 했지만,[16] '요정 정치'의 본질인 '밀실정치'는 형식만 다소 바뀌었을 뿐 여전히 건재했다.(삼청각은 2001년 1월 서울시가 인수한 뒤 1년 가까운 리모델링을 거쳐 '숲속의 전통문화 공간'으로 완전히 다시 태어난다.)[17]

호텔 나이트클럽 내의 무허가 룸살롱

룸살롱은 일부 대학생들이 과외로 고수입을 올리면서 대학가 주변에까지 진출했다.[18] 룸살롱이 어찌나 잘되는지 급기야 일본 폭력조직인 야쿠자들까지 침을 흘리기에 이르렀다. 1991년 10월 경찰청은

© Gene.arboit

룸살롱의 호황은 일본 폭력조직인 야쿠자까지 국내로 불러들였다. 경찰 조사에 따르면 그들은 서울 강남의 대형 룸살롱에 상당한 지분이 있으며 경영에도 참여하고 있는 것으로 밝혀졌다.(사진은 일본 신주쿠에 있는 야쿠자 구역의 유흥가)

야쿠자들이 서울 강남 일대 유명 룸살롱 3곳을 비밀운용 하고 있다는 정보에 따라 내사에 착수했다. 경찰청은 야쿠자들이 매월 5~10명씩 입국, 서울 역삼동 R호텔에 10여 일씩 투숙하면서 룸살롱 경영에 간접참여 하고 있다고 밝혔다. 경찰은 이들이 제3자를 내세워 간접경영 하는 룸살롱은 논현동 D룸살롱 등 400~500평 규모의 대형업소로 투자금액의 50~60퍼센트의 지분을 갖고 있는 것으로 추정된다고 밝혔다. 이 룸살롱은 모두 일본 폭력조직이 즐겨 사용하는 '대' 자가 들어간 상호를 쓰고 있으며 체인 형식으로 운영되고 있는 것으로 알려졌다. 경찰은 부산, 제주에서도 야쿠자들이 2~3군데 대형술집을

운영하고 있을 가능성이 크다고 보았다.[19]

호텔 나이트클럽 내의 무허가 룸살롱도 기승을 부렸다. 예컨대, 『국민일보』(1991년 11월 15일)에 따르면, "15일 새벽 0시 20분쯤 서울 경찰청 강력과 직원 10여 명이 서울 평창동 라마다 올림피아호텔 나이트클럽을 급습했다. 경찰이 들이닥치자 남자종업원들이 출입문을 잠그려다 말고 허겁지겁 클럽 안으로 달아났다. 그 뒤를 따라 쫓아가 보니 널따란 나이트클럽 안에는 손님도 한 명 없고 조명도 일부 꺼져 있는 등 '단속정보가 새나갔구나' 라는 생각이 들 정도로 썰렁했다. 그러나 곧바로 나이트클럽 무대 왼쪽에서 한 경찰관이 '여기다' 라고 외치는 소리가 들렸다. 무대 왼쪽으로 나 있는 성인 한 명이 다닐 만한 좁은 통로를 통해 들어가자 나뭇잎 무늬가 새겨진 유리문 뒤편에 고급 샹들리에와 대리석 등으로 호화롭게 장식된 무허가 룸살롱이 있었다. 출입문 왼쪽 복도 끝 방에서 음악소리가 들렸다. 문을 밀치고 들어가니 호스티스 1명이 가라오케 반주에 맞춰 몸을 흔들며 노래를 부르고 남자손님 5명이 호스티스들과 양주를 마시며 흥을 돋우고 있었다. …… 다양한 넓이의 룸이 9개 설치된 120여 평 규모의 이곳에는 손님들을 위한 비상구까지 마련돼 있었다."[20]

호텔은 내내 말썽을 부렸다. 1992년 5월 서울 삼성동의 한 호텔 룸살롱이 호화밀실 19개를 차려놓고 박 모 양(22) 등 여대생과 회사원이 낀 무보수 접대부 50여 명을 고용해 호텔로 통하는 비상구를 이용, 화대 15만 원을 받고 윤락행위를 하도록 알선해오다 적발되는 등 이런 일들이 전국적으로 일어났다.[21] 1993년 5월 내무부는 전국 대형 룸살롱과 요정에 대해 특별단속을 실시, 354개 업소를 적발해 심야 밀실영업을 한 17개 업소를 형사고발하고 3개 업소를 허가 취소했다. 또 128개 업소에 대해서는 영업정지 처분하는 한편 206개 업소를 경고조치했다.[22]

"한국 접대부 향응은 관습"

1993년 6월 29일 MBC의 〈집중조명, 오늘〉의 '룸살롱에 가봤습니다' 편은 그간 카메라 밖에 있던 룸살롱의 이모저모를 보여줘 화제를 모았다. 이재근은 "불가능한 것처럼 보였던 룸살롱의 내부를 직접 보여준 점은 물론 시청률과 관계가 있다. 그러나 이 프로그램의 강점은 무엇보다 '맛보기' 식 장면 나열에 그치지 않았다는 점이다"라며 다음과 같이 말했다.

"룸살롱에 흘러드는 돈을 기업의 접대비와 정치인 · 관료의 행태, 저임금에 시달리는 제조업체 노동자의 임금구조 등 구조적 모순관계 속에서 파악한 것이 그렇다. 특히 제조업체에 다니던 여종업원이 최저임금에도 못 미치는 저임금으로 인해 룸살롱으로 흘러든 과정을 체험으로 설명한 점은 공감을 샀다. 또 여종업원들이 과소비만을 일삼는다는 사회적 의식이 당사자들에게는 편견으로밖에 들리지 않는다는 항변을 담는 등 개인적 특수성을 짚어준 점도 신선한 느낌으로 다가온다. 이 밖에 이 프로는 여성 1인당 팁이 최근 들어 5만 원에서 7만 원으로 올랐다는 것과 손님 1인당 25만~30만 원의 비용이 든다는 사실도 알려줬다. 또 어림잡아 30만 명에 달하는 여성이 룸살롱과 관련된 일에 종사한다는 사실도 추정치로 밝혀졌다."[23]

룸살롱을 대상으로 한 사기는 날이 갈수록 진화해 1994년엔 룸살롱으로부터 용돈을 얻어 쓰는 사건까지 발생했지만, 이 사건은 재벌회장들에게도 단골 룸살롱이 있다는 사실을 알려주었다. 사건의 전말은 이렇다. 1994년 5월 서울 서초경찰서는 재벌회장들의 단골 룸살롱에 회장 비서실을 사칭해 전화를 걸어 중요한 손님이 갈 테니 잘 대해주라고 속인 뒤 룸살롱에 가서 돈을 얻어 쓴 박 모 씨(39)에 대해 상습사기 혐의로 구속영장을 신청했다. 경찰에 따르면 박 씨는 5월 16일 오후 7시 반경 서울 강남구 역삼동 K룸살롱에 S그룹 회장 비서실을 사칭, "미국에서 온 회장님의 친구가 찾아가면 용돈을 충분히 주고 예쁜 아가씨를 파트너로 소개, 접대에 소홀함이 없도록 해달라"고 전화를 한 뒤 이 룸살롱에 찾아가 접대비 명목으로 300만 원과 각종 향응을 받는 등 3월부터 10여 차례에 걸쳐 1200여 만 원을 가로챈 혐의를 받았다. 경찰조사 결과 박 씨는 각 재벌회장의 운전사들에게 접근, 회사 고위간부들의 단골 룸살롱을 알아낸 뒤 술집에 전화를 걸어 접대비 명목으로 돈을 뜯어온 것으로 드러났다.[24] 이 기사를 읽고 박 모 씨를 욕한 독자는 없었을 것 같다. 오히려 칭찬하지 않았을까?

재벌회장들마저 단골 룸살롱을 애용한다는데, 눈치 빠른 외국 기업들이 그 사실을 놓칠 리 없다. 1994년 9월 독일 일간 경제지 『한델

한국에서는 접대부 향응이 '일반적인 관습'이라고 말해 로스앤젤레스 교포사회에서 큰 반발을 불러일으켰던 네이트 홀든.

스블라트』, 베스틀리헤란데스은행, 경제부 산하 대외교역정보사무소(BFAI) 등이 내놓은 한국 안내서들은 한국인들이 비즈니스 장소로 룸살롱이나 기생집을 선호하며 계약이 체결되면 촌지라는 흰 봉투를 받는 것이 관례라고 소개했다. 또 이 안내서들은 한국인들이 영어로 대화할 때 진체 내용의 일부분만을 이해하고 있음을 유의해야 한다고 지적하고 대체로 한국인들은 영어대화의 내용을 잘 이해하고 있지 못하면서도 알아듣는 척하고 알아듣지 못하는 것을 수치스럽게 여기기 때문에 이를 인정하려 하지도 않는다고 설명했다.[25]

1995년 12월엔 미국 로스앤젤레스 시의회 의원이 한국에서는 접대부 향응이 '일반적인 관습'이라고 말해 논란을 빚었다. 로스앤젤레스의 코리아타운을 지역구로 하고 있는 네이트 홀든 시의회 의원이 1991년 서울과 부산을 공식방문 했을 때 반나체의 접대부들이 시중을 드는 룸살롱에서 향응을 받은 사실이 뒤늦게 드러나자 한국에서는 접대부 향응이 정치인과 경제인들 사이에서 일상적인 관습이

라고 주장했다는 것이다.[26]

"호화 룸살롱은 불황 모른다"

1996년부터 불어닥친 불황으로 일반 유흥업소들의 휴·폐업이 잇따랐지만 정작 하룻밤 술값이 수백만 원에 달하는 호화판 룸살롱들은 여전히 최고 호황을 누렸다. 『국민일보』 취재진이 1997년 3월 한 주 동안 강남 송파 신촌 영등포 등 서울지역 룸살롱 100여 곳과 유흥업소중앙회, 단란주점협회 등을 상대로 취재한 결과 서울 시내 룸살롱 1400여 개 중 400여 개가 휴업신고를 한 것으로 나타났다. 휴업을 하지 않은 업소들도 1주일에 2~3일씩 손님이 한 명도 없을 정도로 불경기에 시달리고 있어 사실상 휴업률이 50퍼센트에 육박하는 것으로 추정되었다.

그러나 서울 역삼동과 논현동 등 강남 지역 30여 개 최고급 룸살롱들은 1주일 전 예약을 하고 당일 오후 8시 이전에 도착해야 자리를 얻을 수 있을 만큼 여전히 호황을 누리고 있었다. 서울 잠원동 Y비즈니스클럽 지배인 이 모 씨는 "손님 중의 상당수는 정·관계 인사들로 대략 한 달에 2~3회씩 찾아오곤 한다"며 "그분들은 별도로 마련된 특실로 모시고 있다"고 말했다. 서울 역삼동 M룸살롱 지배인 이 모 씨도 "손님 중에 고위층들이 많기 때문에 비밀을 보장하기 위해 단골손님이나 마담의 소개로 예약한 후 와야 된다"며 "고급 룸살롱은 불황을 타지 않으며 부유층 손님들은 술값 외에 아가씨들 봉사료로 150만 원까지 지불하기도 한다"고 말했다.[27]

정·관계 인사들이 자기 돈을 내고 룸살롱을 찾을 리사는 만무했다. 그 돈은 대부분 기업에서 나왔으며, 기업들 간에도 갑을관계에 따라 룸살롱 접대가 일상화되었다. 사업을 위한 접대를 한다곤 하지만, 그 외중에 '눈높이'가 높아져 룸살롱 출입이 버릇이 돼버린 사람들도 많았다. 『동아일보』에 따르면, "서울에서 대기업 납품 제조업체를 운영하는 박 모 씨(45)는 한 달에 열 번가량 강남의 고급 룸살롱을 찾는다. 서너 명이 술시중 드는 아가씨들과 2, 3시간 즐기며 양주 4병을 마시면 200만 원이 훌쩍 넘어가버린다. 그는 '20대 후반에서 30대 초반의 거래처 직원들이 룸살롱 아니면 술 마실 기분이 나지 않는다는데 어쩔 수 없다'고 털어놓았다. 이런 비싼 접대에 길들여지면서 젊은 직장인들은 자연스레 소비 수준의 '눈높이'가 올라갈 수밖에 없다."[28]

한국 접대문화의 꽃은 단연 룸살롱이며, 이런 현실은 법적인 인정까지 받았다. 1997년 4월 8일 부산 고법 제3특별부(재판장 이창구)는 기업 술상무로 있으면서 거래처 접대로 과도한 음주를 하고 이로 인해 질병을 얻어 사망했다면 산업재해로 봐야 하며 보상금을 지급해야 한다는 판결을 내렸다.[29] 1997년의 한 조사에 따르면, 직장인들은 술을 마시는 이유를 각각, 원활한 인간관계를 도모하기 위해서 46퍼센트, 기분전환 18퍼센트, 스트레스 11퍼센트 그리고 업무상 어쩔 수 없이 6퍼센트의 순으로 대답했다.[30]

〈직장인이 꼽는 '내가 술 마시는 이유'〉

업무차
어쩔수
없이
6%

스트레스
해소
목적
11%

그냥
마시고
싶어서
13%

기분
전환을
위해
18%

원활한
인간관계
때문에
46%

자료: 현대산업개발 사보팀(1997년)

　월간 『말』(1997년 9월호)은 "올해 부도를 내고 쓰러진 한 그룹의 홍보실 간부는 부도가 나기 전 기자들 술대접을 위해 매주 폭탄주 20~30잔을 마셔댔다. 타 직종에서 전직해온 이 간부는 원래 매주 소주 10병은 먹던 주량이라 처음에는 직장을 잘 옮겼다고 좋아했으나 한 달 만에 입에서 단내가 나기 시작했다. 이런 식으로 술로 몸을 혹사하다가 1996년 한 해 동안 대기업 홍보실 간부 2명이 쓰러졌다. 5대 그룹에 속하는 ㅁ그룹 홍보실의 경우 한 달에 룸살롱에서 기자를 접대하는 횟수가 대략 10회 정도 된다. 사흘에 한 번씩 룸살롱 접대를 하는 셈이다"라며 다음과 같이 말했다.

　"강남의 룸살롱에서 술대접을 하면 1인당 술값 20만 원에 팁 10만 원이 들고 외박까지 시켜주는 경우 30만 원이 추가 비용으로 소요된다고 한다. 하룻밤에 기자 한 사람 접대비용이 최소한 60만 원이 되는 셈이다. 20대 그룹에 속하는 ㅂ그룹 홍보실 부장의 한 달 법인카드 사용한도는 1000만 원. 그렇다고 액수만큼 다 쓰면 위에 눈치가 보여 실제로는 500만~600만 원 정도를 사용한다고 한다. 물론 이 돈 대부분이 기자들 술값과 밥값으로 쓰인다. 한보 사건 때 일부 드러난 것처럼 아예 법인카드를 기자에게 줘버리는 경우도 있다."

김현철과 '1000만 원 신드롬'

1997년 4월 21일 김영삼 대통령의 아들 현철의 비리와 관련된 국회 청문회에서 박경식 씨는 호화스런 '황태자그룹의 사생활' 일부를 공개했다. 그의 증언에 따르면 현철 씨가 애용한 활동무대는 주로 강남의 룸살롱과 롯데·신라 등의 특급호텔이었다. 정보근 한보회장, 이성호 전 대호건설사장, 박태중 심우대표 등과 어울린 장소는 강남의 술집이었으며 오정소·김기섭 씨, 민주계 중진의원 등 정·관계 인사들과 주로 어울린 장소는 특급호텔이었다는 것이다. 이날 박 씨의 증언 가운데 현철 씨의 호화스러운 사생활을 엿보게 해준 대목은 "하룻밤 술값이 1000만 원에 달했다"는 부분이었다. 국민정서에 미칠 위화감과 악영향을 우려한 신한국당 박헌기 의원이 "어떻게 술값이 1000만 원이 나오나. 정확히 얘기하라"고 다그치자, 그는 "좋은 술을 마시고 팁을 워낙 많이 주면 가능하다"고 했다.[31] 하룻밤 술값이 1000만 원이었다는 증언은 '1000만 원 신드롬'이라고 해도 좋을 정도로 선풍적인 관심을 불러일으켰다.

『경향신문』(1997년 4월 23일)은 "호화판 술자리의 현장은 대부분 서울 강남의 룸살롱이었다. 문민정부 들어 권력 실세들은 과거 어느 정권 때보다도 룸살롱을 즐겨 찾았고 많은 이권들이 그곳에서 요리 됐다. 권력에 줄을 대려는 사람들은 권력 실세들의 단골 룸살롱을 찾느라 숨바꼭질을 하기도 했다. 룸살롱 파티에 참석한 사실만으로 큰 위세를 누리는 일도 적지 않았다. 과거 권력자들이 요정 정치를 했다면, 문민 실세들은 룸살롱 정치를 즐긴 것이다. 이른바 '신정경 유착'의 산실 룸살롱은 문민정부의 일부 비뚤어진 실세들의 일그러 진 행태를 적나라하게 보여주는 상징적 현장이다"라며 다음과 같이 말했다.

"1994년엔 강남 ㄹ룸살롱의 한 접대부가 정계의 한 실력자로부터 국산 최고급 승용차를 선물로 받았다고 해 화제가 되기도 했다. 접대 부가 승용차를 선물로 받았다면, 룸살롱에서 어울린 재계 인사가 정 계 실력자에게 주는 검은 돈의 규모를 짐작할 만하다. 정·재계 인사 들이 자주 찾는 또 다른 술집으로는 강남의 ㅇ룸살롱이 유명하다. 이 곳에서 유력 인사들의 연회가 열리는 날이면 어김없이 입구에 벤츠, BMW, 볼보 등 외제 승용차와 국내 최고급 차량이 꼬리를 물고 이어 졌다는 게 목격자들의 증언. 이곳 ㅇ마담은 30여 년 동안 정·재계 인사들의 술자리를 돌봐온 룸살롱 업계의 '마당발'로 통한다. 부산 ㄱ룸살롱 시절부터 신한국당 민주계 인사들과 인연을 맺어 지금까 지 끈끈한 관계를 유지하고 있다."

국회청문회에 출석한 문민정부의 황태자이자 소통령 김현철. 하룻밤 술값이 1000만 원이었다는 박경식의 증언은 신드롬이라고 할 수 있을 정도로 큰 관심을 불러일으켰다.

이어 이 기사는 "권력 핵심이 룸살롱을 즐겨 찾으면서 일부 대기업들은 강남에 단골 룸살롱을 정해놓기 시작했다. 룸살롱 주인들은 이들 '확실한' 고객을 잡기 위해 재색을 겸비한 접대부를 확보하고 고객 끌기에 열을 올렸다. ㄷ기업은 ㅇ룸살롱, ㅈ기업은 ㄷ룸살롱, ㅇ기업은 ㅋ룸살롱을 단골로 두었다"며 다음과 같이 말했다.

"모 기업은 회장이 문민정부 들어 강남 룸살롱에서 정계 실력자들과 자주 만나고 있다는 소문이 나돌 즈음 정부로부터 사업권을 따내 세간의 주목을 받았다. 평소 회사 자금조달 등에 많은 어려움을 겪던 모 기업도 ㄹ, ㅂ룸살롱에서 정계 유명인사들과 몇 차례 만난 뒤 말끔히 해결했다는 게 재계의 정설로 돼 있다. 강남의 베테랑 마담인

ㅈ씨는 '정계 실력자들과 재벌 2세들이 친하게 지낸다 싶으면 몇 개월 뒤 그 회사가 엄청난 사업을 맡았다는 보도가 나왔다'고 말했다. 현 정권 출범 후 '3H2L'이란 영문 이니셜이 재계에 화제를 모은 적이 있다. 한보를 포함한 이들 그룹이 주요 이권사업을 대거 따내는 등 급부상했다고 해 붙여진 말이었다. 이들 그룹이 권력과 가깝다는 소문이 퍼지면서 다른 기업들도 'PK(부산·경남)인맥'들을 임원에 다투어 전진 배치해 민주계 실세들과 '친해지도록' 했다. 이들이 싫든 좋든 권력 핵심이 자주 찾는 룸살롱을 기웃거릴 수밖에 없었던 이유였다."[32]

농촌까지 파고든 룸살롱

그런 룸살롱 열풍이 파급된 것일까? 면단위 시골지역에까지 고급 룸살롱과 단란주점, 러브호텔 등 향락업소가 우후죽순으로 들어서기 시작했다. 『세계일보』(1997년 7월 29일)는 "충북 청원군 부용면. 인구라야 면 전체를 통틀어 8000여 명에 불과하지만 러브호텔이 16개나 있으며 2~3년 전부터 룸살롱과 단란주점 등 향락업소가 들어서기 시작, 현재 20여 개소가 성업 중이다"라며 다음과 같이 말했다.

"지난달 개업한 부용면 부강리 R룸살롱은 '서울에서 내려온 미시족 30여 명이 화끈한 서비스로 고객을 모신다'는 내용의 광고전단지를 돌리면서 주민들을 유인하고 있다. 이곳에서는 양주 한 병에 14만

룸살롱이 증가하면서 양주 소비량도 부쩍 늘었다. 급기야 미국 씨그램사가 한국 룸살롱 시장을 공략하기 위해 17년산 발렌타인(오른쪽 위)과 21년산 로열살루트(오른쪽 아래)의 500밀리리터 용량을 출시해 공급할 정도였다.

원, 안주 10만 원, 봉사료 5만 원(1인당)으로 두 명이 여종업원과 함께 술을 마실 경우 웬만한 회사원 한 달 월급인 50만 원에서 100여 만 원 성도 지불해야 한다. 중부고속도로변에 위치해 있는 음성군 대소면 에는 룸살롱 2곳을 비롯해 단란주점, 디스코텍, 다방 등 무려 30여 개 의 향락업소가 성업 중이다. 이들 대부분이 업소당 5~8명씩 여종업원 을 고용하고 있으며 다방의 경우 미성년자까지 고용, 티켓영업 등 불 법영업을 일삼고 있다. 전형적인 농촌마을인 청원군 미원면과 북일 면 일대에도 90년대 이후 단란주점과 각종 유흥주점이 들어서기 시 작, 현재 30여 개소에서 농민들과 인근 농공단지 근로자들을 상대로 호객행위를 하는 등 농촌지역의 퇴폐·향락풍조를 조장하고 있다."[33]

룸살롱 등이 늘면 따라 느는 것이 양주였다. 급기야 1997년 8월 다국적 스카치위스키업체인 미국의 씨그램사가 국내 룸살롱 시장을 공략하기 위해 17년산 발렌타인과 21년산 로열살루트 500밀리리터 들이를 선보였다. 로열살루트의 룸살롱 소비자가격은 최고 50만 원으로 쌀 5가마니 값이었다. 씨그램은 그간 17년산 발렌타인은 750밀리리터, 로열살루트는 700밀리리터짜리만 생산해왔으나 국내 연간 위스키 소비량의 70~80퍼센트가 소비되는 한국의 룸살롱 등 유흥업소에 뚫고 들어가기 위해 500밀리리터짜리 제품을 생산, 한국에서만 판매를 하게 되었다는 것이다. 병당 4배 이상의 차익을 얻을 수 있는 위스키 매상을 끌어올려야 수익을 많이 올릴 수 있기 때문에 용량이 적은 양주를 선호하는 유흥업소 업주들을 겨냥한 마케팅 전술이었다.[34]

룸살롱과 유사한 유흥업소들이 늘면서 '룸살롱'의 정의를 둘러싼 논쟁까지 벌어졌다. 세금 문제 때문이었다. 1997년 10월 서울고법 특별6부(재판장 이상경)는 경기 안산시 G단란주점 주인 한 모 씨(여)가 경기도 안산시장을 상대로 낸 재산세부과처분 취소소송에서 단란주점이라도 밀실을 2개 이상 갖췄다면 고급 유흥주점인 '룸살롱'에 해당, 중과세 대상이라는 판결을 내렸다. 재판부는 판결문에서 "원고가 자신의 술집에 설치된 객실은 밖에서 보이도록 유리로 둘러싸여 밀실이 아니라고 주장하지만 식품위생법상 이 같은 방도 밀실과 아무 차이가 없고 '밀실 2개 이상이면 룸살롱'이라는 법 규정에 따라 중과세한 것은 정당하다"고 밝혔다.[35]

'삐끼의 천국', '여대생 접대부' 논란

1997년 11월 이른바 'IMF 환란'은 룸살롱업계에도 찬바람을 몰고 왔다. 11월 중순부터 1998년 2월 말까지 1만 1200여 개의 고급 룸살롱(1종 유흥업소) 가운데 2464개, 22퍼센트가량의 업소가 문을 닫았거나 사실상 영업을 중단하고 폐업 준비를 하고 있는 것으로 나타났다. 룸살롱 고객의 70퍼센트 이상을 공급, 젖줄 역할을 해온 대기업그룹들이 고액 접대를 금지하면서 문을 열고 영업을 하는 업소들도 상당수가 단란주점, 카페, 레스토랑 등으로 전업을 검토하고 있었다. 그러나 전체 룸살롱 가운데 물이 좋기로 소문난 500여 개 업소는 아직도 최소한 3~5일 전에 예약을 하지 않으면 방이 없을 정도로 호황을 누리고 있었다. 고금리시대를 맞아 거액의 현찰을 금융기관에 예치해 톡톡한 재미를 보고 있는 술꾼들이 몰리고 있기 때문으로 분석되었다.[36]

500여 개의 상위권에 들지 못한 업소들은 퇴폐영업으로 생존을 도모했다. 『서울신문』(1998년 3월 21일)은 "IMF 한파로 장사가 안되자 손님을 끌기 위해 룸살롱·단란주점 등 유흥업소의 퇴폐행위가 기승을 부리고 있다. 나체쇼 등의 음란공연을 벌이는 룸살롱, 접대부를 고용해 술시중을 드는 단란주점, 술을 파는 노래방 등 업태 위반 영업이 전국 곳곳에서 판치고 있으며 일부 업소는 종업원들에게 윤락행위까지 시키고 있다"며 다음과 같이 말했다.

"지난 19일 하오 10시 30분 서울 무교동의 한 단란주점. 어느 정도 손님들의 취기가 오르자 접대부들이 차례로 몸을 과잉 노출시킨 채

© michael-kay

IMF 이후 서울은 '삐끼의 천국'이라는 말이 나올 정도로 번화가 곳곳에서 호객 행위가 넘쳐나 사회문제로 불거지기도 했다. (사진은 명동의 속칭 삐끼 골목)

노래를 부르고 춤을 추며 퇴폐 분위기를 연출했다. 서울 북창동 일대의 단란주점에서는 한동안 사라졌던 나체쇼가 다시 등장했다. 서울 강남 일대에서도 '북창동형 단란주점'이 늘어나고 있다. …… 대학들이 밀집한 서울 신촌 일대 일부 술집에서는 저녁 시간에 '흑기사' '백기사' 게임이 유행하고 있다. '흑기사' 게임은 여자손님이 거부한 '폭탄주'를 남자손님이 마시면 여자손님이 키스를 해줘야 하는 게임이고 '백기사' 게임에서는 남자손님이 여자손님 1명을 골라 꽃을 선물하되 거절당하면 폭탄주 1잔을 벌주로 마셔야 하며 꽃을 받아주는 여자가 나올 때까지 계속해야 한다. 꽃을 받은 여자는 남자에게 키스를 해야 한다. 경북 구미시에서는 지난 19일 이른바 '호스트바'에서 10대 남성 접대부들이 전라 상태로 여자손님을 접대하다 적발되기도 했다."[37]

'삐끼(호객꾼)'도 극성을 부렸다. 자정 이후 서울은 '삐끼의 천국'이라는 말까지 나올 정도였다. 『문화일보』(1998년 4월 24일)에 따르면, "유흥가에 손님은 간곳없고 '삐끼(호객꾼)'들로 넘쳐나고 있다. 가출한 10대뿐 아니라 최근 실직한 30~40대까지 넥타이를 매고 삐끼로 가세하는 등 국제통화기금(IMF)구제금융 이후 술집 손님들이 줄자 이들의 수는 오히려 더욱 늘어나고 호객행위는 그악스러워 행인들이 발길을 옮기기 힘들 지경이다. 기히 삐끼는 IMF가 빚은 거대직업군이라고 할 정도였고 이들로 인해 사실상 심야영업제한은 무너진 상태였다. …… 20대의 한 삐끼는 경찰순찰차가 지나가자 깍듯이 인사를 건넸다. 하나같이 무전기를 손에 들고 뒤호주머니에 핸드폰을 꽂은 것이 이들의 특징. 길 건너편 단란주점, 룸살롱 등이 밀집된 골목에도 삐끼들이 '10대 영계로 확실히 모십니다'라고 외치며 간간이 오가는 취객들을 끌었다."[38]

경기 불황으로 인해 유흥가에서 접대부로 아르바이트를 하는 여대생들도 크게 늘었고, 이에 따라 PC통신 등에선 뜨거운 논쟁이 벌어졌다. "모든 것은 제자리에 있을 때 아름답다. 학생은 학생다워야 한다는 말이다. 생계(학비)를 위해 술집 아르바이트를 한다는 변명은 말이 안 된다"는 따위의 주장들이 많았지만, 다른 의견들도 많았다.

"여대생은 뭐 특별한가. 그럼 단란주점이나 룸살롱은 고졸 여성만 일하라는 이야기인가?" "'여대생이 술집 나간다'가 아니고 '술집 아가씨가 공부를 한다'고 생각하면 간단하다."[39]

"'룸살롱이 법정'인 나라" 논란

1999년 1월 또다시 판검사들의 룸살롱 향응 사건이 터졌다. 변호사 수임비리사건으로 구속된 이 모(47) 변호사는 대전 지역의 룸살롱에서 판검사들을 접대하느라 월 수천만 원대의 돈을 쓴 것으로 밝혀졌다.[40] 이에 대해 『한겨레』(1999년 1월 20일) 칼럼은 "많은 변호사들이 형사사건을 따내려고 외근 사무장을 고용한 뒤 경찰과 검찰·법원 직원 등에게 향응을 베풀고 소개료를 준다. 판·검사를 지내다 개업한 변호사는 대부분 전관예우라는 뿌리 깊은 관행에 힘입어 이름과 돈을 얻는다"며 다음과 같이 말했다. "이름을 밝히지 않은 한 변호사 사무장의 증언은 정말 충격적이다. 그는 자신이 겪은 일임을 강조한 뒤 '심지어는 룸살롱에서 판사와 검사, 변호사, 외근 사무장이 만나 형량과 재판기일 등등을 결정하는 일까지 벌어진다'고 털어놓았다. 이것이 사실이라면 '룸살롱이 바로 법정'이었던 셈이다."[41]

이 칼럼에 이어 또 다른 신문 22일자에 실린 '변호사 사무장과 판·검사들이 구형, 선고량을 협의한다'는 기사에 대해 판사들이 집단소송을 준비하는 등 발끈하고 나섰다. 법조계가 정화돼야 한다는 데는 공감하지만 근거 없는 내용으로 모든 판사들을 파렴치범으로 몰아가는 시각은 소송을 통해서라도 바로잡겠다는 것이었다. 소송 불사 의견은 20일부터 판사들만 열람할 수 있는 법원 내부 컴퓨터통신망에 모이기 시작했는데, 23일에는 '한 집단이 매도됐을 때 구성원이면 누구든지 민사상 소송을 제기할 수 있다는 독일의 판례가 있다'는 글이 올라오기도 했다. 곧이어 '지난 1960년대 캐나다에서는 판사들이 언론사를 상대로 소송을 제기해 배상을 받았다'는 사례가 소개되기도 했다. 서울지법의 한 부장판사는 "1998년 2월 대법원이 변호사들의 판사실 출입을 원칙적으로 금지하면서 판사들도 개인적 모임을 줄이는 등 자숙하고 있는데도 판사들을 바라보는 시각은 전혀 바뀌지 않았다"면서 "해당 언론사의 사과와 함께 정정기사가 뒤따르지 않으면 조만간 소송을 제기할 것"이라고 말했다.[42]

2월 13일 『한겨레』엔 이런 해명 기사가 실렸다. "칼럼 가운데 '룸살롱 운운' 부분은 제보자의 신원 및 증언내용에 대한 사실여부가 확인되지 않은 것이다. 이에 대해 대법원은 국민의 위임을 받아 재판업무를 수행하는 판사가 자신이 담당하는 사건의 검사나 변호사, 심지어 외근·사무장과 술자리를 같이하면서 형량과 재판기일을 결정한다는 것은 현실적으로 불가능하다고 밝혔다. 대법원은 또 법관이 사건과 관련해 변호사 등 소송관계인과 개인적으로 접촉하는 것은 사법의 존립기반을 무너뜨리는 행위로 결코 있을 수 없는 일이며, 법관윤리강령 및 판사실 출입예규의 개정으로 변호사와의 접촉은 공식적인 경우를 제외하면 극히 제한되어 있을 뿐만 아니라 여론이 제기하고 있는 전관예우라는 문제는 전관이라는 신분에 의탁하여 사건을 대량 수임하는 일부 변호사나 브로커의 문제일 뿐 법원은 어디까지나 공정하고 엄정하게 재판권을 행사하고 있다고 밝혔다. 위 칼럼으로 인해 법관들의 명예가 훼손된 데 대해 본지는 유감의 뜻을 전한다.”[43]

아무려면 ‘룸살롱이 법정’ 이었겠는가. 문제의 심각성에 주목하면서 교훈으로 삼자는 뜻에서 나온 선의의 과장법으로 보는 게 옳으리라. 실제로 그런 말이 나오게 된 사건과 유사한 사건들이 계속 끊이지 않고 터져 나온다는 것은 무엇을 의미하는가? 2000년대 들어 한국은 ‘접대부 공화국’ 이냐고 따져 묻는 일까지 벌어지니, 가볍게 넘길 순 없잖은가 말이다.

"당국의 세금부과가 엄청난데도 고급 룸살롱이 느는 것은

최근 경기 악화에 따른 기업 구조조정 등으로 직장을 잃은 여성이

늘어나 업소들이 손쉽게 접대부를 확보할 수 있는데다

대형화, 고급화할수록 손님이 더욱 몰리기 때문이다.

여기에다 중요한 고객이나 사업상 파트너, 계약 당사자 등을

접대하기 위해서는 반드시 접대부가 나오는 고급 룸살롱을

찾아야 한다는 우리 사회의 잘못된 남성중심 접대문화도

이 같은 현상을 부채질하고 있다. 또 전문지식이나 기술 없이도

쉽게 돈을 벌 수 있다는 그릇된 사고방식이 요인이 되고 있다."

4장 2000~2002년

한국은 '접대부 공화국'인가?

'주가 따라 울고 웃는 룸살롱'

룸살롱은 기업 접대문화의 꽃이기 때문에 룸살롱들은 주식시장에 민감하게 반응하면서 주가에 따라 울고 웃었다. 종합주가지수는 룸살롱 마케팅의 주요 참고자료가 되었다. 『한겨레』(1999년 4월 30일)는 "주식시장의 투자열기가 뜨거워지면서 증권가가 몰려 있는 서울 여의도 일대 룸살롱 마담들은 오후부터 주가지수를 챙겨 보기에 바쁘다. 주가지수의 등락이 매상에 직접적인 영향을 주기 때문이다. 여의도 ㅅ비즈니스클럽은 요즘 영업에 들어가기 전, 경리부장 주재로 종업원들을 모아놓고 '증시분석 회의'를 연다. 경리부장이 종합적인 시장상황 분석을 얘기하면 종업원들은 주식시장에서 '재미'를 본 사람들을 '모시기' 위해 영업전선에 나서는 것이다"라며 다음과 같이 말했다.

"주가지수 750선으로 떨어진 29일 이 클럽의 오후 회의에 참석한 종업원들의 표정은 약간 어두웠다. 지배인 김 아무개(26) 씨는 '주가

여의도의 밤. 접대문화의 꽃인 룸살롱은 주가 변동에 영향을 받을 수밖에 없었다. 상한가를 친 날엔 마담들이 증권맨들에게 전화를 걸어 '한잔하라'며 홍보에 열을 올리기도 했다.

가 많이 떨어졌지만 증권사 직원들한테 위로전화를 하면서 손님을 모아보자'고 지시했다. 하지만 전날 방 15개를 거의 채운 것과 달리 이날 밤은 설반 성노만 손님을 채웠다. 전날인 28일 오후 주가지수가 한때 800선을 돌파하자 여의도 ㄷ룸살롱 마담 이 아무개(28) 씨는 수첩에 빼곡히 적어놓은 고객들한테 전화하느라 바빴다. 그는 주가 급상승으로 신이 난 증권사 직원들을 상대로 '한잔하라'는 공세를 주로 펼쳤다. 이날 밤 이 마담은 증권사 직원들한테 3건의 예약을 받아냈다. 최근 유흥업소로 몰리는 증권맨들의 발길이 크게 늘어나면서 여의도 일대 룸살롱의 경우 손님들이 많이 몰리는 화, 금요일은 예약 손님이 넘쳐 방 잡기도 힘들 지경이라고 이 씨는 귀띔했다."[1]

이른바 '벤처 열풍'이 불면서 룸살롱은 대목을 만났다. 『한겨레』(1999년 12월 20일)에 따르면, "사람들은 새해, 새 세기를 얘기하지 않는다. 미래형 화두는 없고, 모였다 하면 돈 얘기다. 세기말 한국에는 돈바람이 불고 있다. 한 다리 두 다리 걸쳐 억대 부자가 생겨난다. 코스닥 등록으로 주식 값이 폭등해 사원들이 모두 억대 계열에 들어간 회사도 있다. 월급쟁이들이 짧은 기간에 이런 재산을 모을 수 있는 길은 비행기 사고확률보다도 낮다는 복권당첨 정도가 유일했다. 비록 절대 숫자는 여전히 극소수지만, 그 확률이 100배, 1000배 높아진 것이다."[2]

특히 서울 강남 일대 룸살롱의 마담들에게는 벤처기업 사장들이 거액의 목돈을 안겨주는 복덩이들이었다. 『경향신문』(2000년 1월 27일)은 "강남 테헤란로 중심부의 한 룸살롱 마담은 1999년 말 벤처기업 사장들이 주고받던 말을 귀동냥으로 듣고 ㅅ기업의 주식을 1억 원어치 사들였다. 이 주식은 연일 상한가를 치며 치솟아 며칠 사이 20배 이상 올랐다. 마담이 2주일 사이에 챙긴 돈은 20여 억 원. 그는 순식간 갑부대열에 올라 강남 룸살롱가를 유유히 떠났다고 한다"며 다음과 같이 말했다.

"이 때문에 테헤란로 주변의 룸살롱들은 벤처맨을 끌어들이기 위해 안간힘을 쓰고 있다. 선릉역 부근의 모 업소는 '처음 오시는 분에게 J양, C양의 은밀한 CD롬을 나누어 드립니다'라는 전단을 뿌리고 있다. 나이트클럽 웨이터들도 '재벌 3세를 소개해주겠다'는 말 대신 '잘나가는 벤처기업가를 소개해주겠다'는 말을 자주 사용한다. 물론 이들에게는 벤처기업 사장들이 단순히 술을 팔아주는 고객이 아니라 잘하면 수십억 원대의 부를 안겨줄 수 있는 희망의 메신저다."[3]

그렇게 흥청망청하는 분위기가 사회 전반을 휩쓸었으니, 1999년 한 해 동안 단란주점(1만 2246명)과 룸살롱(4275명) 개업자 수가 1만 6521명으로 1998년 1만 824명에 비해 52.6퍼센트 늘어난 것도 우연은 아니었다.[4] 흥청망청은 해외여행에까지 영향을 미쳤다. 중국에 아가씨가 들어오는 단란주점 문화를 뿌리내리게 한 사람도 한국인인 것으로 알려졌다. 『국민일보』(2000년 3월 1일)는 "중국에서 한국인이 잇따라 납치당하게 된 배경에는 한국인들의 '흥청망청 여행문화'가 주요 원인 중의 하나라는 지적이 있다"고 했다.

옌볜에 살다가 한국에 온 중국동포 이 모 씨(40)는 "4~5년 전만 하더라도 중국에는 일본에서 유입된 우리의 노래방 같은 가라오케 문화는 있어도 아가씨가 남성들에게 접대까지 하는 단란주점은 없었다"면서 "한국 관광객들 상당수가 밤이면 으레 술집을 찾고 특히 말이 통하는 사람을 원해 조선족 여성들이 주로 접대에 나서고 있다"고 말했다. 이 씨는 "조선족 여성들이 돈 때문에 한국인 관광객들에게 몸을 판다는 사실이 조선족 청년들에게는 심한 모욕감을 주고 있다"며 "최근 드러난 사건들은 돈을 챙기려는 의도 못지않게 이웃 처녀를 빼앗긴 데 대한 복수심에 의해 비롯됐을 가능성도 크다"고 말했다.[5]

'5·18 룸살롱 사건'

2000년 5월 이른바 '5·18 룸살롱 사건'이 터져 전국을 뜨겁게 달구었다. 5·18 광주민중항쟁 20돌 기념식 참석과 망월동 묘지 참배를 위해 광주에 내려갔던 민주당 386세대 정치인과 일부 의원들이 17일 현지의 룸살롱에서 술을 마시며 여종업원과 함께 노래를 부르고 춤까지 춘 것으로 드러나 물의를 빚은 사건이다. 이런 사실은 중간에 합류했다가 "술자리 분위기를 보고 한 참석자와 말다툼까지 벌인" 뒤 자리를 뜬 임수경 씨가 386세대 모임인 '제3의 힘' 홈페이지에 글을 올리며 밝혀졌다. 임 씨가 올린 글은 2시간여 만에 삭제됐지만, 삭제 전 열람한 네티즌들에 의해 인터넷과 PC통신 등 사이버공간으로 옮겨지며 네티즌들의 비난 의견이 빗발쳤다.

임 씨는 25일 "광주 민주항쟁 등 80년대 민주화정신을 토대로 정치판에 뛰어들 수 있었던 386세대 정치인들이 '그곳'에 가 벌인 짓은 비판받을 일로 생각한다"고 말했다. 또 참여연대 김형완 사무처장은 "젊은 정치인들이 '그날 그 자리'에서 접대부와 함께 술자리를 벌인 것 자체가 대단히 부적절한 일로 비난받아 마땅하며 정치적 책임도 져야 할 것"이라고 밝혔다. 한편 해당 386정치인들은 말썽이 나자 '광주를 방문했던 젊은 위원장' 명의로 각 언론사에 해명서를 보내 "일부 내용에 과장된 측면이 많고, 술자리를 마친 뒤에 새벽까지 예정된 토론회도 가졌다"며 "그러나 우발적이나마 술자리를 갖게 된 점을 죄송하게 생각한다"고 해명했다.[6]

그러나 이 사건은 쉽게 가라앉지 않았다. 특히 참석자들의 해명과 당시 술자리를 외부에 처음 알린 임 씨 등 목격자의 증언이 엇갈려 당사자 해명의 진실성에 대한 의구심도 일었다. 참석 정치인들은 공동으로 "전야제를 마치고 숙소로 돌아가는 길에 가볍게 맥주 한잔하러 갔으며, 알려진 내용은 상당한 과장이 있다"고 해명했다. 또 대부분의 참석자들은 "여종업원과 춤을 추는 등 지나친 유흥은 없었다"고 주장했다. 그러나 임 씨는 애초 "룸으로 들어갔을 때 한 당선자는 노래를 부르고 있었고 시인 박 모 씨는 여자와 블루스를 추는 등 몇몇 참석자들은 여종업원과 어울리고 있었다"고 밝혔다. 또 전야제는 밤 11시께 끝났고 술자리는 전야제가 진행 중이던 밤 10시~10시 30분께부터 벌어진 것으로 확인됐다. 참석자들은 "지난 18일 0시 30분께 술자리를 끝내고 예정된 정치개혁 토론회를 했다"고 밝혔지만, 술집 주인은 "술자리가 새벽 1시께 끝났으며, 맥주 15병에다 양주 3~4병은 마신 것 같다"고 밝혀 상당량의 음주가 있었음을 내비쳤다.

한편 임 씨는 26일 오후 기자회견을 열어 "문세의 품에 30초도 있지 않았고 한 당선자가 노래 부르는 것을 본 게 전부로, 알려진 사실은 내가 본 것보다 상당히 과장됐다"며 그간의 증언을 번복했다. 임 씨는 또 "5·18 묘역을 한 번도 참배하지 않은 자들이 이 사건을 악의적으로 변질시키는 것은 참을 수 없다"고 주장했다.

26일 민주당 홈페이지(www.minjoo.or.kr)와 해당 정치인들의 홈페이지엔 술자리 참석자들을 성토하는 네티즌들의 글이 올라왔으며 중앙당사와 관련 지구당 등에도 항의전화가 빗발쳤다. 한 네티즌은 민주당 여론광장에 "지하에서 통곡하는 민주영령들의 목소리가 들리는가, 누구 덕에 당상에 앉았다고 벌써 꼴값을 떠는가"라면서 문제의 정치인들을 비판하는 글을 올렸다. 또 한 네티즌은 총선연대 사이트에 올린 글에서 "실수를 인정하고 진정으로 반성하기를 기대한다"고 촉구했다.[7]

해당 정치인들에게는 '가라오케 의원' '술 마시는 것은 펜티엄급'이라는 비아냥거림부터 "룸살롱 가려고 표 달라고 했느냐"는 등의 비난이 이틀째 줄을 이었다. 광주관련 단체는 물론 시민단체들이 "4년 뒤 낙천·낙선대상자 명단에 올릴 것"이라고 분노를 감추지 못했고, 정치개혁시민연대는 "의원직을 사퇴하라"고 촉구했다. 한나라당 권철현 대변인과 자민련 이규양 수석부대변인은 논평을 통해 "낮과 밤의 두 얼굴을 가진 386" "이러고도 '젊은 피' 운운할 수 있느냐"는 등 386주자들의 자질을 비판했다.

『경향신문』(2000년 5월 27일)에 따르면, "그러나 야당의 386 주자들은 동료들의 실수에 안타까워했다. 정치권에선 386을 중심으로 한 소장 당선자들이 그동안 정치권에 새바람을 불러일으키는 데 기여해왔다는 점에서 이들의 역할이 위축될 것을 걱정하고 있다. 이들이 여론의 지지를 등에 업고 강력히 주장해왔던 국회의장 자유경선·크로스보팅·당내 민주화 등 여러 개혁작업의 추진력이 전만 못해질 가능성이 높아졌다. 이 때문에 386 정치신인들이 이번 사건을 계기로 '초심(初心)'에서 새롭게 출발, 정치개혁을 선도하기를 바라는 여론도 적지 않다."[8]

'룸살롱의 양지화' 인가?

2000년 들어서도 경기회복에 따른 과소비풍조에 편승해 룸살롱 등
이 급증했다. 국세청의 사업자등록현황 집계에 따르면 5월까지 주점
개설을 위해 사업자등록을 한 사업자 수는 모두 4만 808명으로 1999
년 같은 기간의 1만 6435명에 비해 148.3퍼센트나 늘었다. 주점별로
는 룸살롱 신규사업등록자가 5204명으로 1999년에 비해 314.7퍼센
트, 호프와 소주방 등은 1만 3080명이 개업해 197.7퍼센트의 증가세
를 보였다.[9]

이런 증가세에 대해 이기백은 "원래 폐쇄된 회원들의 모임인 '살
롱(salon)'이 우리나라에서 방(房)을 의미하는 영어 단어와 어울려 전
혀 다른 개념인 '룸살롱'으로 진화한 것은 돌연변이현상이다. 최고
급 술집의 대명사로 불리는 룸살롱은 대리석바닥과 카펫 등 기죽이
는 최고급시설에다 수입양주와 접대부서비스로 두세 사람 정도의
술값이 서민 한 달치 월급보다 많기 일쑤라고 한다. 룸살롱이 과소비
장본인으로 지목받는 것도 이 때문이다"라며 다음과 같이 말했다.

"이 같은 경향은 경기가 다소 회복되자 돈 있는 사람들이 춤추며
노래하고 접대부와 어울릴 수 있는 룸살롱으로 몰려 유흥업소의
대종을 이루던 단란주점들이 룸살롱으로 바뀌고 있기 때문이란다.
살롱 원조인 프랑스에도 없는 룸살롱이 우리나라에서 전성기를 맞
고 있는 것은 이상증세다. 우리 사회에 소비목적만의 룸살롱만 존
재하는 것은 일부 고소득층의 불건전한 과소비가 부추긴 병폐라고

ⓒ 요합뉴스

2000년 8월 서울에선 유흥업소 여종업원을 대상으로 하는 미인 대회인 '황진이 선발대회'가 열렸다.
시상 부문은 대상인 황진이상 외에, 금상인 청순가련상(상금 2000만 원), 백치미상, 섹시상, 못난이상
(상금 각 1000만 원) 등이었다. 주최 측은 선발이 되면 황진이 관련 영화에 캐스팅된다고 홍보했다.

하겠다." [10]

    룸살롱 등 유흥업계와 관(官)의 유착도 문제였다. 룸살롱 업주 전
모 씨(40)는 "단속직원과 업주는 사실상 한 가족"이라고 표현했다.
"룸살롱은 무허가 영업과 미짜(미성년자의 속어) 고용 두 가지가 주로
단속 대상입니다. 이 두 가지 모두 담당 공무원들은 훤히 꿰뚫어보고
있는 사안이기 때문에 그들이 묵인해주지 않으면 사실상 영업이 불
가능하죠." 전 씨는 "서울 중구 북창동처럼 업소들이 모여 있는 곳에
단속이 뜨는 날 한번 가보시라. 그 근처 다방과 오락실에 미짜들이

득실득실한 모습을 볼 수 있을 것"이라고 말했다. 미리 단속 정보를 입수한 업주들이 단속일에는 미성년자를 업소 밖으로 피신시키기 때문에 갈 곳 없어진 이들이 시간을 때우기 위해 다방과 오락실에 몰려든다는 설명이었다.[11]

2000년 8월 서울에선 룸살롱 등 유흥업소 여종업원만을 대상으로 '황진이 선발대회'라는 미녀 선발대회가 열렸다. 주최 측은 "황진이를 '복원'해 유흥업소 여종업원의 역할을 바로잡아 룸살롱문화를 건전하게 바꾸겠다"고 주장했다.[12] 룸살롱, 단란주점 등 '밤문화'에 관한 정보를 온라인상에서 소개하는 조이헌트란 업체 주최의 이 행사에는 참가의사를 밝힌 106명의 유흥업 종사여성 중 네티즌의 예선 투표를 거쳐 통과한 16명의 후보가 참가했다. 유명 MC의 사회로 휘황찬란한 레이져쇼, 멀티큐브 영상쇼로 막이 열린 뒤 참가자들은 드레스 차림으로 무대에 걸어나와 자기소개를 했고 그 뒤로 멀티큐브에는 수영복 모습과 몸매 등 신체정보를 담은 글이 영상으로 나왔다. 이어 '황진이 후보자'들이 핫팬츠 차림으로 준비한 춤과 노래를 부르며 자신의 장기를 뽐내는 코너도 마련됐다. 즉석에서 OMR카드로 투표를 통해 뽑힌 '황진이상' 수여자에게는 5000만 원이 부상으로 지급되는 등 모두 5명의 수상자에게 1억 원의 상금이 나갔다.[13]

룸살롱의 양지화가 필요하다고 생각했던 걸까? 아니면 이미 사실상 양지화된 현실을 널리 알리겠다는 뜻이었을까? '황진이 선발대회'에 이어 2000년 9월엔 토피아정보기술㈜이 유흥업소 전문 검색 사이트 'OK!마담'(www.okmadam.co.kr)을 개설했다. 전국의 룸살롱, 단란주점, 나이트클럽, 요정 등 유흥업소와 업소 종사자에 대한 정보를 제공하는 '밤문화' 전문 사이트였다. 전국 1만여 유흥업소에 관한 정보를 제공했으며, 회원으로 가입한 업소에 대해서는 홈페이지 제작과 고객관리 프로그램까지 제공했다. "일반 술집도 아니고 접대부들이 나오는 퇴폐업소에 대한 정보를 제공하는 것은 국민 정서에 엄청난 해악을 주는 일"이라고 비난하는 목소리도 있었지만, 회사 측은 "21세기 지식 정보화사회를 맞아 인터넷문화와 건전한 유흥문화를 접목시켜 양성적인 술 문화를 구현하자는 뜻"이라고 주장했다.[14]

미시촌과 '아방궁' 룸살롱

술과 여성접대를 전제로 한 '건전한 유흥문화'가 가능한 것이었을까? 여성의 입장에선 돈이 원수가 아닌가. 이른바 '미시촌'이 급증하게 된 것도 건전해지겠다고 그런 건 아니었을 게다. 미시촌은 룸살롱에 일자리를 잡기 어려운 30, 40대 여성들이 나오는 술집으로, 그 원조(元祖)는 과부촌이었다. 『동아일보』(2000년 10월 21일)에 따르면, "미시촌 상호를 가진 유흥업소가 갑작스럽게 번성하기 시작한 것은 경제위기가 몰려와 서민들의 삶이 어려워진 무렵이었다. 'IMF 미시'라는 말까지 생겨났다. 경기 성남의 미시촌 화재 사고로 숨진 여종업원 6명 중 4명이 자녀를 부양하는 주부들이었다. 이들은 자녀의

학비를 벌거나 컴퓨터를 사주기 위해 유흥업소에 나왔다는 안타까운 소식도 들려온다."[15]

빈부 양극화는 룸살롱 업계 내부에서도 나타났다. 연면적 1000평에 룸 90개, 접대부 350명, 마담 40여 명, 하루 매출 3억 원. 서울경찰청이 2000년 11월 중순부터 벌인 대형 호화 룸살롱 일제단속에서 윤락 알선으로 적발된 논현동 H호텔 D룸살롱의 규모였다. 이 '아방궁' 룸살롱은 이탈리아제 대리석으로 바닥과 벽을 장식했고 소파와 탁자 등 가구도 온통 외제였다. 그림과 도자기가 곳곳에 진열돼 있었고 바닥에는 고급 양탄자를 깔았다. '별천지'를 눈으로 확인한 단속 경찰관들은 하나같이 "상상을 초월하는 호화 술판에 충격을 받았다"고 입을 모았다.

D룸살롱의 접대부는 미인대회 참가자, 여대생, 대기업 출신 등 고학력자가 상당수였다. 이들은 테이블팁 10만~30만 원을 챙기고 손님과 이른바 '2차'를 갈 경우 30만~50만 원을 따로 받았다. 인기 있는 접대부는 수천만 원의 선금을 받고 스카우트됐으며 이들을 관리하는 마담 중 일부는 연봉이 1억 원이 넘었다. 손님들은 재벌 2세나 벤처기업가를 비롯, 의사 변호사 등 전문직이 대부분이었다. 룸살롱 주차장은 이들이 몰고 온 국산 최고급차와 BMW 아우디 벤츠 등 외제차로 가득 찼다. 단골은 1주일에 1~2회 찾아와 한 번에 1000만 원 이상을 뿌린다고 했다.[16]

D룸살롱은 호텔 9~13층 5개 층 객실을 통째로 전세 내 전용 엘리베이터를 통해 손님과 접대부의 윤락을 알선했다. 삼성동 N호텔 G

'삼십육궁혼의 봄' 진시황의 아방
궁. 연면적 1000평, 룸 90개,
접대부 350명, 마담 40여 명 등
2000년대에 들어선 대형 호화
룸살롱들은 아방궁 못지않은 규
모와 화려함을 자랑했다.

룸살롱도 연면적 600평에 접대부가 250명이나 됐는데, 호텔 2~3층에
룸 40개를 만들고 5~6층 객실을 전세 내 윤락행위를 주선해왔다. 그
런데 검찰은 서울경찰청 방범부가 매매춘 알선 혐의(윤락행위방지법
위반)로 신청한 룸살롱 업주 6명의 구속영장을 모두 기각해 논란을
빚었다. 검찰은 "업주들이 적극 매춘을 알선하지 않았고 그리 사안

이 중하지 않다"는 등의 이유를 들었다. 검찰 관계자는 "표적수사처럼 보이는데다, (단속에 걸리지 않은) 다른 동종 업주들과의 형평성을 고려했다"고 덧붙였다. 한 단란주점 업주는 "단란주점의 경우 접대부를 소개했다가 매매춘이 적발되면 구속되는 예가 적지 않다"며 "매매춘 알선 범죄에도 유전무죄가 적용되는 것 같다"고 말했다.[17]

2000년 연말 부유층의 룸살롱 흥청망청은 최고조에 이른 것처럼 보였다. 『서울신문』(2000년 12월 20일)에 따르면, "지난 주말인 15일 밤 서울 강남 일대의 고급 룸살롱과 단란주점은 망년회 모임으로 흥청거렸다. 유흥업소 주변은 벤츠 BMW 볼보 등 고급 외제승용차들로 붐볐다. 이 일대에서 '잘나간다'는 평을 듣고 있는 R룸살롱과 B클럽은 예약하지 않으면 자리를 잡지 못한다. 3인 기준으로 하룻밤 술값이 100만 원을 넘는다. 전국의 술집에서는 한 병에 30만~40만 원을 호가하는 '발렌타인 17년'이 올들어 지난 10월까지 22만 1628병이나 팔려나갔다."[18]

강남 나이트클럽의 '룸 잡기' 추첨

강남 룸살롱과 단란주점엔 여고생 접대부가 몰려들기 시작했다. "돈 벌고 어른들과 장난치고 재미있잖아요. 그게 뭐 큰 잘못인가요?" 2001년 1월 3일 여고생 등 미성년자 고용 유흥업소를 무더기로 단속한 서울 서초경찰서에 참고인 자격으로 불려온 10대 접대부 8명의

2000년대엔 접대부의 공급 형태도 확연히 달라졌다. 1980년대와 같은 인신매매단 납치는 옛말이 되고 용돈 벌이쯤으로 쉽게 생각하며 제발로 찾아드는 여고생 접대부가 크게 늘어나기 시작했다.(사진은 인신매매단에 딸을 잃은 모정의 비정한 복수극을 그린 영화 〈에미〉의 포스터. 1985년 황기성사단이 내놓은 첫 작품으로 김수현이 극본을, 박철수가 감독을 맡았다.)

반응이었다. 이들은 모두 아버지가 건축설계사, 벤처업체 사장 등인 넉넉한 가정의 아이들이었다.

『한국일보』(2001년 1월 5일)에 따르면, "분당의 50평짜리 아파트에 산다는 Y(16 · 여고 1년) 양은 '하루 용돈 2000원으로는 도저히 '생활' 이 안돼, 지난여름부터 1주일에 두세 번씩 강남의 룸살롱이나 단란주점에 나가 매달 100만 원도 넘게 벌었다'고 '자랑' 스럽게 말했다. Y양은 '자정 넘어 집에 가면 부모님이 주무시기 때문에 아무 탈 없다'며 '들키더라도 심야영화를 보고 왔다고 하면 그만' 이라고 태연히 말했다. 이들은 형사를 가리키며 '지난번에 와서 술값 팁값 안 내고 가셨죠. 저분도 낯이 익네요. 다른 경찰서 서장님도 우리가 모셨지요' 라고 농담을 건네는가 하면 '나이 많고 지체 높은 손님들은 욕을 해도 봐주시는 등 재미있는 일도 많다' 고 자기들끼리 까르르

웃음을 터뜨리기도 했다. 경찰 관계자는 '인신매매단에 잡혀와 일한 다는 것은 옛말'이라며 '요새는 스스로 보도방이나 업소를 찾아가는 경우가 대부분'이라고 말했다. O(16·여고 1년)양은 '늦으면 업소 배정을 못 받기 때문에, 수업이 끝나면 바로 보도방을 찾는다'며 '번 돈은 옷 사고 맛있는 것 사 먹는 데 다 썼다'고 말했다."[19]

룸, 룸, 룸! 룸에 미쳐 돌아가는 '룸 열풍'은 나이트클럽 안에서도 벌어졌다. 『한국일보』(2001년 1월 11일)는 "요즘 서울 강남의 J·B·S 등 '잘나가는' 3대 나이트클럽은 주말마다 몰려드는 손님들을 감당 하지 못해 영업 전에 추첨행사를 연다. 객석보다 룸을 선호하는 젊은 이들이 많아지자 10여 개의 한정된 방을 차지하기 위해 치열한 경쟁 이 벌어져 아예 예비 손님들이 나이트클럽에 모여 젓가락 뽑기, 카드 뽑기 등 추첨을 통해 결정하고 있다. 경쟁률도 10대 1에 이르러 웬만 한 대학입시나 취업 경쟁률과 맞먹는다"며 다음과 같이 말했다.

"최근 J나이트클럽 추첨에 참가했던 김 모(24·재미 유학생) 씨는 '오후 3시 30분에 100여 명이 나이트클럽에 모여 추첨하는 모습이 정말 가관이었다'며 '당첨돼 기뻐하는 표정이 마치 대학에 붙은 수 험생을 연상케 했다'고 전했다. 이 모(23·여·서울 강남구 압구정) 씨 도 '치열한 추첨경쟁에서 살아남기 위해 친구들과 짜고 복수지원과 교차지원을 하는 건 예사'라며 '심지어 친한 웨이터에게 줄을 대 추 첨 비리를 저지르는 경우도 있다'고 귀띔했다. 취업 준비 중인 김 모 (27·K대 졸업) 씨는 '가물에 콩 나듯 들어오는 입사원서를 얻기 위해 선후배 간에 눈치를 보며 추첨을 하는 처지인데 경제난에 아랑곳없이 여유를 만끽하는 사람들 이야기를 들으면 왠지 우울해진다'고 씁쓸해했다."[20]

한국은 '접대부 공화국'인가?

그러나 한국인의 지극한 '룸 사랑'은 강남에만 국한된 건 아니었다. 『국민일보』(2001년 6월 18일)는 "최근 들어 경제가 어려운데도 퇴폐·향락문화의 상징인 룸살롱이 크게 늘고 있다. 접대부를 둔 술집이 장사가 잘되자 단란주점 등이 합법적으로 접대부를 고용할 수 있는 유흥주점으로 업태를 바꾸고 카페 레스토랑 등 일반 음식점에서조차 접대부를 두는 실정이다. 18일 경찰청 방범지도과에 따르면 5월 말 현재 유흥주점은 모두 2만 1214개로 2000년 5월 말 1만 8865개에 비해 1년 사이 무려 3000개 이상 늘었다. 또 1995년 1만 2909개에 비해 6년 동안 배 가까이 늘었다. 이는 우리나라 성인남자(1470여 만 명) 750명당 1개의 룸살롱이 있는 셈이다"라며 다음과 같이 말했다.

"당국의 세금부과가 엄청난데도 고급 룸살롱이 느는 것은 최근 경기 악화에 따른 기업 구조조정 등으로 직장을 잃은 여성이 늘어나 업소들이 손쉽게 접대부를 확보할 수 있는데다 대형화, 고급화할수록 손님이 더욱 몰리기 때문이다. 여기에다 중요한 고객이나 사업상 파트너, 계약 당사자 등을 접대하기 위해서는 반드시 접대부가 나오는 고급 룸살롱을 찾아야 한다는 우리 사회의 잘못된 남성중심 접대문

접대부를 둔 룸살롱이 더할 수 없는 호황이다 보니 단란주점들이 아예 합법적으로 접대부를 고용할 수 있는 유흥주점으로 업태를 바꾸었다. 서울 근교의 전원카페들도 밤이 되면 접대부를 둔 변태 유흥업소로 변신하는 경우가 많았다.

화도 이 같은 현상을 부채질하고 있다. 또 전문지식이나 기술 없이도 쉽게 돈을 벌 수 있다는 그릇된 사고방식이 여대생이나 직장인뿐 아니라 주부들까지 이늘 유흥업소의 접대부로 나서게 하는 요인이 되고 있다. 특히 벤처기업이 몰려 있는 서울 강남 테헤란로 일대에는 지하층이나 1층에 하나씩 룸살롱이 없는 빌딩이 없는 실정이다. …… 접대부를 둔 룸살롱이 호황이다 보니 단란주점들이 아예 합법적으로 접대부를 고용할 수 있는 유흥주점으로 대거 업태를 바꾸고 있다. 그동안 불법으로 접대부를 뒀던 단란주점들이 단속이 심해지자 2000년부터 룸 30~50개, 접대부 50~100명씩을 갖춘 유흥주점으로 변신하고 있는 것." [21]

극심한 불황을 겪고 있던 수도권 일대의 전원카페들도 대거 접대부를 둔 변태 유흥업소로 변신했다. 『서울신문』(2002년 1월 15일)은 "경기도 내 풍광이 빼어난 양평군과 남양주 지역에 들어선 전원카페의 상당수가 업소 난립과 경기침체로 수익이 크게 줄어들자 2001년부터 접대부 고용 등 불법행위를 일삼기 시작, 최근에는 이 같은 변태영업 행위가 독버섯처럼 번지고 있다. …… 카페촌으로 유명한 양수리 지역도 유사한 변태업소들이 뿌리를 내리고 있다. K전원카페의 경우 낮과 밤이 전혀 다르다. 심야 시간대가 되면 멀쩡한 레스토랑이 룸살롱으로 탈바꿈한다. 특히 일부 업소는 조선족이나 러시아 여성 등 외국인 접대부까지 고용하고 있는 것으로 알려졌다"며 다음과 같이 말했다.

"이 같은 사정은 남양주 쪽도 마찬가지. 상당수 업소가 손님들의 접대부 요구를 마다하지 않는다. 10~30분 정도만 기다리면 승용차를 타고 온 여성들이 손님들과 합석한다. 착 달라붙은 청바지나 미니스커트 차림새로 보아 대부분의 여성이 접대부라는 것을 한눈에 짐작할 수 있지만 하나같이 손님으로 가장하고 있다. 이들은 주로 수도권 외곽의 시 · 군에 자리 잡은 티켓다방 등에 고용된 여성들로 시간당 2만~3만 원가량의 봉사료를 요구하고 있고 '2차'를 나가면 화대 명목으로 20만 원 정도를 챙긴다. 사정이 이러해지자 사양길로 접어든 일대 러브호텔들에도 손님들이 다시 몰리고 있다. 호텔과 업소들을 연결하는 셔틀형 봉고차가 곳곳에서 운영되고 있고 취객들을 위한 대리운전도 성행하고 있다."[22]

방송사 대신 술집으로 출근하는 탤런트

한국은 '접대부 공화국' 인가? 방송사 대신 술집으로 출근하는 여성 탤런트의 수가 늘고 있다는 말도 나왔다. 2001년 11월 시나리오 작가 김영찬은 "어느 스포츠 신문에서 탤런트 K양이 강남의 모 룸살롱에서 마담으로 일하고 있다는 기사를 읽었다. 일반인들은 '꽤 알려진 연예인이 왜 술집에 나갈까' 라는 의문을 갖겠지만 실제로 일부 연예인들은 강남 '화류계' 에 종사하고 있다. 물론 톱스타의 경우는 아니지만 어느 정도 활동을 했던 연기자들도 어쩌다 한 명 정도 있고, 각 방송국 공채 탤런트 출신은 종종 발견되며 CF나 드라마 오디션 등 연예계에 문을 두드리다 온 경우는 제법 많다. 어찌 보면 고급 룸살롱이라는 곳이 연예계 진출을 노리다 실패한 '반반한 미모' 의 여성들이 돈이나 벌어보자는 허영심을 채우기엔 아주 적합한 곳이기 때문이다" 라며 다음과 같이 말했다.

"사실 연기자가 되더라도 일부 인기 스타를 제외하면 돈벌이가 쉽지 않다. 실례로 방송국 공채 탤런트의 경우 이들은 치열한 관문을 통과해 기쁨의 눈물을 흘리지만 당장 형편이 좋아지는 건 아니다. 방송국에서 주는 적은 월급을 받으며 어쩌다 한 번 드라마에 출연하고 받는 수당은 회당 6~7만 원 정도. 물론 장동건 심은하처럼 공채로 뽑히자마자 불과 몇 달 만에 스타로 떠오르는 경우도 있지만 이는 정말 가물에 콩 나듯 일어나는 일이다. 대부분의 공채 탤런트들은 스타의 꿈을 안은 채 약 1~2년 동안 묵묵히 단역으로 출연하며 늘 준비된 연기자로서 시동만 걸어놓고 있을 뿐이다. 때문에 이들이 겪는 생활고는 새삼스러운 것이 아니다. 무늬만 탤런트이지, 거리에 나서도 알아보는 이 하나 없는 이들은 탤런트 시험에 합격하고 친구들에게 한 턱 내느라 쓴 카드 값도 못 갚아 쩔쩔 매는 사람도 있을 정도다. 다행히 1~2년 안에 주목받아 광고라도 찍고 드라마에 꾸준히 출연하면 등급이 올라가 출연료만으로도 충분히 먹고살 수 있지만 그렇지 않고서는 그야말로 입에 풀칠하기도 힘든 것이 현실이다. 따라서 코너에 몰릴 대로 몰린 무명 탤런트들이 거액의 유혹이 손짓하는 화류계로 빠지는 것은 어려운 일이 아니다." [23]

룸살롱의 여자와 술을 관리하는 권력의 주체는 마담이다. 물론 마담 위에 훨씬 더 큰 권력이 있지만, 실무적인 권력에선 그렇다는 말이다. 이들의 존재와 가치를 알아본 이들이 있었으니, 그건 바로 위스키 제조업체였다. 2001년 12월 4일 한국 진로와 '발렌타인' 위스키 제조업체인 영국 얼라이드 도멕의 합작법인인 진로발렌타인스는 서울 하얏트호텔에서 17년짜리 새 '슈퍼 프리미엄급 위스키' 시판을 발표하는 대대적인 행사를 열면서 강남의 대표적 룸살롱의 '잘나가는 마담' 150여 명을 초청했다. 주최 측이 이례적으로 룸살롱 마담들을 '모시기로' 한 것은 이들이 고객에게 어떤 위스키를 권하느냐가 새로운 위스키 브랜드의 성패를 좌우한다고 판단했기 때문이다. [24]

2001년 12월 8일 영국 일간 『파이낸셜타임스』는 이 이색적인 행사를 전하면서 "3명이 즐기는 데 하룻밤에 1100파운드(약 200만 원)를 지불하는 룸살롱은 한국의 사업가와 정치인들이 위스키 잔을 기울

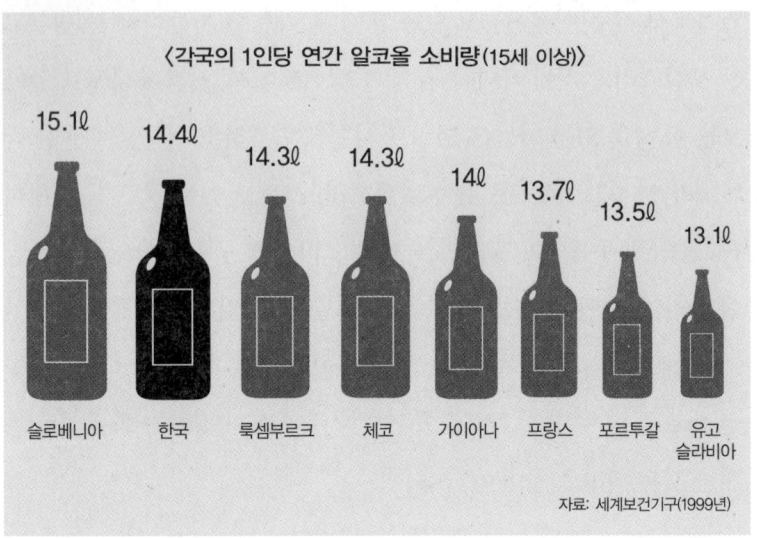

〈각국의 1인당 연간 알코올 소비량(15세 이상)〉

15.1ℓ 슬로베니아
14.4ℓ 한국
14.3ℓ 룩셈부르크
14.3ℓ 체코
14ℓ 가이아나
13.7ℓ 프랑스
13.5ℓ 포르투갈
13.1ℓ 유고 슬라비아

자료: 세계보건기구(1999년)

이며 협조관계를 강화하고 거래를 도모하는 은밀한 상소로 오랫동안 애용돼왔다"고 말했다. 이 신문은 "이 주류업체가 룸살롱에서 사업가들의 시중을 드는 호스티스를 마케팅 타깃으로 잡은 것은 놀랄 만한 일"이라며 "한국 내 위스키 판매량의 80퍼센트는 4000개의 룸살롱에서 이뤄지고 있다"고 전했다.

이 신문은 또 "공식적으로 룸살롱은 섹스산업의 일부가 아니며 매춘은 법으로 금지돼 있다"면서 "그러나 많은 룸살롱이 이 법을 우습게 여기고 있으며 일부는 범죄조직과 연계돼 있다는 게 비판론자들의 주장"이라고 밝혔다. 유교 전통이 강한 한국에서는 태국 등 다른 아시아 국가에서처럼 섹스산업이 번성하지 않았지만 룸살롱과 마사지클럽, 하룻밤이 아니라 시간당으로 돈을 내는 '러브호텔'이 보편화돼 있다고 이 신문은 소개했다. 이 신문은 이어 한국은 세계 5위의 위스키 소비국으로 가장 급성장하는 위스키 시장이라면서 한국의 2001년 위스키 판매량은 2년 전에 비해 50퍼센트나 늘어났다고 덧붙였다.[25]

일반 서민에게는 소주가 있었다. 2001년 주류공업협회 출고량 기준으로 한국인은 연간 소주 28억 병, 맥주 40억 병, 위스키 5700만 병을 마셨다. 1999년 세계보건기구 통계로 1인당 순수알코올 소비량은 슬로베니아에 이어 세계 2위를 기록했다.[26]

'뉴욕 룸살롱' 사건

2002년 2월 한국 정치판은 '뉴욕 룸살롱' 사건으로 시끄러웠다. 여야가 2002년 1월 미국을 방문했던 한나라당 의원들의 뉴욕 룸살롱 술자리를 뒤늦게 도마 위에 올려놓고 공방을 벌인 사건이다. 2월 21일 민주당은 "9·11테러 희생자를 추모한 뒤 룸살롱에서 향락의 시간을 보냈다는 의혹에 대해 진상을 밝히라"고 공격했고, 한나라당은 "진실을 왜곡한 허위공세"라며 법적 대응 방침을 밝혔다.[27]

민주당 윤호중 부대변인은 '테러 대참사 현장에서 계곡주 파티라니'라는 논평을 발표했다. 계곡주란 술을 여성의 신체에 부어서 마신다는 뜻의 비속어다. 말 자체가 워낙 자극적이고 엽기적이어서 정치권의 저질공방이 갈 데까지 갔다는 한탄이 여기저기서 나왔다. 윤부대변인은 논평에서 "지난 1월 이회창 총재의 미국방문을 수행한 한나라당의 전·현직 의원 11명이 뉴욕의 한 룸살롱에서 이른바 '계곡주 파티'를 벌였다"고 주장했다. '뉴욕 술판설'은 뉴욕 교포라고만 밝힌 사람이 이 총재 방미 직후 각 언론사 등의 홈페이지에 글을 띄운 것으로, 인터넷 신문인 '오마이뉴스'와 몇몇 시사주간지들이 밀착취재를 했으나 사실확인이 되지 않아 아직 기사화하지 않고 있던 것으로 알려졌다.

한나라당 남경필 대변인은 민주당 이낙연 대변인에게 전화를 걸어 "전혀 사실이 아닌 내용을 발표하면 되느냐"고 항의했다. 이에 이 대변인은 "인터넷에 떴으니 사실 여부를 물은 것 아니냐"며 논평 취소를 거부했다. 남 대변인은 "수행의원들이 미국 방문 마지막 날 쫑파티 성격의 술자리를 한 것은 사실이지만 룸살롱이 아니었다"면서 "인터넷에 뜬 글에 술집 전화번호가 있어 각 언론사에서 취재를 했으나 전화번호조차 틀리다고 하더라"고 말했다. 인터넷에 뜬 글에서 술자리를 주도했다고 묘사된 모 의원은 "아이구, 참……. 내 홈페이지에도 그런 글이 떠 대꾸 안 하려고 했는데 갈수록 태산이네"라며 펄펄 뛰었다. 이 의원은 "여성인 김영선 전의원과 뉴욕 교포 사업가인 또 다른 여성 등이 그 자리에 함께 있었는데 무슨 계곡주냐"면서 "치밀하게 기획된 음해공작으로 본다"고 말했다.[28]

『국민일보』(2002년 2월 22일)는 사설을 통해 "정치권의 흥분 상태를 이해한다 해도 민주당이 21일 내놓은 논평은 집권 여당의 공식 견해라고는 믿기 어려운 저열한 수준이다. …… 그런 것도 공당(公黨)의 논평거리가 되는지 의심스럽지만 입에 담기 어려운 용어를 버젓이 공개한 것은 한심하다 못해 당 전체의 이성을 의심케 한다. 책임 있는 정당이라면 이 같은 저질 발언을 즉각 취소하고 책임자를 문책하는 한편 국민 앞에 사과해야 마땅하다"라며 다음과 같이 말했다.

"국민이 정치권의 언어폭력에 시달린 것은 어제오늘 일이 아니지만 최근의 사례들은 도저히 묵과하기 어려운 지경이다. '미친' '쓰레기' 정도는 약과고 '용공 프락치' '김정일 정권의 홍위병' 등 상대방을 흠집 내려는 목적 외에는 달리 의미를 찾기 어려운 말들만이 넘치고 있다. 일차적으로 정치인들의 자제를 당부할 수밖에 없지만 아무 근거 없는 거짓말과 폭언 등에 대해서는 법적·정치적 책임을 추궁할 수 있는 장치를 마련해야 할 때가 아닌가 싶다."[29]

대통령 아들들의 비리 열전인가?

대통령 아들들의 비리 열전인가? 김현철에 이어 김대중 대통령의 아들 김홍업이 각종 이권청탁에 개입한 의혹을 받으면서 다시 룸살롱이 전면에 등장했다. "역사는 고급 룸살롱 술자리에서 이뤄졌다?"라는 물음을 던진『세계일보』(2002년 6월 1일)에 따르면, "김홍업 씨가 김성환(구속) 씨 등의 주선 아래 주로 서울 강남의 룸살롱에서 기업체 임직원이나 고위 공무원 등 이해관계 당사자들을 만나 얼굴을 트면서 '검은 유착관계의 단초'가 마련된 것으로 드러나고 있다. 특히 홍업 씨의 비자금 관리창구로 알려진 김성환 씨는 홍업 씨가 낀 고급

ⓒ연합뉴스

개업한 지 23년 만에 문을 닫은 '지안' 룸살롱. 김영삼 대통령의 차남 현철 씨와, 김대중 대통령의 차남 홍업 씨가 이권청탁을 위해 애용했다는 사실이 알려지면서 유명세를 얻었다.

룸살롱 술자리가 잡힐 경우 기업체 관계자들을 옆방에 미리 대기시켜 놓은 다음 '우연을 가장한 합석'을 권유, 안면을 트게 하는 등 특유의 마당발 기질을 십분 활용했던 것으로 알려졌다."[30]

『한겨레』(2002년 7월 11일)는 "김대중 대통령의 둘째아들 김홍업 씨가 각종 이권청탁에 개입하면서 자주 드나들었던 룸살롱이 공교롭게도 김영삼 전 대통령의 차남 현철 씨가 당시 국정에 개입하면서 단골로 이용했던 곳으로 드러났다. 10일 검찰 발표에 따르면, 홍업 씨는 2000년 6월 당시 대한주택공사 사장 오시덕 씨를 서울 서초동 '지안' 룸살롱에서 만나 사정기관의 내사에 대해 선처를 부탁받았다. 2001년 6월에도 같은 룸살롱에서 신용보증기금 관계자를 만나 평창종합건설의 신용보증서가 빨리 발급되도록 청탁했다. 1997년 구속되었던 현철 씨도 이 룸살롱을 자주 이용했던 것으로 전해진다"며 다음과 같이 말했다.

"'지안'은 지난 1985년 영업허가를 받은 비교적 오래된 룸살롱이지만, 술값이 비싼 강남 일대 룸살롱 중에서도 최고급 술집으로 알려져 있다. 이 룸살롱에 가본 적이 있다는 한 인사는 '6명이 술을 마셨는데 술값이 약 500만 원 정도 나왔다'며 '정치권과 법조계 고위인사들이 자주 이용하는 걸로 알고 있다'고 말했다. 이 인사는 또 '일부 고위인사들이 이 룸살롱을 자주 이용하는 이유는 철저한 보안 때문'이라며 '절대로 옆방 손님들과 마주치지 않도록 되어 있는 구조'라고 전했다. 현철 씨를 거울삼아야 했던 홍업 씨는 거꾸로 현철 씨의 흔적이 남아 있던 곳을 몰래 맴돌았던 셈이다."[31]

연예계 룸살롱 접대 비리

2002년 여름, 연예계의 룸살롱 접대가 검찰 수사와 더불어 화제의 도마 위에 올랐다. A기획사 매니저는 "작심하고 키우는 신인가수 PR비는 최소 2억 원이 든다"면서 "PR비는 공식 홍보비와는 별도로 방송사 간부와 일선 PD, 특정매체 기자들에게 건네지는데 방송사 PR비가 절대적으로 많이 책정된다"고 말했다. 이어 "룸살롱 등에서 접대하는 일은 기본"이라면서 "PR비를 전문으로 전해주는 홍보매니저가 배달사고를 내는 일이 종종 발생해 요즘은 안면 있는 기획사 간부들이 직접 전해주거나 아예 관계자의 차에 놓고 온다"고 말했다.[32] 검찰은 수사과정에서 일부 라디오 및 방송사 PD들이 수백만 원대의 룸살롱 및 골프접대를 수시로 받았다는 기획사 관계자와 매니저들의 진술을 확보했다.[33]

검찰은 연예기획사들이 고급 룸살롱 등에 수천만 원대의 외상 빚을 지고 있다는 점에 주목했는데, 신현준은 이와 관련 "한국 대중음악의 '부가가치'는 방송사와 룸살롱으로 흘러 들어간다고 해도 지나친 말이 아닐 것이다"라며 다음과 같이 말했다.

"음반을 제작해서 발매하면 이의 흥행을 위해 방송사에 대한 로비가 불가피하고, 로비의 방식은 '향응'의 제공인데 한국에서 향응이 이루어지는 장소는 룸살롱이라는 곳이고, 따라서 방송사 관계자는 룸살롱에서 원초적 욕망을 충족하고 룸살롱 업주는 이를 통해 경제적 수익을 거두어들인다. 가수와 기획사(매니저)는? 이런 '비즈니스'가 성공하는 경우는 돈방석에 앉을 수도 있지만 그보다 훨씬 많은 경우는 본전도 못 건진다. 그래서? 그들의 빚은 고스란히 룸살롱의 장부에 '외상값'으로 달리게 되는 모양이다."[34]

즉각 현장 취재에 나선 『동아일보』(2002년 8월 9일) 기사에 따르면, PD들이 접대를 받은 곳은 서울 강남 일대에 밀집한 속칭 '10프로 룸살롱'(탤런트급 외모의 여종업원들이 서빙하는 최상급 업소)이었다. 한 연예기획사 관계자는 "일반적으로 새로 오픈하거나 마담이 최근 옮긴 곳은 '물'(여종업원들의 인물)이 좋고 화끈하게 놀기 때문에 인기가 있다"고 말했다. 그는 또 "이들 업소의 '아가씨'들은 대부분 뻣뻣한 태도를 보이기 때문에 룸살롱에서 제왕이 되고 싶어 하는 일부 PD들은 이곳에 와서도 상대적으로 대하기 편한 파트너를 고르는 경향이 있다"고 덧붙였다.

이 기사에 따르면, 연예 관계자들과 방송사 PD들이 자주 드나든 서울 강남역 우성아파트 사거리 근처 P, 신사동 S, 논현동 S업소 등은 진실을 말하지 않을 경우 벌칙을 받는(주로 옷을 벗는) '진실 게임', 박자를 맞추다가 틀리면 역시 벌칙을 받는 '쿵쿵따 게임' 등을 비롯해 남자손님과 여자 종업원이 즉석에서 속옷을 서로 바꾸어 입거나 여자의 가슴 굴곡 사이로 얼음을 왔다 갔다 해 녹이는 등 최상급 룸살롱에서는 보기 드문 화끈한 놀이 문화를 보여주었다. 스테이지에서 남자손님이 노래를 부를 때 여종업원들의 하반신 신체접촉 서비스도 꽤 과감한 것으로 알려졌다.

방송사 PD, 매니저들과 어울려 이들 룸살롱을 종종 방문했다는 한 사업가는 "'도시락을 싸 온'('신인 연예인들을 데리고 온'이란 뜻의 업계 속어) PD들은 동석한 신인이나 룸살롱 여종업원에게 '잘 보이면 확실히 키워줄게'라는 말을 술 마시면서 하거나 무리한 행동을 요구하기도 한다"고 말했다. 한 연예기획사 관계자는 "일부 대형 연예기획사들이 일부 PD들에게 워낙 화끈하게 접대하다 보니 중소 규모 기획사들까지 '뱁새가 황새 따라가듯' 힘겹게 비싼 룸살롱에서 접대할 수밖에 없어요. 안 그러면 욕 먹으니까"라고 토로했다.[35]

2002년 10월 서울 서초구는 시민들이 혼동하는 피해를 막기 위해 구내 일반음식점이나 유흥주점 등의 간판에 '노래' 표기를 금지하고 단속 강화에 나섰다.

　　룸살롱이라면 환장하는 사내들 때문에 접대부 구인 사이트들도 '우후죽순' 생겨났다. 『문화일보』(2002년 10월 3일)에 따르면, "사이버상에 룸살롱·단란주점 등 유흥업소 종사자를 공개모집하는 사이트가 우후죽순으로 생겨나고 있지만 마땅한 단속방법이 없어 수사당국이 고민. 3일 한 '유흥업 구인·구직' 사이트는 '아가씨' '선수(호스트)' '미시' '마사지걸' 등 17개 직종별로 일할 사람을 구하는 룸살롱·단란주점 등 유흥업소 소개글만 100여 건이 올라와 있으며 각각 조회 수도 300~400여 건에 이를 정도로 인기다."[36]

　　접대부들의 수가 많아지면서 접대부 거주 밀집지역에서 범죄가 많이 발생하자, 2002년 10월 21일 서울 강남경찰서는 강남구와 공동으로 논현1동 139번지 등 다세대주택 밀집지역 골목길에 감시카메라 4대를 설치키로 했다고 밝혔다. 설치비 5800만 원은 강남구가, 운영은 강남경찰서가 맡기로 했다. 경찰은 유흥업소 여성종사자들이 많이 살고 있는 이 지역에서 만취한 채 귀가하는 여성들을 상대로 한 범죄가 빈발해 감시카메라를 설치키로 했다고 설명했다.[37]

2002년 10월 서울 서초구는 구내 일반음식점이나 유흥 · 단란주점 간판의 '노래' 표기 사용을 금지키로 하고 단속을 벌이겠다고 했다. 서초구는 "최근 강남역 주변 일부 유흥 · 단란주점이 '노래방주점' '노래타운' '노래뱅크' 등으로 간판을 표기, 시민들이 노래방과 혼동하는 피해를 당하고 있다"고 말했다.[38]

노무현은 대통령 당선 1주년인 2003년 12월 19일 밤 일단의 지지 그룹 앞에서 "시민혁명은 지금도 계속되고 있으며 앞으로도 계속될 것"이라고 선언했지만, 닷새 뒤, 노무현은 "민주당을 찍으면 한나라당을 도와주는 것이다"라고 했다. 시민혁명이 그 수준의 것이었단 말인가? 어찌 됐건 "시민혁명은 계속된다"는 정치적 외침의 이면엔 "접대를 할수록 매출은 올라간다"는 경제적 현실이 자리 잡고 있었다. 룸살롱 접대비 1조 원 시대를 맞아 정치권의 화합을 위한 자리마저도 룸살롱을 피해갈 수 없는 그런 상황에서 '시민혁명'은 가소롭게만 여겨졌다.

룸살롱이 고객들의 수요 변화에 재빠르게 맞추기 위해

안간힘을 쏟는 가운데 룸살롱 시장이 급변했다.

새로 선보인 강남 일대 룸살롱의 가장 큰 특징은 '대형화'였다.

룸 50개 이상의 기업화된 형태로 고용(?) 인원만 200여 명이

넘을 정도여서 이제 개인사업 수준을 넘어 '기업화'의 길로

접어든 셈이었다. 대형화는 도우미를 비롯한 인력 확보도

쉬울 뿐 아니라 경비 절감 효과가 크기 때문에 강남 일대에는

룸 기준 40개가 넘는 대형 룸살롱이 100여 곳이 넘을 정도로

성황을 이루고 있었다. 마케팅 방식도 달라졌다.

5장 2003~2005년
"접대를 할수록 매출은 올라간다"

청와대 만찬 '룸살롱 뒤풀이' 사건

2003년 5월 청와대 만찬 '룸살롱 뒤풀이' 사건이 터졌다. 여야 3당 대표들은 5월 21일 저녁 청와대 만찬이 끝난 뒤 강남의 최고급 룸살롱으로 자리를 옮겨 폭탄주를 돌렸다. 2차는 자민련 김종필 총재가 "내가 술 한잔 사겠다"고 제의하자 양당 대표가 "좋습니다"라고 화답, 각 당 대변인과 비서실장 등 7명을 대동한 채 서초동의 호화 룸살롱 '지안'에서 3시간여 동안 이뤄졌다. 앞서 보았듯이, 지안 룸살롱은 김영삼 전 대통령의 차남 현철 씨와 김대중 전 대통령의 차남 김홍업 씨가 기업인 등을 만날 때 자주 이용했다고 해서 유명해진 강남의 최고급 룸살롱이었다.[1]

이에 『동아일보』(2003년 5월 22일)는 "이날 술자리는 폭탄주의 상징인 박희태 대표, 시대의 풍류객 김종필 총재, 낭만의 정치인 정대철 대표가 만들어낸 합작품이지만 노무현 대통령이 위기감을 느낀다고 할 정도로 국가기강이 해이해지고 있고 경제난을 겪는 가운데

나온 것이어서 따가운 눈총을 받고 있다"고 했다.[2]

따가운 눈총이 말로 번지기 시작하면 상승효과를 내기 마련이었다. "아가씨들 팁이 하룻밤에 50만 원이나 된다고 하더라" "서너 명이 한 번 술자리를 하면 400만~500만 원이 넘는다" "역대 정권의 황태자들이 드나들었다" 등의 이야기가 퍼지면서 여론의 집중포화가 작렬하기 시작했다.[3] 각 정당 및 청와대 홈페이지에는 22일 "300만 신용불량자 등 어려운 경제에다 북핵문제까지 문제투성이인데 룸살롱 술판이냐" "일반 서민들 가슴에 대못질을 한 것" 등 네티즌 비판이 쏟아졌다.[4]

『경향신문』(2003년 5월 23일)에 따르면, "여야 3당 대표가 엊그제 청와대 만찬회동 후 서울 강남의 호화 룸살롱에서 뒤풀이를 한 것이 알려지자 '이 난세에 국민은 안중에도 없느냐' 는 등 비난의 소리가 쏟아지고 있다. '낮에는 싸우더라도 밤에는 흉금을 터놓는 옛날의 낭만 어린 정치로 돌아가자' 는 취지 자체야 좋지만 그것도 때와 장소가 있다. 가뜩이나 나라도 어수선하고 서민들의 주름살이 깊이 패어가는 터에 '황태자 클럽' 으로 불릴 만큼 최고급 룸살롱이라는 곳에서 질펀한 술판을 벌였으니 이게 무슨 '낭만의 정치' 인가. 모처럼 국민들을 안심시킬 만한 '화합정치의 장' 을 마련해놓고서도 뒤풀이가 이를 망쳐놓은 격이니 씁쓸하기만 하다."[5]

『서울신문』(2003년 5월 23일)에 따르면, "김 총재가 양주 '발렌타인 17년' 3병을 가지고 왔고, 폭탄주를 만들어 먹느라 카프리 맥주가 40~50병 소비됐다. 안주로는 닭다리 튀김, 마른안주, 과일 등이 나왔

2003년 5월 청와대 만찬 '룸살롱 뒤풀이' 사건에 대한 비난이 쏟아지자 26일 민주당 정대철 대표가 여의도 민주당사에서 열린 확대간부회의에서 뒤늦게 대국민 사과 성명을 발표했다.

고, 6~7명의 여종업원들이 시중을 들었다. 술값은 600만~700만 원 정도 나온 것으로 전해졌다. 특히 청와대 정무비서실 직원의 경우 2만 원 이상의 접대를 받지 못하도록 한 행동강령이 지난 19일 발효됨으로써 유인태 수석은 이를 어겼다는 지적을 면할 길 없게 됐다. 유 수석은 '청와대 비서실장이 인정하는 자리에 참석했기 때문에 윤리 규정에 저촉이 안 된다'고 주장했다."[6] 술값은 룸살롱 주인이 돈을 내려는 김종필 총재에게 "제가 오늘은 한잔 모시겠다"고 해 결국 아무도 안 낸 것으로 알려졌다.[7]

대구시 수성구 만촌1동에 사는 배윤동 씨는 『세계일보』(2003년 5월 24일) 독자 투고를 통해 "한마디로 정치인들의 구태의연하고 정신 나간 자세가 아닌가 싶다. 국민정서에 동떨어지고 요즘 세태에 걸맞지 않은 '낭만 찾는 술파티'는 구역질이 날 정도다. 공무원들에게는 식사대접도 받아서는 안 된다는 행동강령이 내려지고 '대통령 못 해먹겠다'는 하소연이 나올 정도로 나라 안은 시끄럽고 서민층은 빚에 쪼들려 집단 자살하는 위기상황이 아닌가"라면서 다음과 같이 말했다.

"그런데도 서민층 4인 가족 7개월 생활비가 되는 700만 원짜리 뒤풀이를 할 정도라면 그들이 아무리 '낭만정치' 운운하는 술자리라도 국민들이 납득하기 힘든 꼴불견의 자세가 아닐 수 없다. 정치인들은 평소에도 만났다 하면 고급호텔 아니면 골프장, 요정으로 다닌다. 금배지를 달기 위해 후보 시절 잠바차림으로 서민의 손까지 잡으면서 청렴결백과 선량을 외치던 초심은 찾을 수 없다. 정치인 자신들도 공무원처럼 윤리강령을 만들어 몸가짐을 바로 세워야 하겠다."[8]

2003년 5월 23일 민주노동당(대표 권영길)은 서울 여의도 국민은행 앞에서 여야 3당 대표의 룸살롱 호화판 술자리와 관련, '알코올국회 해장식'을 갖고 정치권을 규탄했다. 이날 집회에 참석한 민노당원 10여 명은 "부동산 투기확산, 300만 신용불량자 생생문제 등 민생현안은 외면한 채 여야 정치권은 폭탄주 파티나 벌이고 있다"며 "알코올국회를 민생국회로 바로잡기 위해 서민들의 경고를 전달한다"고 밝혔다.[9] 5월 26일 민주당 정대철 대표는 여의도 당사에서 열린 확대간부회의에서 "3당 대표와 좋은 뜻으로 술자리를 시작했는데 국민에게 걱정과 실망을 주었다"며 공개 사과했다.[10]

"접대를 할수록 매출은 올라간다"

"접대를 할수록 매출은 올라간다." 2003년 6월 16일 대한상공회의소가 발표한 기업 인식 조사의 결과였다. 서울에 있는 181개 기업을 조사대상으로 삼아 접대와 매출의 상관관계를 묻는 질문에 응답자의 16.0퍼센트는 '많은 영향을 미친다', 68.0퍼센트는 '다소 영향을 미친다'고 답변하는 등 전체의 84.0퍼센트가 '매출에 영향을 미친다'는 점을 인정했다. '영향이 없다'고 답한 응답자는 16.0퍼센트에 불과했다. 논란이 됐던 골프장과 룸살롱 접대행위 제한과 관련해서는 '필요한 조치'라고 응답한 업체가 12.7퍼센트에 불과했다. 오히려 응답자의 48.6퍼센트는 '기업 자율에 맡겨야 한다'고 답변했으며 '필요성에는 공감하지만 아직은 시기상조'라는 응답이 37.6퍼센트에 달했다.[11]

사정이 그와 같으니, 금융권의 부당 대출 사건에 룸살롱이 연루되는 것도 무리는 아니었다. 2003년 7월 15일 서울지검 서부지청 형사4부(김민재 부장검사)는 금융감독원이 4월 29일 고발한 (주)굿머니가 일반 주부들의 대출한도를 늘리기 위해 편법적인 대출상품을 만들어 경북 K상호저축은행으로부터 544억 원을 부당 대출받아 가로챈 혐의를 잡고 본격적인 수사에 들어갔다. 검찰에 따르면 K상호저축은 일반인에게는 3000만 원인 대출한도를 늘리기 위해 '스페셜 론'이라는 상품을 만들어 소위 '룸살롱 마담'임을 입증하는 사람에 한해서는 1억 원까지 대출한도를 늘려줬다. 주부들은 건당 1000만

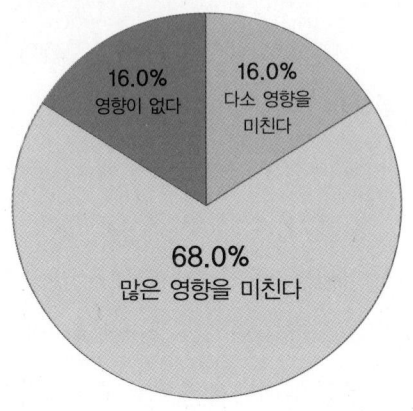

〈접대비제도 개선방안에 대한 기업인식 조사〉

16.0%
영향이 없다

16.0%
다소 영향을
미친다

68.0%
많은 영향을 미친다

'접대를 할수록 매출은 올라간다.' 2003
년 대한상공회의소가 서울에 있는 181개
기업을 대상으로 접대와 매출의 상관관계
인식을 조사한 결과 전체의 84%가 매출
에 영향을 미친다고 답한 것으로 집계됐
다.(자료: 대한상공회의소)

~1500만 원씩 사례비를 받고 위생업소 종사자들에게 발급되는 '보
건증'을 첨부해 1억~2억 원씩 대출을 받아준 것으로 드러났다.[12]

2003년 여름 불경기와 휴가철 등으로 룸살롱을 찾는 손님들이 급
감하자 일부 룸살롱은 '접대아가씨와의 동반여행'을 선물로 내걸었
다. 강남의 한 게임업체 신 모(33) 과장은 역삼동의 T룸살롱에서 "한
달에 3번 찍을(방문할) 경우 우리 업소 킹카 아가씨와 에버랜드 캐리
비언베이에 함께 갈 수 있고, 6번 찍으면 하루 동안 데이트, 8번 찍으
면 1박 2일 콘도 동반 이용권, 10번을 찍으면 2박 3일 제주도 동반여
행권을 주겠다"는 이메일을 받았다. 중소기업체에 다니는 임 모(42)
부장도 논현동의 H룸살롱으로부터 "한 달에 5번을 방문하면 원하는
업소 아가씨와 함께 1박 2일간 제주도 왕복 여행을 보내주겠다"는
전화를 받았다. 업소들 사이에서도 아가씨와의 동반여행에 대해선

"해도 해도 너무한다"는 개탄의 목소리가 나왔다. 서초동 A룸살롱 박 모 사장은 "젊은 아가씨들과의 동반 여행은 다름 아닌 윤락여행을 의미하는 것"이라며 "아무리 불경기라 하더라도 이런 제의는 너무 심하다"고 말했다.[13]

2003년 9월 유명 인터넷영화관 사이트가 개설 1주년 기념으로 선보인 '주색을 즐겨라' 이벤트 페이지. 1등 상품으로 '강남 룸살롱 풀패키지 체험권'을 내놓는 등 적극적인 섹스마케팅을 활용해 눈길을 끌었다.

개탄과 비판의 목소리도 있었지만, 이렇듯 '성(性)'을 주요 판촉 수단으로 하거나 상품으로 내놓는 노골적인 섹스마케팅은 널리 확산되었다. 2003년 9월 사이트 개설 1주년 기념으로 '주색(酒色)을 즐겨라'라는 이름의 이벤트를 진행한 유명 인터넷영화관 사이트는 이벤트 1등 상품으로 '강남 룸살롱 풀패키지 체험권'을 내놓았다. 이 사이트는 10월 말까지 유료로 영화를 본 성인회원 중 1명을 뽑아 서울 강남구 역삼동의 고급 룸살롱을 체험할 수 있는 이용권을 주기로 했다. 이용권은 술과 안주, 밴드연주비, 접대여성과 웨이터의 팁까지 포함한 200만 원 상당이었다. 이 사이트는 룸살롱 이용권뿐 아니라 한 유명 에로배우 사인이 담긴 DVD와 콘돔세트 등의 노골적이며 자극적인 상품을 내걸고 신규 회원을 유치했다.

한 유흥업소 정보 사이트 업체는 아예 속옷 차림의 남녀가 함께 어울리는 파티를 기획했다. 이 업체는 서울 강남의 한 특급호텔에서 '란제리 파티'를 열기로 하고 참가자를 모집하면서 "에로·섹시 게임, 노예팅, 란제리페스티벌, 댄스타임 순으로 파티를 진행할 것"이라며 "처음부터 속옷만 입는 것은 아니며 란제리페스티벌 시간에 속옷만 입게 될 것"이라고 밝혔다. 파티의 일반 참가비용은 22만 원, 룸에서 진행되는 특별파티는 33만 원이었다. 남성들은 대부분 30·40대 전문직 종사자들이며 상대 여성들은 업체 측에서 뽑은 레이싱걸과 내레이터모델 출신의 20대 여성이라는 게 업체 측 설명이었다. 업체 관계자는 "급변하는 시대에도 고루함을 벗어나지 못하는 한국의 성문화를 바꿔보기 위해 행사를 기획했다"면서 "특히 란제리파티를 통해 고객의 관심을 모으려 한 것이 효과를 보고 있다"고 말했다.[14]

성인 게임사이트인 게임조아(www.gamejoa.com)도 10월 초부터 '고스톱으로 딴 돈으로 룸살롱을 즐기세요'라는 제목의 '룸살롱 티켓경매'를 실시했다. 가장 높은 경매가를 부른 사람이 최종 낙찰자로 선정되고, 시가 150만 원 상당의 '룸살롱' 비용을 사이트 측이 제공하는 방식이었다.[15]

'룸살롱 장부 사건'

2003년 10월 이른바 '룸살롱 장부 사건'이 터졌다. 울산지방경찰청이 룸살롱의 '고객관리장부' 명단에 오른 80여 명을 윤락행위방지법 위반 혐의로 소환해 조사한 사건이다. 경찰에 고객명부가 압수된 울산 남구 달동 M룸살롱은 '적극적인 마케팅'을 위해 여종업원들에게 자신이 상대한 고객의 이름과 직업 등 신원을 알아내도록 한 뒤 장부에 적어 관리해온 것으로 드러났다. 장부에는 '외박'을 나갔거나 술좌석 파트너였던 여종업원을 관리자로 지정한 뒤 고객의 이름과 직장명, 연락처, 다음 약속일, 고객의 특징, 신용도란을 만들어 기록해놓고 있었다. 여종업원이 윤락행위를 했을 경우 고객 특징란에는 '착함' '정신병자' '더듬이' '변태' '왕자병' '상태 안 좋음' '아다 (초보고객)' 등 적나라하게 적어뒀다. 신용도는 A B C D 네 등급으로 분류했다.[16] 이런 유형의 사건은 이후 심심하면 터져 룸살롱 단골 고객들을 긴장시킨다.

서울의 한 사립 고등학교 교직원들까지 룸살롱에 미쳐 돌아갔다. 『경향신문』(2003년 10월 25일) 사설은 "한 사립고 교직원들이 학교급식을 맡고 있는 위탁업체 사장으로부터 5년간 수천만 원대의 금품과 향응을 받았다는 소식은 충격적이다. 특히 교장을 비롯한 이들 교직원이 정기적인 금품과 향응을 강요했다는 데는 '교원들이 어찌 학생들을 볼모로……'라는 탄식이 절로 나올 뿐이다"라며 다음과 같이 개탄했다.

"강남 지역 룸살롱을 드나들며 500만 원대의 술대접을 받은 뒤 1인당 100만 원씩 총 500만 원의 고스톱 판돈을 챙긴 것이나, 향응 후 접대여성과의 2차 비용까지 위탁업자에게 부담시켰다니 교원으로서의 도덕성도 아예 내팽개친 모양이다. 위탁급식 학교에서 업자들이 연간 급식 계약액의 3~5퍼센트를 리베이트로 학교에 제공한다는 소문이 사실로 드러난 셈이다. 이렇게 코가 꿴 뒤에는 문제가 있어도 위탁업자를 바꾸지 못한다니 고약한 먹이사슬이다."[17]

무슨 비리 사건만 터졌다 하면 룸살롱이 꼭 빠지지 않고 등장하니, 룸살롱과는 거리가 먼 사람들도 룸살롱에 대한 호기심이 생겨나지 않을 수 없었으리라. 『조선일보』(2003년 11월 27일)는 사회면에 게재한 「강남 룸살롱에 연예인 대거 진출?/짝퉁 '나가요 걸' 인기몰이」라는 기사를 통해 그 호기심을 풀어주겠다고 나섰다. 이 기사는 "165센티미터 키에 48킬로그램, 뽀얀 피부와 찰랑거리는 생머리는 영화배우 전도연 씨를 꼭 닮았다. 게다가 말투나 웃음소리까지 그녀와 비슷했다"고 묘사하면서 강남 룸살롱 접대부들이 유명 연예인 얼굴을 본떠 성형수술을 하고 나와 손님들의 인기를 끌고 있다고 전했다.

이 기사에 대한 반발도 만만치 않았다. 조선일보 인터넷사이트인 '조선닷컴' 게시판에서 네티즌 임진택 씨(ljt0803)는 "성형병원, 유흥주점 돈벌이를 돕는 건시, 심심한 판에 웃기자는 건지……"라고 비아냥댔고, 조선주(psyjsj) 씨는 "이게 정론을 얘기한다는 대한민국 중앙지인지 아님 스포츠 찌라시인지……"라며 비판했다. 김동민 한일장신대 교수(신문방송학)는 27일 웹진 『시대소리』(sidaesori.com)에 쓴 「룸살롱의 '치어리더' 조선일보」라는 글에서 "기사가 되려면 세태를 풍자해 비판적으로 접근하는 것이 상식"이라며 "비판은 없고 호기심만 자극"하는 "사실상 홍보성 기사"라고 비판했다.

이와 관련, 『한겨레』(2003년 12월 2일)는 "스포츠신문들은 강남 룸

살롱에 대해 한 달에 2~3번꼴로 흥미성 기사를 내놓는다. 반면, 중앙
일간지에서 룸살롱은 범죄사건에 연루돼 나온 사회면 기사나 경제
면 기사로 이따금 등장해왔다. 그러나 룸살롱 기사가 세태를 보여주
는 데는 의의가 있지만, 오히려 관음증을 조장하거나 독자들을 룸살
롱으로 유인하는 결과를 낳는 측면이 많다는 지적이다"라며 다음과
같이 말했다.

   "조선은 지난 3월 특별취재팀이 쓴 「불경기 속 불야성 룸살롱」이라
는 4회짜리 기획기사를 통해 '이 시대의 룸살롱은 우리 사회의 「어두
움」들이 공생하는 최적의 공간이다' (3월 6일 6면)라고 비뚤어진 접대
문화를 고발한 바 있다. 지난 5월에는 정대철 전 민주당 대표 등 3당
대표가 강남의 룸살롱에서 술자리를 벌인 것을 두고 사설에서 「룸살
롱에 폭탄주, 지금은 아니다」(5월 23일)라며 호된 비판을 가하기도 했
다. 룸살롱을 다룬 기사가 이중적인 잣대로 작성되고 있는 것이다."[18]

성매매특별법의 두 얼굴

2003년 한 해 동안 법인기업들이 접대비 지출에 주로 사용하는 신용
카드를 통해 사치·향락성 비용으로 지출한 금액이 총 1조 6144억
원에 달하는 것으로 나타났다. 이는 2003년 법인기업 접대비(5조
4504억 원)의 29.6퍼센트에 해당하는 것으로 접대비의 30퍼센트가 사
치·향락업소에 지출된 셈이다. 법인기업들이 카드로 사치·향락업

소에 결제한 규모는 룸살롱이 1조 109억 원(62.6%), 단란주점 3127억 원(19.4%), 극장식당 1424억 원(8.8%), 나이트클럽 1129억 원(7%), 요정 355억 원(2.2%) 순으로 컸다. 업소별 사용금액을 2002년과 비교하면 룸살롱은 6.6퍼센트, 극장식당은 15.9퍼센트가 늘어난 반면 단란주점은 7.9퍼센트, 나이트클럽은 4.9퍼센트, 요정은 5.3퍼센트가 줄어들었다.[19]

이에 대해 서울신문 논설위원 이목희는 "일본을 비롯한 선진국은 향락성 고액접대비를 비용으로 인정해주지 않는다. 뇌물행위로 보는 것이다. 미국은 150달러 이상이면 접대를 받은 사람의 사인까지 받도록 요구한다. 1인당 최소 수십만 원이 드는 '룸살롱 접대'를 인정하는 것은 한국의 독특한 문화라고밖에 설명할 길이 없다. ……한 해 1조 원 이상을 룸살롱에 쏟아붓는 상황은 문제가 있다. 현금 사용까지 포함하면 액수는 더욱 클 것이다. 고액 룸살롱 접대를 감추기 위해 여러 업소에서 영수증을 분산 발급받는 신종 수법이 횡행, 국세청이 특별단속에 나설 정도나"라고 개탄했다.[20]

묘한 일이었다. 정부는 사실상의 성매매가 이뤄지는 룸살롱은 그대로 두면서 집창촌만 없애겠다고 나섰으니 말이다. 2004년 4월 전국의 집창촌 업주들이 2007년부터 사창가를 단계적으로 폐쇄하겠다는 정부 방침에 강하게 반발, 집단 대응 움직임을 보인 건 어찌 보면 당연한 일이었는지도 모른다. 전국 집창촌 업주들의 연합체인 '한터'(한 터전에서 일하는 사람들)의 강 모 사무국장은 "단란주점, 룸살롱, 안마시술소, 이발소, 노래방, 여관 등 사회 곳곳에서 성매매가 이

2004년 4월 전국의 집창촌 업주들이 정부의 사창가 폐쇄 방침에 대해 반발하고 나섰다. '룸살롱 등 사회 곳곳에서 성매매가 이뤄지고 있는데 집창촌만 폐쇄하면 음성적인 성매매가 더욱 기승할 것'이라는 주장이었다.

뤄지고 있는 상황에서 집창촌만 없앤다고 성매매 문제가 해결될 줄 알면 큰 오산"이라며 "정부가 뾰족한 대책 없이 집창촌을 폐쇄시킬 경우 오히려 '음성적인' 성매매는 더욱 기승을 부리게 될 것"이라고 주장했다.[21]

실제로 룸살롱들의 인터넷을 통한 호객행위는 그런 '음성적인' 성매매에 초점을 맞춰 이루어지고 있었다. 여종업원들의 프로필과 사진 공개는 기본이고, 남자고객의 '2차 경험담'까지 버젓이 홈페이지에 올려둔 룸살롱도 있었다. 모 업소 사이트에는 얼굴사진과 함께 종업원 수십 명의 이름·나이·신체사이즈와 특기로 '손장난하기, 엉덩이 흔들며 하기' 등 이들을 성 상품화하고 성매매를 암시하는 내용이 잔뜩 올라와 있었다. 룸살롱에서 이뤄지는 속칭 '2차'에 대한 기대감을 최대한 부풀리는 전략인 셈이었다. 한 업소 관계자는 "이처럼 '튀는' 홈페이지를 개설한 후 매출과 영업이 조금씩 나아지고 있다"며 "고객 만족도가 높다 보니 2차를 나가는 경우도 늘었다"고 밝혔다. 종업원들에 대한 서비스 평가를 적을 수 있도록 이용후기 게시판을 마련한 업소도 있었다. 한 업소 게시판에는 "ㅈ양 죽이더만. 못하는 서비스가 없을 정도로 화끈했는데 다음에도 꼭 옆에 앉혀 줘라"라고 적혀 있었다. 다른 게시판에는 "검은 정장 입은 ㅅ양 2차 서비스 때문에 밤새 잠을 못 이뤘네. 일본인 바이어가 반했는데 개인적인 만남도 가능한지 연락이 왔다"고 적혀 있었다.[22]

룸살롱이 비난의 대상이 되고 있다는 걸 감지했기 때문일까? 한나라당은 2004년 4월 29, 30일 이틀간 당선자 연찬회에서 당선자들로부터 '나는 17대 국회에서 이것만은 반드시 지키겠습니다'라는 '나의 다짐'을 받아 게시했는데, 한나라당 사무총장인 김형오 당선자는 "룸살롱을 가지 않겠습니다"라고 다짐해 눈길을 끌었다.[23]

룸살롱 이전에 한국인의 음주문화에도 문제가 있었다. 삼성경제연구소는 2004년 9월 22일 발표한 '직장인 음주행태와 기업의 대책'이라는 보고서에서 "한국인의 음주문화는 공격적이고 자포자기적이다" "직장인의 과음 비율은 미국의 4배 수준이다" "음주로 인한 경제·사회적 비용은 14조 원대로 국내총생산(GDP)의 2.8퍼센트에 이른다"고 지적했다.[24] 사실 한국은 국민 1인당 연간 소주 50병, 맥주 100병을 마시는 음주대국이었다. 연간 술 소비량은 OECD 국가 중

© Ian Armstrong

룸살롱 문제 이전에도 한국인의 음주문화는 위태로운 상태였다. 2004년 기준 한국인의 연간 술 소비량은 OECD 국가 중 최고로, 연간 음주 비용이 10조 원에 달했다.

최고였으며, 연간 음주 비용은 10조 원에 이르렀다. 40대 사망률이 세계에서 가장 높으며, 간 질환이 암에 이어 한국인의 두 번째 사망 요인으로 등장했다.[25]

그런 판국에 2004년 10월 룸살롱 등 유흥업소 업주들의 모임인 한국유흥음식업중앙회가 업계의 이미지 개선 효과 등을 이유로 성매매특별법을 적극 지지하고 나선 게 흥미롭다. 중앙회 부회장 장근일은 월간 중앙회 소식지 『서비스월드』 10월호에 기고한 글에서 "여성시민단체들처럼 보다 강력한 법 집행을 촉구하는 집회를 가져야 한다"고 주장했다. 그는 "특별법의 출현으로 접대부가 고용된 유사 유홍주점에 철퇴를 가해 빼앗긴 손님과 종사자들을 되찾아올 수 있다"
며 "보도방 등도 사라져 구인난에서 벗어나게 되고 선불금 없이 접
객원을 쓸 수 있어 '일석삼조'의 효과를 기대할 수 있다"고 특별법
지지 이유를 밝혔다.[26]

'판사 룸살롱 성접대' 사건

2004년 10월 '판사 룸살롱 성접대' 사건이 터졌다. 검찰과 부패방지
위원회(부방위)에 따르면, 춘천 지역 법원의 일부 판사들 회식 자리에
이 지역 A변호사가 참석해 판사들의 술값을 치르고 그 자리에 있던
B판사에게 2차로 성접대를 했다는 내용이었다. 당시 B판사를 접대
했던 룸살롱 종업원이 부방위에 진정서를 냈고, 부방위가 사실관계
를 조사한 뒤 사건을 검찰에 넘김으로써 밝혀진 사실이었다.[27] 파문
이 확산되자 B판사는 10월 11일 사직한 뒤 12일 서울 서초동에서 변
호사로 개업했다.[28]

왜 룸살롱 종업원은 진정서를 냈을까? 이 사건은 S룸살롱 업주 K
씨와 마담 손 모 씨가 선불금 문제로 서로 다투다 손 씨와 여종업원
들이 2003년 7월 K씨를 윤락알선과 갈취 혐의 등으로 경찰에 고소하
면서 불거졌다. 이때 자신들이 접대한 남성들의 명단을 제출했고 여
기에 B판사의 이름도 적혀 있었다. 하지만 K씨에 대한 구속영장이
2003년 9월 법원에서 기각돼 불구속 기소되자 손 씨와 함께 일하던

한 여종업원이 2004년 5월 "S룸살롱에 법조계 인사와 경찰 등이 많이 드나들었고, 이들이 K씨를 비호했다"는 진정서를 부패방지위원회에 제출한 것이다.[29]

이에 『동아일보』(2004년 11월 1일) 사설은 "판사와 검찰 경찰 관계자들에게 향응을 제공했다는 변호사가 춘천에서 수임사건이 많았던 변호사라고 하니 사건의 파장이 심상치 않을 것 같다. 의정부(1997년)와 대전(1999년) 법조비리 사건이 터진 후 사법부는 법정 밖에서 변호사와 판사가 사건과 관련해 접촉하는 일을 막겠다고 약속한 바 있다. 변호사의 판사실 출입도 사전 허가를 받도록 했다"며 다음과 같이 말했다.

"사법부가 비리의 온상이 될 수 있는 '법정(法庭) 밖 변론'을 없애겠다고 공언한 지가 언제인데 아직도 '룸살롱 변론'이 남아 있단 말인가. 그동안 법조계의 자율 정화가 상당히 진척된 것도 사실이다. 그러나 춘천에서 같은 사건이 터지는 것을 보면 판사와 변호사의 비리 사슬이 완전히 끊겼다고 보기 어렵다. …… 검찰이 이 사건 수사에서 법조식구 감싸기로 흐르면 고위공직자비리조사처의 권한을 강화해야 한다는 주장이 힘을 받을 수밖에 없다. 구시대의 부패한 유물인 '룸살롱 변론'은 근절돼야 한다."[30]

마담 손 모 씨는 『경향신문』(2004년 11월 3일) 인터뷰에서 "그동안 업주를 화대비 갈취 및 감금 폭행 등의 혐의로 여러 차례 고소했었다. 하지만 업주가 구속이 안 되는 등 사건이 제대로 처리되지 않고 있다는 느낌을 받아 부방위에 진정하게 됐다"며 "업주의 뒤를 봐주는 비호세력이 있다고 본다"고 말했다. "업주와 친분이 있는 듯한 법조계 인사 및 검찰 직원, 경찰 등이 업소에 가끔 다녀갔고 변호사도 자주 들러 이들이 업주를 비호한다는 생각에 절박한 심정으로 부방위에 진정을 하게 됐다"는 것이다.[31]

11월 19일 검찰은 "윤락행위방지법 위반(윤락알선)과 감금 등의 혐의로 업주 김 씨에 대해 검찰이 청구한 구속영장을 2003년 9월과 2004년 3월 두 차례나 기각한 춘천법원 영장전담 L판사에 대해서는 부적절한 처신을 한 의심이 있어 관련기록을 대법원에 회부했다"며 "이 문제는 대법원이 결정할 사안"이라고 말했다.[32] L판사는 업주 김 씨와 친분이 있는 A변호사와 여러 차례 식사를 하는 등 부적절한 행위를 한 사실이 드러나 영월지원으로 좌천됐다.[33]

'룸살롱 비즈니스 이렇게 변했다'

2005년 2월 서강대 교수 우찬제는 "2년 전 국세청장이 사치 향락업소에서 쓰인 접대비를 기업의 손비로 인정하지 않겠다는 의지를 밝혔을 때, 이를 크게 환영한 사람은 비단 나만이 아닐 것이다. 그러다가 결국은 50만 원이라는 상한선을 긋는 것으로 타협했다. 그 결과 온갖 탈법적인 결제 방식이 무성했다고 한다"며 다음과 같이 말했다.

"최근 한 여당 의원이 그 상한선을 현실에 맞추어 올려야 한다는 의견을 제기한 모양이다. 이해할 수 없는 일이다. 우리 경제와 사회

문화의 혁신을 위해서라면 룸살롱 등 사치 향락업소에서 쓰인 접대비를 인정하지 않는다는 정책을, 그 대신 기부금 손비 인정 상한선을 파격적으로 높이라는 정책을 제안했어야 하지 않을까? 접대는 마약이다. 접대라는 이름의 마약에서 깨어날 때에야 우리 사회와 경제는 비로소 혁신의 발판을 마련할 수 있을 것이다."[34]

그러나 정부는 접대문화는 외면하면서 성매매특별법 시행에만 관심을 집중시켰다. 성매매특별법 시행 6개월이 지난 2005년 3월 『국민일보』는 "성매매특별법은 성을 사고파는 행위를 근절하기는커녕 오히려 '성매매 유비쿼터스' 현상을 불러왔다는 지적을 받고 있다. 성매매 종사자들이 대거 음지로 숨어들면서 예전보다 더 은밀하게 언제 어디서든 성매매를 할 수 있게 됐다는 것이다"라고 보도했다.[35] 『동아일보』는 가입비 3만 원이면 인터넷에서 쉽게 만날 수 있고, 남성휴게실·피부숍 등 유사업소가 급속히 확산되었고, '집창촌+룸살롱'과 신종 '섹스방'까지 나타나는 등 '변태영업'을 키웠다고 평가했다.[36]

이런 변화는 룸살롱에도 영향을 미쳤다. 우선 룸살롱의 '역사적 분석'에 들어간 『매일경제』(2005년 5월 12일)는 "2002년까지 룸살롱 업계의 가장 큰 특징은 고급화였다. 소위 '텐프로(10%)'로 불리는 고급 룸살롱이 시장을 주도했다. 텐프로는 도우미를 확보한 마담들이 도우미들이 받는 테이블 차지의 10퍼센트를 가져간다고 해서 유래된 말이다"라며 다음과 같이 말했다.

"텐프로 도우미들은 유명 연예인에 버금가는 외모를 자랑할 뿐 아니라 2차를 가지 않는 '도도함'으로 유명하다. 텐프로와 비교되는 룸살롱으로는 '점오(1.5=15%)'와 '클럽(20%)'이 있는데, 점오는 마담이 테이블 차지의 15퍼센트, 클럽은 테이블 차지의 20퍼센트를 가져가는 시스템이다. 이익 배분비율에서 마담이 가져가는 몫이 적고 도우미가 가져가는 몫이 클수록 '물'이 좋은 건 당연하다. 실제 도우미들의 물만 놓고 보면 텐프로가 '점오'나 '클럽'보다 한 수 위다."

이 기사는 "1999~2001년 벤처 붐이 한창이던 시절 테헤란로 일대에 크게 번성했던 텐프로는 2002년까지 흥청망청했던 소비경기를 반영하듯 대성황을 이뤘다. 시중에 돈이 많이 풀리면서 밤문화 역시 고급화 바람이 불었던 것. 그러나 텐프로의 인기는 경기가 하락하기 시작하면서 오래가지 못했다. 전성호 씨티조이넷 실장은 '한마디로 텐프로의 성행은 유흥문화의 거품이었다며 불과 3분의 1 정도만 살아남았다'고 설명했다. 변화가 온 건 2003년 초"라며 다음과 같이 말했다.

"소비자들이 실속형 룸살롱을 찾기 시작했다. 이런 변화에 발 빠르게 대응한 곳이 바로 '퍼블릭(public) 텐프로' 집이다. 시설이나 접대부 '수질'은 기존 텐프로 못지않게 유지하면서 가격은 대폭 낮춘 모델이다. 김성렬 룸살롱 경영컨설턴트(리오 사장)는 '텐프로집이 대거 문을 닫으면서 텐프로 출입 도우미들이 대거 점오나 클럽으로 향하게 됐다'며 '저절로 점오나 클럽 물이 좋아졌고 손님들도 몰리기 시작했다'고 설명한다."[37]

룸살롱이 고객들의 수요 변화에 재빠르게 맞추기 위해 안간힘을 쏟는 가운데 룸살롱 시장이 급변하고 있다는 것이다. 새로 선보인 강

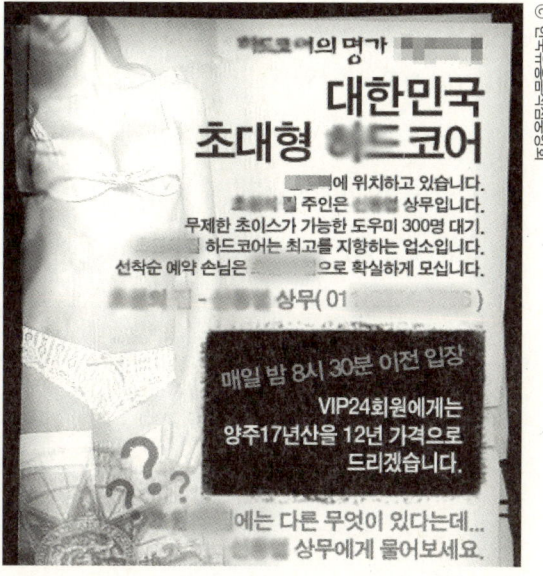

ⓒ 한국유흥음식점중앙회

강남에 위치한 한 룸살롱의 인터넷 홍보 게시판. 고객들의 수요 변화에 따라 룸살롱도 급변하기 시작했다. 강남 일대 룸살롱이 대형화하는 한편 마케팅 방식도 눈에 띄게 달라져 이메일, 문자메시지 등 인터넷을 활용하는 마케팅이 급증했다.

남 일대 룸살롱의 가장 큰 특징은 '대형화'였다. 룸 50개 이상의 기업화된 형태로 고용(?) 인원만 200여 명이 넘을 정도여서 이제 개인사업 수준을 넘어 '기업화'의 길로 접어든 셈이었다. 대형화는 도우미를 비롯한 인력 확보도 쉬울 뿐 아니라 경비 절감 효과가 크기 때문에 강남 일대에는 룸 기준 40개가 넘는 대형 룸살롱이 100여 곳이 넘을 정도로 성황을 이루고 있었다. 마케팅 방식도 달라졌다.

이 기사는 "예전에는 무작정 지하철역이나 삼겹살집 등 직장인들이 많이 몰리는 지역에 나가 사탕, 라이터를 나눠 주는 게 전통적인 룸살롱 PR이었다. 한복이나 가슴이 푹 파인 옷차림의 여성이 거리에서 신문을 나눠 주는 것도 흔한 모습이었다. 그러나 최근 들어 룸살롱 마케팅 방법도 획기적으로 변하고 있다"며 다음과 같이 말했다.

"거리에서의 '쌩PR'이 효력을 발휘하지 못할 뿐 아니라 인터넷 메일, 휴대전화 문자와 같은 신종 마케팅 수단이 등장했기 때문이다. 요즘에는 룸살롱 접대비를 계산한 사람들만을 대상으로 한 '타깃 마케팅'이 유행이다. 어차피 술장사는 단골장사. 주로 비용을 계산하는 사람이 룸살롱 선택 주도권을 갖고 있기 때문에 이 사람들을 중점적으로 마케팅을 펼치고 있다. …… 유료 회원을 가입시켜 파격적인 가격 혜택을 주는 것도 유행이다. 기존의 폐쇄적인 '멤버십 클럽'이 아니라 연간 100만 원 내외의 회비를 낸 회원들에게 술값을 40퍼센트 이상 할인해주는 시스템이다. 대형 룸살롱들은 직접 홈페이지를 운영하는 등 온라인도 적극 활용하고 있다. 회원제로 운영하는 홈페이지에는 자사에서 일하는 도우미들의 프로필을 소개하는 코너를 마련하고 회원들의 궁금증을 해소하기 위한 Q&A 코너를 따로 운영한다."

또 이 기사는 "최근 강남 룸살롱 문화에 불고 있는 가장 큰 변화는 '강북 룸살롱 문화'의 남하다. 북창동으로 대표되는 강북 룸살롱 문화는 가격은 강남에 비해 저렴하지만 질펀하기로 유명하다. 이런 질펀한 룸살롱은 업계에서 '하드코어(hard core)' 룸살롱으로 통한다. 반면 강남은 상대적으로 고급 음주문화(?)를 지향해 룸살롱 문화도 점잖은 편이다. 이렇게 한강을 기준으로 강남과 강북의 룸살롱 문화는 큰 차이를 보여왔다. 그러나 최근 들어 변화가 생겼다"며 다음과 같이 말했다.

"강북 문화가 강남으로 급속도로 전파되기 시작한 것. 이런 트렌드에 대해서는 해석이 분분하다. 우선 강북에 있던 기업들이 대거 강남으로 이전하면서 생겨난 고객들의 변화다. 강북 문화에 익숙해 있는 샐러리맨들이 강남으로 자리를 옮기면서 고스란히 하드코어 룸살롱 문화도 강남으로 전파됐다는 얘기다. 다른 원인은 경기 탓. 유흥업에 오랫동안 종사해온 '전문가'들은 '경기가 어려워지면서 소비자들의 지갑이 얇아질수록 서비스 기대 수준은 높아진다'고 말한다. 최근 경기도 군포에서 저가형 룸살롱을 개업한 윤대리는 '경기 침체가 지속되다 보니 한곳에서 모든 걸 해결하려는 요구가 많아졌다'고 덧붙였다. 2004년 9월부터 시행 중인 성매매금지특별법에 따라 '공식적인' 2차가 줄어들었다는 점도 하드코어 룸살롱이 강남에 뿌리를 내리게 된 원인으로 꼽힌다."[38]

'택시노련 룸살롱 비리' 사건

2005년 5월에 터진 '택시노련 비리' 사건에도 룸살롱은 어김없이 등장했다. 전국택시노동조합연맹(택시노련)의 복지기금 운용 비리 의혹에 대한 검찰 수사를 진행, 택시노련 전·현직 간부들의 파렴치한 도덕적 해이 행각이 잇따라 드러나면서 불거진 사건이다. 서울 남부지검에 따르면 택시노련 최 모 사무처장은 2003년 11월 서울 강남 C 룸살롱에서 T건설사 대표 김 모(59·구속) 씨가 "택시노련 복지기금을 건물 리모델링사업에 투자해달라"고 요청하자 사례금으로 10억 원을 요구했다. 최 사무처장은 같은 해 12월과 2004년 6월에도 이 룸살롱에서 김 씨를 만나 각각 3000만 원씩을 받는 등 김 씨에게서 모두 1억 1000만 원을 챙긴 혐의였다.[39]

이에 『문화일보』(2005년 5월 16일) 사설은 "검찰 수사를 통해 드러나고 있는 전국택시노동조합연맹 간부들의 파렴치한 행각은 '갈 데까지 갔다'는 표현도 그리 지나칠 것 없다. 노조 지도부가 룸살롱에서 건설업자를 만난 사실부터 이해할 수 없다. 그 자리에서 먼저 10억 원을 요구했다면 할 말 다한 셈이다. 택시기사들의 땀이 밴 복지기금을 놓고 술판까지 벌이며 6억 5000만 원을 챙겼다는 이들이 과연 노조 지도자였던가"라고 비판했다.[40]

『서울신문』(2005년 5월 17일) 사설은 "최근 터져 나오고 있는 노동조합의 비리는 일회성이 아니라 그동안 곪을 대로 곪은 '귀족노조'의 실체가 드러난 것이다. 노조원들의 피땀과 희생으로 자리 잡은 노조가 지도부의 부패로 인해 매도당하는 것은 안타까운 일이다. 검찰이 수사 중인 한국노총과 산하 전국택시노련의 기금운용 비리 등은 이들이 과연 노조인가 하는 의문을 갖게 한다. 노조 간부들이 룸살롱에서 술판을 벌이면서 업자들에게 거액을 챙겼다면 협잡꾼도 이런 협잡꾼은 없다"고 비판했다.[41]

『국민일보』(2005년 5월 17일) 사설은 "택시노련 간부들이 룸살롱에서 건설업자를 만나 10억 원을 요구했다는 사실에는 벌린 입을 다물 수가 없다. 이른바 노동귀족들의 타락상이 이 정도였을 줄은 상상하지 못했기 때문이다"라고 비판했다.[42]

© 요합뉴스

2005년 11월 24일 한국유흥
음식업중앙회 회원들은 서울
광화문 열린시민마당에서 '도
우미 노래연습장'과 단란주점
등의 유사 유흥영업을 반대하
는 규탄대회를 열어 이들 업
소의 불법 변태영업으로 손해
가 막심하다며 당국의 단속을
촉구했다.

　한편 성매매특별법을 적극 지지하고 나섰던 룸살롱 등 유흥업소
업주들의 모임인 한국유흥음식업중앙회에 새로운 고민이 생겼다.
노래방의 도전이 바로 그것이다. 한국유흥음식업중앙회는 2005년 7
월 16일 마산에서 첫 집회를 가진 데 이어 8월 24일 인천, 8월 30일 울
산, 11월 24일 서울 등에서 대규모 '노래방 불법영업규탄대회'를 가
졌다. 이들이 거리로 나서게 된 것은 2004년 9월 '성매매특별법' 시
행 이후 손님들이 노래방 등지로 대거 빠져나가면서 폐업이 속출하
는 등 심각한 영업력 상실 때문이었다. 이들은 "버젓이 접대부를 부
르고 술을 판매하는 노래방과 단란주점의 불법 변태영업으로 정작
비싼 세금을 내는 유흥주점이 위기에 처했다"고 주장했다. 한국유흥

2004년 말에는 노래밤, 노래바, 노래빠 등 신종 업소가 출현했다. 노래방으로 착각한 취객이 들어올 수 있도록 이처럼 '한 끗' 차이로 간판을 바꾼 유흥주점이 늘어났다.

음식업중앙회 울산지회 관계자는 "울산의 경우 1200여 개에 이르던 유흥업소 가운데 500여 개가 최근 문을 닫았다"면서 "상당수 유흥업소는 단속을 피해 간판만 노래방으로 바꿔 달고 변태영업을 계속하고 있는 실정"이라고 말했다.[43]

이즈음 강남엔 '노래밤'이라는 신종 업소가 생겼다. 강남 지역 구청 간부의 설명에 따르면, "노래밤은 대개 단란주점이나 룸살롱 같은 유흥주점이다. 취객이 노래방으로 착각하고 들어오게 받침 하나만 바꾼 것이다. 노래장·노래바·노래빠 등을 쓰기도 한다. 2004년 강남에서 한두 곳이 간판을 바꿔 달더니, 이제 서울 전역으로 퍼졌다. 일반 유흥주점보다 더 퇴폐적인 곳이 있고, 취객을 현혹해 주머니를 터는 변태영업이기는 하지만 마땅히 단속할 근거는 없다."[44]

'접대비 양극화' 현상

룸살롱이건 노래방이건, 노래밤이건 노래장이건, 이런 유흥업소들
에서 똑같이 소비되는 것은 술이었다. 2005년 9월 13일 재정경제부
와 한국조세연구원이 '주세율 체계 개편방안 공청회'에서 공개한
자료에 따르면, 음주자 10명 중 4명은 술을 마셨다 하면 소주 1병 이
상을 마셔 과음하고 있으며 여성과 청소년 중 절반 이상이 '음주자
대열'에 합류한 것으로 나타났다. 도수 높은 고(高)알코올 증류주 1
인당 소비량도 세계 4위를 기록했으며, 음주로 인한 사회적 비용손
실은 4조 9000억 원으로 추산됐다. 증류주 1인당 소비량 상위 9개국
은 ①러시아 6.5(리터/연간) ②라트비아 5.6 ③루마니아 4.7 ④한국
4.5 ⑤슬로바키아 4.3 ⑥폴란드 3.5 ⑦체코 3.3 ⑧태국 3.1 ⑨헝가리
3.0 등이었다. 또 가정폭력의 11퍼센트, 교통사고 사망 및 부상사고
의 15퍼센트는 취중 상태에서 발생했으며, 산업장 안전사고의 20~25
퍼센트도 음주관련 사고였다. 남성 음주자 비율은 1999년 82.9퍼센
트에서 2003년 80.7퍼센트로 줄었으나, 여성 음주자 비율은 1986년
20.6퍼센트에서 1999년 47.6퍼센트, 2003년 49퍼센트로 늘었다.
12~19세 청소년 음주율은 2001년 33퍼센트였지만 2003년에는 55퍼
센트로 증가했다.[45]

그런 음주문화를 배경으로 접대비 규모도 갈수록 커졌다. 덩치가 큰 기업일수록 접대비가 많아 '접대비 양극화'가 발생했다. 2004년 매출 1조 원 이상 200개 기업들의 접대비는 5172억 7900만 원으로 2003년 대비 22퍼센트나 늘어난 반면, 매출 '10억 원 미만' 기업들의 접대비는 2003년 7878억 1000만 원에서 2004년에는 7717억 6800만 원으로 오히려 줄었다.[46]

한국은행이 6만 6513개 기업을 모집단으로 작성한 '2005년 기업 경영분석'에 따르면 전 산업의 접대비 지출액은 2조 9596억 원으로 2004년에 비해 25.6퍼센트나 급증했다. 국세청의 접대비 실명제 도입과 함께 2004년 전 산업의 접대비 지출액이 2조 3057억 원으로 2003년 대비 18.9퍼센트 급감한 후 1년 만에 다시 급반등한 것이다. 2005년 전체 기업의 접대비 증가율은 매출액 증가율 15.2퍼센트를 훨씬 능가하는 것이었다.

전 산업의 매출액 대비 접대비 비중은 2003년 0.23퍼센트에서 2004년 0.17퍼센트로 떨어졌다가 2005년 0.18퍼센트로 다시 상승했다. 2만 4691개 제조업체의 접대비 지출액은 2003년 1조 2064억 원에서 2004년 1조 1280억 원으로 6.5퍼센트 감소했으나 2005년 1조 3315억 원으로 18.0퍼센트나 급증했다. 제조업의 매출액 대비 접대비 비중도 2002년 0.19퍼센트, 2003년 0.18퍼센트, 2004년 0.15퍼센트 등으로 매년 감소하다가 2005년 0.16퍼센트로 다시 올라갔다.[47]

물론 이런 접대문화의 꽃은 단연 룸살롱이었다. 2005년 12월 기준 강남의 룸살롱은 378곳, 단란주점은 603곳이었는데, 성매매특별법

이 강남엔 호황을 가져왔다. 『시사저널』(2006년 2월 28일)은 "성매매 특별법 시행 이후 강남의 매춘산업은 최고 호황기를 맞고 있다고 해도 과언이 아니다. 강남의 대형 룸살롱은 입장 순서를 기다려야 할 정도로 붐빈다. 서울 미아리와 청량리 등 집창촌이 사라지고 있다지만 대신 강남 선릉역의 안마 거리와 뱅뱅사거리의 마사지(일명 대딸방) 거리가 퇴폐의 대명사로 자리매김했다. 서울 강남 한복판에 버젓이 새로운 형태의 집창촌이 자리 잡게 된 것이다"라며 다음과 같이 말했다.

"강남의 일부 중·소형 룸살롱은 '하드코어'로 손님을 끌고 있다. 방 안에서 섹스를 포함한 모든 서비스를 제공하는 것을 유흥업 종사자들은 '하드코어'라고 말한다. …… 서울 강남이 국제적인 매춘의 중심지로 떠오르고 있다. 강남 역삼동의 ㅁ호텔에서는 러시아, 우즈베키스탄, 체코, 브라질, 베네수엘라, 베트남 등 무려 여섯 개 국가 출신의 성매매 여성들이 활동하고 있다."[48]

이를 한국인들의 왕성한 개척정신과 다양성에 대한 정열이라고 해야 할 것인가. 아니면 한국 기업들의 최대 경쟁력이라고 할 '빨리 빨리 정신' 그리고 그 정신을 실생활에서 구현한 이른바 '원스톱 서비스'의 전방위적 구현이라고 해야 할 것인가? 어떤 평가를 내려야 할지 참으로 난감한 일이었다.

접대비가 도마 위에 오르자, 기업들은 접대비라는 이름을

바꿀 것을 요구하고 나섰다. 경제5단체와 한나라당 시도부 간담회에서

장지종 중소기업중앙회 부회장이 "솔직히 '접대비'라는 말은

한마디로 기업인들의 자존심을 상하게 하는 용어다.

접대비라는 용어는 을(乙)이 갑(甲)에게 향응을 베푼다는

부정적 의미가 있다. 명칭을 바꿔달라'고 건의하자

대다수 경제인이 고개를 끄덕였다는 것이다. 기업인들은

"접대비란 용어 자체가 반(反)기업 정서를 부추기고 있는데다

접대비 관련 제도도 현실성이 낮아 기업인을 잠재적인

범법자로 만들고 있다"고 입을 모았다.

6장

'향락 공화국'의 '룸살롱 경제학'

'향락 공화국'의 '룸살롱 경제학'

금융감독원 등에 따르면 성매매 방지를 위한 특별법 시행(2004년 9월 23일) 이후에도 룸살롱과 안마시술소의 매출은 오히려 늘어났다. 금감원이 국내 카드시장의 72퍼센트를 차지하는 비씨·삼성·LG·국민·외환 5대 카드사의 2004, 2005년도 유흥업소별 신용카드 매출 실적을 분석한 결과 룸살롱은 2004년 1조 2730억 원에서 2005년 1조 2759억 원으로 근소하게나마 매출이 늘었으며, 안마시술소는 3355억 원에서 4121억 원으로 카드 매출이 22.8퍼센트나 급증했다. 반면 상대적으로 저렴한 단란주점은 매출이 8951억 원에서 8355억 원으로 6.6퍼센트 감소했으며 호프집 등 일반 술집은 2조 9919억 원에서 2조 7104억 원으로 9.4퍼센트나 줄었다. 유흥업계가 이처럼 '양극화 현상'을 맞고 있는 것은 성매매 단속 강화의 예기치 못한 파장으로 풀이되었다. 한 기업체 임원은 '단속 걱정 등으로 '2차' 나가는 것을 꺼리는 분위기가 확산되면서 고급 룸살롱에서 2차 없이 접대를 하거

나 안마시술소를 찾는 경우가 잦아졌다"고 말했다.[1]

김성호는 『문화일보』(2006년 1월 23일)에 쓴 「룸살롱 경제학」이라는 제목의 칼럼에서 "부와 빈곤의 양극화를 해소하는 데 전력을 다 하겠다는 대통령의 신년연설이 있던 지난 18일자 조간신문에 어느 룸살롱 마담의 성공기가 실렸다. 이 마담이 펴낸 책을 소개한 신문기사에 따르면 고급 룸살롱 가운데는 하룻밤 술값이 한 사람당 100만 ~200만 원 하는 곳도 있다고 한다. 또 여종업원들이 100명 이상 있는 대형 룸살롱이 서울 강남에만도 50~60군데가 된다. 이런 업소 가운데는 연매출이 수백억 원을 넘는 곳도 있다고 한다"며 다음과 같이 말했다.

"이 마담은 5권의 노트에 2000명의 단골손님 명단을 갖고 있다. 술버릇이 나쁜 사람도 많단다. 특히 교수·고위 공무원·박사·의사·변호사·검사 등이 그렇다고 한다. 그래서 말인데 소주 한잔 놓고 고담준론을 펴는 자리가 있는가 하면 금준미주를 놓고 월궁항아와 더불어 통음하면서도 시원찮다고 하니 주석(酒席)이야말로 양극화된 게 확실한가 보다. …… '룸살롱 경제학'의 결론을 이렇게 맺으면 어떨까. ①고급 술집은 희소화돼야지 보편화되면 안 된다. ②거기에 자주 드나드는 술버릇 나쁜 부류 여섯 가운데 수입 좋다는 변호사는 빼고 다섯 부류는 부패 고리에 연관되어 있을지 모른다. ③특수한 방법으로 돈을 뿌리는 사장님들은 때로 선풍기를 휴대시켜 달동네로 모신다. 아마 미희들의 교성(嬌聲)보다 빈자들의 감사가 한층 더 술맛을 돋울 것이다."[2]

김성호가 언급한 '어느 룸살롱 마담의 성공기'는 강남 1급 룸살롱 대마담 한연주 (45)가 쓴 『나는 취하지 않는다』라는 책이다. 한연주는 이 책에서 "연예인 못지않은 미모를 가진 아가씨들이 100명 이상 일하고 봉사료는 10만 원, 2차는 절대 없는 곳이 1등급 룸살롱"이라며, "억대의 선불금을 받는 소수의 아가

강남 1급 룸살롱 대마담 한연주가 펴낸 자전 에세이 『나는 취하지 않는다』.

씨들은 가끔 방송이나 영화에 진출하라는 '콜'을 받아도 무시할 정도"라고 밝혔다. 이런 룸살롱이 강남에 50~60개 있는데, 두세 사람이 양주 마시고 안주 시키면 보통 1인당 100만 원 정도는 잡아야 하며, 술값의 30~40퍼센트는 마담 몫이라고 했다.[3]

　이 책이 부하 임직원을 룸살롱으로 데려간 사장이 폭탄주를 돌리면서 술판을 질펀하게 벌리면서도 자신은 끝내 취하지 않는 주법을 소개한 게 흥미롭다. 한연주는 "알고 보면 박 사장 역시 기분 좋게 술을 마시는 것 같지만 속으론 긴장하고 있다. 부하 직원들에게 책잡힐 짓을 하지나 않을까 조심하는 것이다. 내 눈엔 다 보인다. 그는 끝날 때까지 완전히 취하지 않는다. 그리고 자기가 데려온 사람들이 만취할 때까지 잔을 돌린다"며 다음과 같이 말했다.

"자신만 남고 다른 사람들이 몸을 가누지 못할 정도로 취했을 때가 비로소 그가 마음을 놓는 때다. 나는 그때까지 그의 옆에 앉아서 그에게는 술잔이 덜 가면서 다른 사람들에게 잔이 많이 가도록 조절한다. 물론 아가씨들에게도 룸에 들어오기 전에 사전 교육을 철저히 한다. 모든 진행은 사장에게 물어보고 할 것이며 가능한 사장에게 가는 잔을 막으라고. 그건 얼마든지 가능하다. 약간의 요령만 있으면 박 사장이 술을 마실 차례가 되었을 때 춤을 추자고 끌고 나갈 수도 있고 색깔이 비슷한 음료수로 잔을 바꿔치기할 수도 있는 것이다."[4]

군인공제회 · 건교부 직원들의 '룸살롱 억대 향응'

2006년 3월 이른바 '최연희 사건' 또는 '폭탄주 사건' 이 터졌다. 한나라당 의원 최연희가 폭탄주가 돌던 술자리에서 술에 취해 여기자를 성추행한 사건이다. 『한겨레』(2006년 3월 4일)에 따르면, "사건이 일어난 광화문의 한정식집은 20~30대 여성이 옆에서 반찬도 나눠주고 굴비의 가시도 발라준다. 노래를 부를 때 도우미도 돼준다. 그런 곳에서 밥 먹고 술 마시다 여성들의 '가슴을 거칠게 만지는' 버릇이 생긴 것이다. 한광원 열린우리당 의원이 '자신을 돋보이게 하기 위해 노출을 하고 그것을 즐기는 여성에 대해 남성들의 그 어떤 반응'을 용납하자며 자신의 홈페이지에 올린 글에는 최 의원에 대한 짙은 동정심이 배어 있다. 많은 남성 의원들이 집에서 '술 먹고 그럴 수도 있지'라고 말했다가 배우자들한테 심한 면박을 받았다는 이야기가 들린다. 남성 의원들이 그런 술 문화에 익숙해진 탓이리라."[5]

2006년 3월 3일 '폭소클럽'(폭탄주 소탕 클럽) 회장을 맡고 있는 한나라당 의원 박진은 한 손에 폭탄주 잔, 다른 한 손에 망치를 들고 국회 기자실을 찾아 "한나라당은 폭탄주를 끊고 새롭게 출발해야 한다"며 폭탄주 잔을 망치로 깨뜨렸다. 그는 "한나라당의 왜곡된 폭탄주 문화가 사라지지 않는 한 제2, 제3의 최연희 사건이 일어날 것"이라고 말했다. 이에 대해 『한겨레』는 "박진 의원이 깼어야 할 것은 폭탄주 잔이 아니라, '요정' 같은 한정식집이나 룸살롱의 간판이 아니었을까 싶다"고 했다.[6]

2006년 4월 한국형 접대문화를 인정하는 대법원 판결이 나왔다. 기업 홍보 담당자가 업무상 술자리에서 새벽까지 술을 마시다 다쳤다면 업무상 재해가 인정된다는 판결이 바로 그것이다. 이는 '업무상 술자리' 시한을 밤 12시까지로 본 1심 판결을 뒤집은 것이다. 재판부는 판결문에서 "언론사 홍보를 담당하는 원고 입장에서 업무 특성상 시간이 늦었다고 해서 접대 자리를 끝내기가 곤란했을 것으로 보이는 점 등을 감안하면 새벽 4시를 넘어서까지 한 술자리는 접대 업무가 계속된 것으로 봐야 한다"고 했다.[7]

2006년 8월 군인공제회 직원들의 룸살롱 '억대 향응' 사건이 터졌다. 군인공제회 직원 2명이 리조트 개발업자에게 대출을 알선해주는 대가로 9개월간 무려 1억 3000만 원가량의 룸살롱 대접을 받아오다 경찰에 구속된 사건이다. 계산상 나흘에 한 번씩 룸살롱에서 수백만

2006년 3월 3일, 최연희 의원의 음주 성추행 사건에 대한 국민들의 비난 여론이 거센 가운데 폭소클럽(폭탄주 소탕클럽) 회장인 박진 한나라당 의원은 국회 기자실에서 "한나라당은 폭탄주를 끊으라"며 폭탄주 잔을 망치로 깨뜨리는 퍼포먼스를 선보였다.

원씩 호화향응을 받은 셈이었다. 경찰에 따르면 군인공제회 직원인 반 모(43) 차장과 김 모(37) 대리는 2005년 3월 7일 밤 서울 강남구 역삼동 한 고급 룸살롱에서 D리조트 회사 관계자로부터 425만 원어치의 향응을 접대받았다. 서울 강남, 논현, 역삼, 이태원 일대의 최고급 룸살롱 16곳에서 이뤄진 접대는 그해 연말까지 무려 70차례나 이어졌다고 한다.[8]

이들이 받은 향응은 하룻밤에 최고 520만 원을 쓰는 황제 서비스라고 경찰은 밝혔다. 황제 서비스는 룸살롱 여 종업원에게 웃돈을 낸 남성이 하룻밤 동안 여성을 노예처럼 부리며 자신이 원하는 대로 할 수 있는 성접대를 가리킨다. 경찰은 "보통 룸살롱의 2차 접대비는 20만~30만 원이지만 이들은 100만~150만 원씩 지불한 것으로 보인다"

고 말했다. 강남의 유명 룸살롱만 찾아다닌 이들의 탈선은 여기서 그치지 않았다. 경찰이 입수한 '향응 접대 내역'을 살펴보면 이들은 심지어 하룻밤 사이에 룸살롱을 몇 차례씩 옮겨 다니면서 200만~640만 원씩 탕진했다. 접대 내역엔 호텔명도 적혀 있다. 경찰 관계자는 "이들은 D사의 법인카드를 아예 갖고 다니면서 파트너가 마음에 안 든다는 이유로 하루에 3번이나 룸살롱을 옮긴 적도 있다"고 했다.[9] 이 정도면 '룸살롱 중독'이라고 해야 하지 않을까?

2006년 9월 건설교통부 공무원의 '룸살롱 3억' 사건이 터졌다. 국고 29억 원을 횡령했다가 감사원에 적발돼 구속된 건설교통부 6급 공무원 최 모(32) 씨가 벼락부자 행세를 하며 호화판 생활을 한 것으로 조사됐는데, 1주일에 2~3번씩 서울 강남의 고급 룸살롱 등을 돌며 술값으로 3억여 원을 뿌렸다는 것이다.[10]

'군부대 룸살롱' 사건

2007년 2월 '군부대 룸살롱' 사건이 터졌다. 2007년 2월 6일 MBC〈뉴스데스크〉에서 보도한 내용으로, 충남 계룡대 군부대 안에서 이뤄진 룸살롱 운영 실태를 고발한 보도로 인해 빚어진 사건이다. 김세의 기자는 군부대 안 룸살롱에서 여성 접대부를 고용해 운영하고, 군 간부들이 룸살롱을 드나드는 장면과 여성 접대부와 춤을 추는 장면을 취재해 보도했다.

그런데 김 기자가 취재를 위해 당시 공군 중위로 복무 중이던 후배의 신분증을 빌려 군부대 안에 들어간 게 문제가 되었다. 2008년 4월 24일 공군본부 보통군사법원은 김 기자에 대해 '징역 1년, 집행유예 2년'을 선고해 취재 자유 제약에 대한 논란을 일으켰다. 재판부는 판결문에서 "김 기자는 초병을 속이고 초소를 통과해 부대 내 유흥주점 실태를 몰래 취재하고 촬영했다"며 "다만 공익적 목적의 취재였다는 점을 고려해 형의 집행을 유예한다"고 밝혔다. 징역 1년은 초소침범죄에 대한 형량으론 법정 최고형이다.

이에 대해 MBC 기자회는 25일 성명을 내어 "정식으로 취재요청을 했으면 군이 룸살롱을 공개했겠느냐"면서 "자신의 치부를 들춰낸 기자를 직접 재단해 염치없이 징역형을 선고했다"고 비난했다. 한국기자협회도 같은 날 성명을 내어 "군부대 내 룸살롱 영업은 기자라면 당연히 국민에게 알리고 바로잡아야 하는 문제"라며 "김 기자의 보도가 없었다면 아직도 룸살롱은 계속 불을 밝히고 있었을 것"이라고 지적했다.[11]

김 기자는 곧바로 항소했으나 국방부 고등군사법원 역시 김 기자에게 유죄를 선고했고, 대법원 역시 2009년 1월 30일 유죄를 확정했다. 이에 대해 김 기자는 다음과 같이 말했다. "취재를 하면서 누구에게 피해를 준 것이 아니라 공공의 이익을 위해 했다면 징역 1년이든 그 이상이 됐든 그건 부끄러운 게 아니라고 생각합니다. 당당히 제일을 하다 받은 거니 그런 걸 두려워하진 말아야죠. 이번 사건으로 힘들었던 건 사실이지만, 충분히 이겨낼 만한 가치는 있는 것 같아요. 다음에도 이런 보도가 있다면 저에게 더 큰 죄를 씌운다 할지라도 또 보도할 겁니다. 얼마든지 싸울 자신 있고, 또 싸워야죠!"[12]

이 사건의 여파였을까? 2009년 5월 18일 원태재 국방부 대변인은 "사행성 게임장과 퇴폐업소 출입, 내기골프 등 군 기강을 문란케 하는 행위를 금지토록 하는 '간부 근무기강 확립 강조 지시' 공문을 지난 14일자로 전군에 시달했다"고 밝혔다. 공문은 룸살롱과 안마시술소, 스포츠마사지업소 등을 퇴폐업소로 간주하고 출입을 금지하는 한편 스크린 경마나 바다이야기 등 사행성 게임장에 대한 출입을 금지하는 내용을 담았다. 원 대변인은 "최근 중앙부처 일부 고위공직자들이 룸살롱에서 술을 마시고 성매매를 한 데 이어 사행성 게임으로 수천만 원의 돈을 잃고 다시 수억 원을 빌려 탕진하는 등의 사례가 적발되고 있어 경각심 차원에서 이뤄진 조치"라고 말했다.[13]

'벗고 놀아도 4만 원, 별짓 다 해도 5만 원'

룸살롱을 비롯한 유흥업소의 마케팅 공세는 갈수록 극성스러워졌다. 『문화일보』(2007년 2월 14일)는 "13일 오후 9시, 서울 강남구 선릉역 주변 유흥가에는 각종 광고 전단지가 길바닥을 가득 메우고 있었다. '벗고 놀아도 4만 원', '별짓 다 해도 5만 원' 등 낯 뜨거운 문구와 함께 선정적인 사진이 들어 있는 불법광고물이다. 안마시술소와 마사지업소 등 유사 성매매업소는 물론 룸살롱, 나이트클럽, 노래방

노골적이고 자극적인 불법광고물을 대규모로 배포하거나 건물 외벽에 대형 현수막을 걸어 놓는 등 유흥업소의 마케팅 공세는 갈수록 극성스러워졌다.

까지 전단지를 뿌리지 않은 업소가 없을 정도다. 일부 안마시술소는 건물 외벽에 대형 현수막까지 걸어놓았다" 며 다음과 같이 말했다.

"강남역 주변도 상황은 마찬가지. 상가 앞에 늘어선 각종 입간판과 길가에 뿌려진 유흥업소 전단지로 거리는 이미 난장판으로 변한 상태였다. 업소마다 세워놓은 에어라이트(풍선광고물)는 행인들의 길을 막았고, 호객꾼들은 근처 어학원에서 수업을 마치고 돌아가는 학생들에게도 전단지를 나눠 주며 유혹의 손길을 뻗쳤다. 서울의 밤거리는 불법광고물 천국이다. 낮에는 단속을 피해 사라졌던 각종 광고물들이 밤이면 독버섯처럼 피어난다. 한결같이 노골적이고 자극적인 불법광고물. 하지만 관할 구청은 인력 부족을 이유로 사실상 단속을 포기한 상태다. 신촌·영등포·화곡동 등 유흥업소가 밀집해 있는 지역은 예외 없이 불법광고물이 넘쳐난다. 서울 동대문구 장안동의 밤거리는 에어라이트 40여 개와 함께 현란한 입간판이 밝히는 불빛으로 대낮처럼 환했다.”[14]

유흥업소 광고는 거리로까지 진출했다. 이정하는 『문화일보』(2007년 2월 23일) 독자투고를 통해 “소형트럭에 커다란 전광판을 싣고 각종 동화상 광고를 하는 것이 자주 눈에 띈다. 요즘은 이것이 부쩍 늘어 시내 어딜 가도 흔히 본다. 하지만 이 동화상 광고판에 거의 벌거벗은 반라의 여성이 등장해서 선정적인 자태를 취하는 광고도 있다. 주로 룸살롱이나 유명 나이트클럽 등에서 선전용으로 전광판 광고를 많이 하기 때문이다”라며 다음과 같이 말했다.

“아예 그런 대문짝만한 동화상 광고판을 실은 채 온종일 시내 번화가를 돌아다니는 경우도 종종 있다. 특히 야간에는 너무 번쩍거려 뒤에서 따르는 차량들의 운전을 방해한다. 그리고 가던 길을 멈추고 그런 광고를 뚫어져라 쳐다보는 청소년들을 보면 민망할 때도 있다. 선전하는 업소들이야 광고 효과로 손님들을 끌어 모으려는 욕심이 있겠지만 청소년들에게 해가 될 수 있는 내용을 거리낌 없이 내보내서야 되겠는가.”[15]

2007년 4월 하순 한 주 내내 ‘김승연’이 인기검색어 1위를 차지하며 폭발적인 관심을 모은 사건이 일어났다. 한화그룹 회장 김승연이 룸살롱에서 자신의 아들을 때린 이들에게 보복폭행을 가한 사건이다. 네티즌들은 "재벌기업의 회장이라면 스물두 살밖에 안 먹은 아들이 강남의 룸살롱을 갔다면 그 자체를 나무랐어야 하는 게 아니냐'며 김 회장을 힐난했다. '다른 대기업 회장이면 자기가 안 나서고 깡패들 데려다가 해결할 것"이라며 "직접 나선 김 회장이 멋있어 보인다"는 의견을 올린 네티즌들도 있어 눈길을 끌었다. 심지어 김 회장과 비교하면서 아버지는 뭐 하느냐고 따지는 아들도 나오지 않을까 걱정스럽다는 의견도 눈에 띄었다. 한 네티즌은 "자기 자식이 술집 양아치들에게 맞아서 눈이 찢어져 들어오면 가만히 있겠느냐"고 반문하기도 했다.[16]

'국감 향응은 거지 같은 관행'

2007년 10월 22일 국회 과학기술정보통신위 소속 국회의원들이 대전 과기처 산하기관 7곳의 국정감사를 벌인 뒤 피감기관 사람들과 '폭탄주'를 곁들여 식사를 하고, 밥값 수백만 원은 피감기관이 지불했으며, 국회의원 세 명은 식사를 마치고 단란주점에서 피감기관장들과 술을 더 마신 게 밝혀져 논란을 빚었다. 문제의 상임위 위원장은 "식사를 하고 친한 의원들끼리 술을 더 마시려는데 피감기관장들이 뒤따라와 30분 정도 자리를 함께했을 뿐"이라며 일부 언론이 보도한 '성매매설'에 대해선 "그런 일이 전혀 없다. 수사를 의뢰해 보도의 진위를 가리겠다"고 밝혔다.

이에 대해 『조선일보』(2007년 10월 27일) 사설은 "피감기관들의 국회의원 향응·접대 파문은 어제오늘 일이 아니다. 국회는 그때마다 무슨 강령을 만들고, 자정을 다짐하고, 징계를 강화한다며 법석을 떨었지만 또 이런 일이 터졌다. 시대와 국민은 변화하는데 국회는 그 속도를 전혀 따라오지 못해서 벌어지는 사태다"라며 다음과 같이 말했다.

"국회의원들은 이번에도 국감 도중에 피감기관 사람들과 어울려 밥 먹고 술 마신 일을 '관행'이라며 빠져나가려 하고 있다. 그러나 어느 선진국 의회에도 이런 '관행'은 없다. 의원 외교다 뭐다 해서 그렇게 해외 나들이를 많이 한다면서 도대체 나라다운 나라 어디서 이런 '관행'을 봤다는 것인가. 국회가 밥값 술값을 냈느냐와 상관없이 감사 도중에 국회의원들이 피감기관 사람들과 폭탄주를 돌리고 단란주점을 가는 것 자체가 국회의원의 직무윤리에 어긋나는 것이다. 검사가 수사 도중에 피의자와 밥 먹고 술 먹어선 안 되는 이치와 마찬가지다. 국회의원들은 현지 감사 뒤에도 확인 감사를 또 해야 하기 때문에 피감기관과의 관계가 끝난 것이 아니다. 국회의원들이 감사가 끝나자마자 불과 몇 분 전까지 호통치고 추궁했던 피감기관 사람들과 웃고 떠들며 밥 먹고 폭탄주 마시고 박수 치는 상황부터가 코미디다."[17]

『한국일보』(2007년 11월 2일) 고문 장명수는 「거지 같은 '관행'」이라는 제목의 칼럼에서 "국회 과학기술정보통신위 소속 국회의원들이 과기처 7개 산하기관 국정감사를 벌인 뒤 피감기관이 대접하는

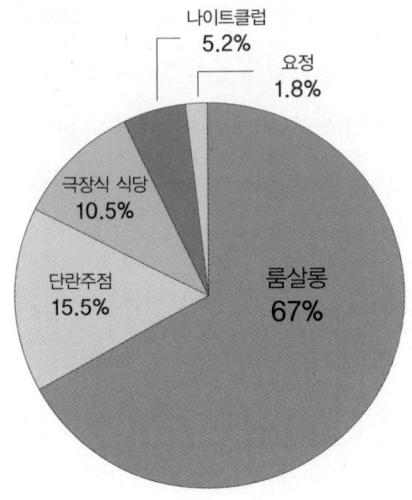

〈국내 기업의 법인카드 유흥업소 사용내역〉

나이트클럽
5.2%

요정
1.8%

극장식 식당
10.5%

단란주점
15.5%

룸살롱
67%

2007년 국내 기업이 룸살롱 등 유흥업소에서 결제한 법인카드 비용은 1조 6000억 원에 달했다. 그 가운데 룸살롱 지출이 단연 1등을 차지했다.
(자료: 국세청)

저녁식사와 술자리를 함께했다는 소식은 듣기만 해도 지겹다. 보건복지위 소속 의원들도 국감을 마친 뒤 장차관 등과 저녁식사를 함께하고 2차로 술판을 벌였다는데, 국감 향응 스캔들이 사라질 날은 과연 언제인가 라면서 다음과 같이 말했다.

"2006년에 국내 기업이 룸살롱 등 국내 유흥업소에서 결제한 법인카드 비용이 1조 4000억 원이 넘는다는 사실이 이번 국감에서 밝혀졌다. 유흥업소에서 법인카드를 긁어대는 접대문화 역시 권력을 가진 자들의 얻어먹는 문화에서 나온 '거지 같은 관행' 이다. 이번에 불거진 국세청장과 국회의원들의 관행은 시대정신에 대한 공직자들의 무지와 무감각을 적나라하게 드러내고 있다. 거지가 아니라면 거지 같은 관행을 버려야 한다." [18]

국세청에 따르면, 2007년 법인카드 사용액 32조 9645억 원 중 1조 5904억 원이 호화유흥업소, 9115억 원은 골프장에서 결제됐다. 호화 유흥업소 사용금액 중에서는 룸살롱이 1조 656억 원으로 가장 많아 67퍼센트를 차지했고 단란주점 2470억 원(15.5%), 극장식 식당 1169억 원(10.5%), 나이트클럽 819억 원(5.2%), 요정 290억 원(1.8%) 등이 뒤를 이었다. 전체 법인카드 사용내역 중 가장 많은 부분을 차지한 것은 일반음식점으로, 사용액은 5조 1116억 원으로 집계됐다.[19]

'전 국세청장이 룸살롱 여주인 계좌에까지 돈을 숨겼다니'

2008년 7월 증권예탁결제원 직원들이 법인카드로 옛 재정경제부(현 기획재정부) 직원들의 술값을 대신 내주고, 내부 직원들끼리 룸살롱과 골프장을 드나든 뒤 회사 돈으로 비용을 치른 것으로 나타났다.[20] 이에 『세계일보』(2008년 7월 30일) 사설은 "임원 3명을 포함해 직원 431명에 불과한 예탁원이 2005년부터 2007년까지 매년 10억 원 가까운 거액을 섭외성 경비로 썼다. 개인적으로, 또는 내부 직원끼리 노는 데 든 유흥비 3800만 원과 임직원끼리 친 136차례 골프 비용 7500만 원을 법인카드로 결제했다고 한다"며 다음과 같이 말했다.

"국민은 경제난에 시달리느라 등골이 휘는데 이들은 억대 연봉으로도 양이 차지 않아 온갖 편법을 동원해 제 잇속을 챙겨온 것이다. 기가 차기는 옛 재정경제부 직원 행태도 마찬가지다. 재경부 직원들의 강남 룸살롱 비용을 포함해 재경부 직원들에게 법인카드를 제공하거나 대신 결제해준 규모가 17차례에 걸쳐 3400만 원에 달했다고한다. 주무부서와 공기업이 부패·비리의 먹이사슬로 연결돼 있음을 실증하는 사례다."[21]

2008년 8월엔 검찰의 한국증권선물거래소 수사를 통해 임직원들의 방만한 경영 행태와 도덕적 해이 사례가 드러났는데, 여기에도 빠지지 않고 룸살롱이 등장했다. 골프장이나 룸살롱에서 접대를 위해쓴 돈을 회의 경비로 처리한 사실이 확인됐는데, 회의 명목으로 기재하고 회사 법인카드로 결제한 금액은 2억여 원에 이르렀다. 검찰은'룸살롱 회의'에 참석한 임직원에 대해 "비위 주체가 특정할 수 없을 정도로 많다"고 밝혀 도덕적 해이의 정도가 심각함을 시사했다.[22]

2008년 8월 11일 이주성 전 국세청장이 다른 사람 명의 계좌를 통해 수십억 원을 몰래 관리했다는 의혹을 수사해온 검찰이 서울 강남의 한 룸살롱을 압수수색하는 이상한 일이 벌어졌다. 이 씨가 단골로드나든 이 룸살롱 여주인이 수억 원을 이 씨 차명계좌에 송금한 사실을 확인했기 때문이다. 『조선일보』(2008년 8월 13일)는 "검찰은 이 씨가 룸살롱 여주인 계좌를 돈세탁이나 자금 관리계좌로 이용했을 가능성을 수사 중이다"라며 "다른 어떤 행정 부처에서도 볼 수 없는 국세청 수장(首長)들의 비리·독직(瀆職) 기록은 우리 조세 행정이 제대로 서려면 아직도 갈 길이 멀다는 것을 보여준다"고 했다.[23]

이런 일련의 사태로 접대비가 도마 위에 오르자, 기업들은 접대비라는 이름을 바꿀 것을 요구하고 나섰다. 9월 2일 서울 영등포구 여의도동 63빌딩에서 열린 경제5단체와 한나라당 지도부 간담회에서 장지종 중소기업중앙회 부회장이 "솔직히 '접대비'라는 말은 한마디로 기업인들의 자존심을 상하게 하는 용어다. 접대비라는 용어는 을(乙)이 갑(甲)에게 향응을 베푼다는 부정적 의미가 있다. 명칭을 바꿔달라"고 건의하자 대다수 경제인이 고개를 끄덕였다는 것이다. 기업인들은 "접대비란 용어 자체가 반(反)기업 정서를 부추기고 있는데다 접대비 관련 제도도 현실성이 낮아 기업인을 잠재적인 범법자로 만들고 있다"고 입을 모았다.

재계 일각에서는 매출액의 0.03~0.20퍼센트에 기준금액(1200만 원, 중소기업은 1800만 원)을 더한 금액인 접대비 한도를 늘려야 한다는 목소리도 나왔다. 이와 관련해 정부 당국자들도 "기업의 총 접대비 한도를 늘리는 것이 맞다"(3월 강만수 기획재정부 장관), "기업 접대비 한도를 대폭 확대할 필요가 있다"(7월 이석연 법제처장)며 현실적 필요성을 인정하기 시작했다. 하지만 "접대비 한도 확대가 부패를 부를 수 있다"는 일부 반론도 여전히 만만치 않았다.[24]

그런 논쟁의 와중에서 방송사 PD들이 다시 룸살롱 비리에 가세했다. 2008년 9월 22일 서울중앙지검 특수1부는 연예기획사에서 소속 연예인들의 출연과 뮤직비디오 방영 청탁 명목으로 금품을 받은 방송사 예능 부문 전·현직 PD 등 9명을 사법처리했는데, 일부 PD는 연예기획사 관계자들과 어울리며 룸살롱 등에서 수백만 원짜리 판돈을 걸고 도박을 하거나 마카오 등으로 출국해 해외 원정 도박을 한 것으로 밝혀졌다.[25]

'룸살롱으로 서민경제 활성화?'

룸살롱에 대한 시선은 날이 갈수록 따가워지고 있었지만, 이명박 정부는 '친기업' 정책의 일환으로 접대문화에 긍정적 자세를 보임으로써 사실상 룸살롱을 키우는 게 아니냐는 비판을 받았다. 김학민은 『한겨레 21』(2009년 1월 9일)에 쓴 「룸살롱으로 서민경제 활성화?」라는 제목의 칼럼에서 "이명박 정부의 '강남 살리기'가 눈물겹다. 서울 강남 부자들의 가슴에 꽂힌 비수를 뽑아주겠다며 종부세를 너덜너덜 빈껍데기로 만드는가 하면, 강남의 아파트 경기를 끌어올리겠다며 재건축 요건을 대폭 완화한다. 강남 3구의 투기지역 지정을 전면 해제하고 분양가 상한제를 폐지하겠다며 국토해양부와 기획재정부, 청와대가 생쇼를 벌인다. 다주택 소유자들의 주택 매매를 쉽게 하기 위해 양도소득세의 한시적 면제를 검토하겠다고도 한다"며 다음과 같이 말했다.

"여기에 코미디극을 하나 더 추가한다. 서민경제 활성화의 일환으로 기업들의 접대비 한도액 50만 원을 100만 원으로 올리거나 아예 그 한도 규정을 없애겠다는 것이다. 과거 투명하지 못한 공공기관의 업무추진비와 기업의 흥청망청 접대비가 어떤 용도로 쓰였고, 그 쓰인 곳이 대부분 어디인지는 삼척동자라도 다 안다. 그간 부정부패를 줄이기 위해 어렵사리 접대비 한도액을 시민들의 상궤 수준으로 정했고, 그래서 강남의 호화 룸살롱들이 직격탄을 맞은 것도 사실이다. 그런데 다시 접대비 한도액을 올려 서민경제를 활성화하겠단다. 그

김학민은 이명박 정부가 기업의 접대문화에 긍정적 태도를 보인다고 비난하며 '1980년대 통금 해제로 시작된 전두환 정권의 음주 접대문화가 이명박 정부 들어 다시 재연되고 있다'고 비판했다.

렇다면 룸살롱 경기를 살리겠다는 것인데, 내년에 쏟아져나올 백수 여대생들의 일자리 창출 때문일까?"

이어 김학민은 "우리는 프랑스의 살롱(Salon)이나 미국의 설룬(Saloon)을 함께 비벼, 큰 홀을 잘게 방으로 쪼개 룸살롱이라는 종합 엔터테인먼트를 만들었다. 그 방에서 정치도 하고, 경제활동도 하고, 노래도 부르고, 쾌락도 나누고, 술도 마시고, 가끔은 칼싸움도 벌이니 우리 민족의 창발력 하나는 끝내준다"며 다음과 같이 말했다.

"1980년대 전두환 시절은 야간통행 금지 해제에 따른 폭음의 시대, 밤문화의 시대였다. 성공한 쿠데타의 시대는 수단과 방법을 묻지 않았다. 돈! 돈만 벌어라. 막걸리·소주가 맥주로, 맥주가 어느새 진·코냑·위스키로 바뀌었다. 술 즐기는 장소 또한 고급화·대형

화됐고, 강남 여기저기에 호화스러운 룸살롱이 자리 잡으면서 검은 돈, 정경유착, 폭탄주, 쾌락, 폭력, 낭비 등이 일상화됐다. 전두환 정권 이후 한국 사회는 민주화와 함께 음주문화에서도 차근차근 합리성을 찾아갔다. 투명성 강화로 2차·3차로 흥청망청 마실 수 있는 검은돈이 줄어들었고, 소득 증대에 따른 웰빙 바람과 자가 운전도 절제된 음주문화에 한몫했다. 이렇게 음주문화는 변증적으로 발전한다. 그래서 대부분의 술꾼들은 질풍노도의 지나가버린 음주문화를 그리워하지 않는다. 다만 추억할 뿐이다. 그런데도 이명박 정부에는 20여 년 전, 탤런트같이 예쁜 아가씨를 옆에 앉히고, 관리는 건설업자와, 원청업자는 하청업자와 함께하며 은밀히 현찰이 오가던, 살이 타고 뼈가 부딪던 그 밤을 그리워하는 사람들이 많은 것 같다. 모든 것을 20년 전으로 되돌리려는데, 어찌 음주문화가 빠질 수 있겠는가."[26]

'한국 룸살롱 문화의 변증법적 발전'

『주간동아』(2009년 1월 20일)는 '한국 룸살롱 문화의 변증법적 발전'에 대한 산증인으로 한국 최초로 샐러리맨 고객들의 소액 투자를 받아 설립된 주식회사형 룸살롱 ㈜GMC(Genuine Membership Club)의 CEO인 김성렬(41)의 인터뷰 기사를 게재했다. 2006년 7월 설립된 GMC는 주주들에게 매분기 재무제표를 공개하고, 배당을 하며, 주주들은 25퍼센트 싼 가격에 계열 업소들을 이용할 수 있으며, 강남에서 술깨나 마셨다는 사람이라면 모르는 이가 없는 강남 보라카이와 옛 보라카이 체인이 GMC 계열 업소들이었다.

이 기사에 따르면, 1월 5일 오후 5시 기자가 강남 보라카이에서 만난 김성렬은 대기업 총수가 사장단 회의를 주재하듯, 부장과 마담들을 대상으로 그날 상황을 점검하고 서비스 교육을 하고 있었다. "우리는 접대문화의 최상층에 있는 전문 서비스맨입니다. 명심하세요. 우리가 최고급의 서비스를 드려야 그쪽도 우리를 전문직업인으로 대합니다. 당장 매출을 올리는 데 급급하지 말고 고객이 만족해서 스스로 다시 찾는 업소를 만들어야 합니다. 오늘은 특히 신년 회식이 많으니 분위기를 띄워야 합니다. 오늘 컨디션이 안 좋은 아가씨는 웬만하면 (룸에) 넣지 마세요."

김성렬이 강남 유흥가에 '무서운 청년'으로 이름을 알린 것은 10년 전인 1999년. 웨이터 생활을 청산하고 룸살롱의 경영대표가 된 그는 당시 업계에 새바람을 일으켰다. 먼저 업소에서 도우미 아가씨들을 가게에 묶어놓기 위해 빌려주는 고리(高利)의 대출금, 이른바 '마이킹'을 완전히 없앴고, 마담이 도우미의 봉사료 중에서 떼는 공제금을 20퍼센트대에서 9퍼센트로 크게 낮췄다. 도우미가 받는 봉사료가 10만 원이면 마담 수수료가 2만 원에서 9000원으로 떨어진 것이다. 그러니 '예쁘고 잘 노는' 아가씨들이 그의 업소로 몰려들 수밖에 없었다. 김성렬이 운영하는 업소의 '수질'이 전국 최고라는 말이 나온 것도 그 때문이었다고 한다.

김성렬은 1990년대까지만 해도 상류층, 고위층 위주의 접대 장소

'보라카이'를 시작으로 업계에 새바람을 일으키며 주식회사형 룸살롱 GMC를 설립한 김성렬은 1990년대만 해도 상류층, 고위층 위주였던 강남 룸살롱을 샐러리맨도 접할 수 있는 대중업소로 바꿔놓아 최고급 룸살롱의 몰락을 가져왔다.

이던 강남 룸살롱을 샐러리맨도 접할 수 있는 대중 업소로 바꿔놓았다. 도우미 봉사료를 포함해 1인당 25만 원이면 최고의 서비스를 누릴 수 있도록 룸살롱 가격 구조에 일대 혁신을 일으킨 것. 고급 룸살롱의 절반에도 미치지 않는 가격이지만 서비스 수준은 그 이상이었으며, 이는 2000년대 초반 강남 화류계의 최상층을 구성하던 '텐프로' '점오(15%)' '클럽' 등 최고급 룸살롱의 몰락을 가져왔다. 이후 그가 만든 신개념 세트

메뉴와 아가씨 서비스 시스템은 '퍼블릭 룸살롱'이라 불렸고, 이젠 강남 룸살롱의 대세를 이루고 있다는 것이다. 텐프로, 점오라는 게 도대체 뭔가?

"텐프로라고 하면 대부분 한국에서 10퍼센트 안에 드는 미인들이 서비스하는 곳으로 알고 있는데, 사실이 아니에요. 마담이 도우미에게서 챙겨가는 수수료가 10퍼센트면 텐프로인 거예요. 점오는 15퍼센트, 수수료가 20퍼센트면 '20프로'라고 부르죠. 텐프로는 공식적으로는 2차가 허용이 안 되는 곳이에요. 점오나 20프로는 되고요. 텐프로 아가씨는 모두 최상의 미모를 갖췄기에 몇 개 룸을 동시에 뛰어도 마담이 수수료를 10퍼센트 이상 못 챙겨요. 그렇지 않으면 아가씨

들이 그만두거든요. 그래서 제가 텐프로와 경쟁하기 위해 수수료를 9퍼센트로 낮춘 거예요. 그래서 퍼블릭 가게를 9프로라고 부르기도 하죠. 지금은 텐프로, 점오, 20프로들이 거의 사라졌어요. 남은 건 클럽이나 비즈니스 클럽, 하드코어 같은 곳인데 다들 허접해요."

하드코어 업소와 GMC 업소는 어떤 차이가 있는가? "하드코어 업소에선 농도 짙은 애무와 쇼를 하지만 퍼블릭에서는 간단한 스킨십만 허용해요. 요즘 경기가 워낙 안 좋다 보니 강남에서도 하드코어와 풀살롱 같은 게 유행하는데, 오래 못 갈 거예요. 제가 분위기를 띄우기 위해 가끔 권하는 것은 얼음 녹이기 게임 같은 거예요. 손님과 아가씨들이 입에서 입으로 얼음을 전해주다 자기 입에서 녹는 사람이 벌주를 마시는 거죠. 그 정도는 재미로 용인하는 편이에요."

김성렬은 대기업에서 접대문화에 대해 강의도 했다고 한다. "접대받는 사람의 유형에 따른 업소 선별법, 입장 시 자리 위치, 도우미 선택 요령, 웨이터에게 팁을 주는 방법, 텐프로에서부터 하드코어까지 룸살롱 형태, 업소 유래, 각 업소별 도우미의 미모 차이, 가격대, 가짜 위스키 감별법 및 그 대처법 등에 대해 강의했어요. 바로 써먹을 수 있는 것들이라 다들 좋아하시더군요." [27]

대기업 접대문화의 제도화와 정교화를 말해주는 증언이라 하겠다. 갑(甲)과 을(乙)을 따지는 한국의 끈질긴 갑을 관계 문화의 정수를 말해주는 것이기도 하다. 그 효용을 전면 배격할 수는 없는 일일 망정, 2009년에 일어난 연예계 룸살롱 성상납 사건은 한국의 룸살롱 문화에 대한 성찰을 요구하는 사건이기도 했다.

4월 24일 오전 경기 분당경찰서에 많은 취재진이 모인 가운데

한풍현 분당경찰서장이 장자연 씨 자살사건 중간 수사 결과를

발표했다. '장자연 문건'에 거론됐거나 유족들에 의해

강요죄 또는 그 공범 혐의로 고소된 인사들은 모두 10명으로

언론사 대표 2명과 IT업체 대표 1명, 금융업체 임원 1명,

기획사 대표 2명, 드라마 PD 4명 등이었다. 이 가운데

이미 체포영장이 발부된 고인의 소속사 대표 김성훈 씨와

불구속 입건된 장 씨의 전 매니저 유장호(30) 씨 등

기획사 대표 2명을 제외하면 '유력 인사'는 모두 8명이었다.

하지만 유력 인사는 대부분 무혐의 처리됐다.

7장 2009년

연예계 룸살롱 성상납 사건

연예계 성상납 사건

2009년 3월 7일 인기 드라마 〈꽃보다 남자〉에 출연한 탤런트 장자연이 술자리 접대와 성상납 강요 등을 폭로한 문건을 남기고 스스로 목숨을 끊어 큰 충격을 주었다. 이 사건과 관련, 연예기획사 간부인 A씨의 증언에 따르면, "연예기획사 소속 여배우가 룸살롱에서 술 접대를 하는 관행은 분명히 있습니다. 회사 규모와 상관없이 사장 마인드에 따라 벌어지는 일이죠. 몇 년 전부터 기획사들의 주식 시장 상장 붐이 일면서 '돈줄'이 되어줄 외부 투자자들에게 접대를 하는 경우가 늘어났는데 그때 여배우가 동행하게 되곤 합니다."[1]

이 사건을 계기로 나중에(2009년 4월) 한국방송영화공연예술인노동조합(한예조)이 연기자 183명을 대상으로 설문조사한 결과 19.1퍼센트인 35명이 '나 또는 동료가 성상납을 강요받았다'고 밝혔다. 5명 중 1명꼴이었다. 한예조는 확보된 '가해자 리스트'까지 공개하지는 않았지만, 가해자의 직업은 방송사 PD, 작가, 방송사 간부, 연

© 연합뉴스

2009년 3월 7일 술자리 접대와 성
상납 강요 등을 폭로한 유서를 남기
고 스스로 생을 마감한 탤런트 故
장자연.

예기획사 관계자, 정치인, 기업인 등이었다.[2] 여성 연예인들의 술자
리 접대는 주로 룸살롱에서 이루어졌기에 이는 '룸살롱 사건'이기
도 했다.

3월 18일 이 사건에 놀란 문화체육관광부는 '연예매니지먼트업
등록제' 등을 정부 입법으로 추진하겠다고 밝혔다. 공정거래위원회
도 불공정 계약을 막기 위한 표준약관 도입에 들어갔다. 아예 국가가
매니저들에게 공인 자격증을 발급하자는 제안도 나왔다(방송영상산
업진흥원 하윤금 박사). 그러나 한 연예 관계자는 "노예계약은 예전에
비해 많이 사라지고 투명해졌다"며 "매니저와 기획사들만 악의 소
굴로 모는 것은 절반의 해법"이라고 말했다. "여전히 문제 있는 기획

사도 분명 있지만, 오디션 같은 정당한 절차 대신 접대와 인맥을 통해 끼워 넣기 식으로 캐스팅하는 관행 자체, 접대를 당연시하는 언론사·기업 쪽 인사들의 도덕적 해이도 심각한 문제"라는 것이다. 이와 관련, 양성희는 『중앙일보』(2009년 3월 20일) 칼럼을 통해 다음과 같이 말했다.

"그의 말은 이번 사태의 본질을 짚어주고 있다. 실력보다 인맥이 중시되며, 술과 여자가 동원되는 향응이 있어야만 비즈니스가 되는 한국적 밤문화 말이다. 물론 이는 법·제도 이전에 관행과 문화의 문제지만, 그래서 그만큼 더욱 강고하다. '역사는 밤에 이루어진다'는 남성적인 접대문화, 밤문화가 여전히 막강한 위력을 발휘하는 한, 성적 서비스의 수단으로 착취되고 꺾이는 '나약하고 힘없는' 제2, 제3의 장자연은 끊이지 않을 것이다."[3]

'더러운 포식자들'

성접대를 받은 사람들의 이름을 적은 이른바 '장자연 리스트'가 세간의 주목을 받기 시작했다. 3월 23일 한나라당 홍준표 원내대표는 서울 여의도 당사에서 열린 최고위원회의에서 "'장자연 리스트'라고 불리는 것은 한국 사회 상류층의 '모럴 해저드'의 극치"라면서 "경찰이 좀 더 적극적으로 수사해 한국 사회 상류층의 모럴 해저드가 없어지길 바란다"고 촉구했다. 홍 원내대표는 이어 기자들과 만

2009년 3월 세간에 장자연 리스트에 대한 의혹이 나돌자 한나라당 홍준표 원내대표는 23일 여의도 당사에서 열린 최고위원회의에서 "상류층의 모럴 해저드를 근절하자"며 검찰의 적극적인 수사를 촉구했다.

나 "대한민국을 세탁기에 넣고 돌려야 한다. 상류층 윤리가 (일반 시민들과) 상당히 다르다"고 말했다. 진보신당 심상정 공동대표는 라디오에 출연, "장 씨가 문건에서 밝힌 대로 노예적 성 착취가 자행됐다면, 그 사무실이야말로 여성의 아우슈비츠"라며 "여성을 착취하는 먹이사슬의 최상층 포식자는 우리 사회의 미래를 위해서도 실체가 공개돼야 한다"고 말했다.[4]

『미디어오늘』(2009년 3월 24일) 박상주 논설위원은 "우리 사회를 지배하는 어둠의 포식자들이 여성 연예인들을 상대로 자신의 성욕을 채워온 것으로 드러나고 있다. 수치심을 견디지 못한 한 여배우는 스스로 목숨을 끊었다. 탤런트 장자연 씨의 죽음! 형식은 자살이지만 내용은 타살이다. 한 여배우를 죽음으로 내몬 그 무서운 포식자들을 어떻게 법의 심판대에 세울 것인가. 이른바 '장자연 리스트'에 오르내리고 있는 이름들은 검은 발톱으로 대한민국을 찍어 누르고 있는 '무소불위 포식자'들이다. 그 포식자들의 면면이 하도 어마어마한지라 경찰마저 벌벌 떨고 있는 모양새다. 말 바꾸기와 시간 끌기를 하면서 미적거리고 있다"며 다음과 같이 말했다.

"경찰마저 꼬리를 내리게 하는 저 무서운 포식자는 대체 누군가. '장자연 리스트'엔 유력 일간지 대표와 재벌 총수 등의 이름이 들어 있는 것으로 전해지고 있다. 심상정 의원의 말대로 대한민국 최상층 포식자들이라고 할 수 있는 인물들이다. 유력 일간지 대표가 누군지는 아직 공개되지 않았지만 이 땅의 여론을 쥐락펴락하는 인물임은 분명하다. 이미 그 구체적인 이름이 저잣거리 술좌석의 안주로 오르내리고 있다. 그가 여배우의 인권과 사회적 윤리를 짓밟으면서 냄새나는 욕정의 찌꺼기를 내뿜고 있을 때, 자신이 만드는 신문의 지면에선 얼마나 많은 위선적 기사들이 독자들을 훈계하고 있었을까. …… 세상의 눈길이 미치지 못하는 음침한 밀실에서 신문사 대표와 재벌 총수라는 사람들이 던지는 끈적거리는 눈길과 손길을 거부하지 못한 채 받아들여야 했던 한 여배우의 좌절감과 수치심, 분노를 상상해보라. 오죽했으면 숨이 막혀 죽을 것 같다고 했을까. 아무리 막강한 돈도, 권력도, 지위도 인간의 존엄성을 짓밟을 수 없다. 아직도 고 장자연 씨와 같은 상황에서 신음하고 있을 다른 연예인들을 생각해보라. 장자연 씨의 죽음을 헛되이 해선 안 된다. 인면수심(人面獸心)의

더러운 포식자들을 엄정한 법의 심판대에 세워라! 그 범죄를 명명백백히 밝히고 그 이름도 공개하라!"[5]

3월 27일 KBS는 아침 뉴스에서 한 인터넷 언론사 대표가 접대받은 의혹을 보도하며 이것은 "신문사 대표에게도 부적절한 접대가 이뤄졌을 가능성을 강력하게 뒷받침한다"고 보도했다.[6] 3월 31일 '언론소비자주권 국민캠페인(언소주)'은 서울 태평로 조선일보사옥 앞에서 기자회견을 열고 장자연의 문건에 거론된 신문사 대표가 운영하는 언론사가 축소보도를 통해 사건을 덮으려 한다는 의혹을 제기하며 조선일보의 사실보도를 촉구했다. 『한겨레』는 4월 1일 1면 머리기사에 "경찰이 유력 언론사 대표는 빼놓은 채 다른 사람만 처벌할 것이라는 관측이 나온다"고 보도했다.[7]

'무서운 ○○일보'

김호기 연세대 교수는 『중앙일보』(2009년 4월 1일) 칼럼에서 한국 사회를 소설 『움직이는 성』에서 황순원이 제시한 아이디어를 빌려 '유랑민 사회'라고 명명하고 싶다면서 "유랑민 사회를 내가 주목하는 이유는 최근 논란이 되는 두 개의 리스트에 있다. 박연차 리스트와 장자연 리스트는 다른 내용을 담고 있다. 박연차 리스트가 권력형 부패의 그늘을 보여준다면, 장자연 리스트는 연예산업의 추악한 비리를 폭로한다. '깨끗한 정치'를 표방한 노무현 정부의 어두운 이면을 생생히 드러내는 게 박연차 리스트라면, 화려한 스포트라이트 뒤에서 무참히 유린된 여성 인권의 실상을 그대로 증거하는 게 장자연 리스트다"라고 말했다.

이어 김호기는 "하지만 둘 사이에는 공통점도 존재한다. 그것은 한국 사회가 얼마나 연줄망에 의해 강고하게 짜여 있는가를 웅변한다. 문제 해결을 위해선 절차나 규칙이 중요한 게 아니다. 그것을 움직이고 결정하는 사람만 찾으면 된다. 누구를 알고 있고 그의 연줄 관계까지 훤히 꿰는 사람이 있다면 문제는 이미 해결된 것이나 다름없다. 기업인이든 연예인이든 '스폰서'가 필요한 이유가 여기에 있으며, 따라서 스폰서 관리는 성공 또는 출세의 지름길인 셈이다"라며 다음과 같이 말했다.

"내가 말하려는 것은 이런 연줄망적 특성이 우리 사회의 유랑민적 성격에 의해 유감없이 강화돼왔다는 점이다. 지금 내가 살고 있는 이곳은 잠시 머물러 있는 공간이기에 공동체 전체의 이익을 고려하지 않은 채 삶을 '만인 대 만인의 투쟁'으로 생각하는 게 피란민의 자의식이다. 사물과 현상을 이중 잣대로 맘 편히 이해하고, 실제적 지식(know-how)보다 사람을 아는 것(know-who)이 더 중요한 게 피란민의 문화다. 수단과 방법을 가리지 않고 화폐와 권력을 추구하며, 이를 위해 무엇보다 휴대전화에 빼곡히 입력된 전화번호들로 상징되는 연줄망을 극대화하는 게 피란민의 전략적 선택이다. 한국전쟁이 끝난 지 50여 년이 지났는데도 여전히 피란민처럼 살아가고 있는 게 우리 사회의 현주소일지도 모른다."[8]

4월 6일 민주당 이종걸 의원은 국회에서 이달곤 행정안전부 장관에게 "장자연 문건에 따르면 '당시 ○○일보 ○사장을 술자리에 만들어 모셨고, 그 후로 며칠 뒤에 스포츠○○ ○사장이 방문했습니다'라는 글귀가 있다. 보고 받았느냐"고 물으며 신문사 실명과 대표자의 성씨를 공개하자, 조선일보사는 경영기획실장 명의의 공문을 이 의원에게 보내 법적 대응에 나설 것이라고 경고했다. 또 언론사들에도 "근거 없는 허위 사실을 보도하거나 실명을 적시, 혹은 특정할 수 있는 내용을 보도하는 것은 중대한 명예훼손죄에 해당된다"며 "본사와 임직원의 명예를 손상하는 행위가 발생하면 엄중한 법적 조치를 취할 것"이라고 밝혔다. 이후 '○○일보 ○사장'과 '해당 언론사'는 유행어가 됐다.[9]

이와 관련, 박상주는 "새삼 ○○일보가 이 땅의 무서운 권력임을 실감한다. 확인도 안 된 설익은 이야기들을 실명으로 마구 긁어대는 건 우리나라 언론계의 오랜 악습이었다. 그런데 ○○일보의 사장이 포함된 것으로 알려진 '장자연 리스트'엔 철갑이라도 입혀져 있는 걸까. 장 씨의 자살과 함께 사건이 불거진 지 한 달이 넘었는데도 신문과 방송의 뉴스에서 그 이름들을 찾아보기 어렵다. 겁도 없이 이종걸 민주당 의원이 그 터부의 영역에 칼을 빼들고 뛰어들었다. 국회 대정부질문에서 경찰의 늑장수사를 추궁하며 그 신문사 이름과 사장의 성을 거명한 것이다. 그런데도 한두 인터넷 매체를 제외하고는 대부분 언론들이 ○○일보라는 익명으로만 보도하고 있다. 왜? ○○일보가 무서우니까. 그러니 본란에서도 그냥 ○○일보라고 쓸란다"

라며 다음과 같이 말했다.

"○○일보는 아주 오래된 낡은 '이중 잣대'를 지니고 있다. 당장 요즘 가장 큰 현안인 '장자연 리스트'와 '박연차 리스트'를 다루는 걸 한번 비교해보라. '박연차 리스트'를 다루는 기사에서는 사실 여부와 관계없이 검찰이나 정치권에서 흘러나오는 기사를 그냥 대서특필해대고 있다. 피의 선상에 올랐을 뿐인 이름 석 자를 꽝꽝 대문짝만하게 지면에 때려 넣는다. 비릿한 피비린내를 풍기는 언론권력의 망나니 칼춤! 무죄추정의 원칙? 애당초 ○○일보의 사전엔 존재하지 않는 말이었다. 그야말로 '아니면 말고'! 그런 기준으로 '장자연 리스트'를 한번 따져볼까? '장자연 리스트'는 탤런트 고 장자연 씨에 대한 명예훼손과 성상납 강요 등으로 경찰에 고소를 당한 인물들의 명단이다. 죽음을 결심하고 혈서를 쓰듯 성 범죄자들의 죄목을 밝힌 고인의 유서를 바탕으로 만들어진 리스트다. 그 수사를 미적거리는 이유가 뭐냐고 이 의원이 추궁한 것 아닌가. 그런데도 우리 언론엔 장자연 리스트의 이름은 보이지 않는다. 국회의원 말의 무게가 검사의 말보다 가벼운가? 그러나 이 땅의 진실이 언론을 통해서 알려진 적이 언제 있었던가. ○○일보가 어디야? 라고 묻는 건 핀잔을 듣기 딱 좋은 말이다. 입소문이 더 무섭다."[10]

4월 7일 『한겨레』는 사설을 통해 "경찰 안팎에서 결국엔 유력 언론사 대표 말고 힘이 덜한 사람들만 처벌될 것이라는 말이 나온다"고 했다.[11] 4월 8일 MBC 신경민 앵커는 "장자연 리스트에서는 관련된 유력 언론이 떠들썩하게 거론되면서도 정작 이름이 나오지 않아

유력 언론의 힘을 내외에 과시했다"고 말했다.[12]

'조선일보의 명예와 도덕성의 문제'

사정이 그와 같았던바, 민주노동당 이정희 의원도 4월 9일 MBC 〈100분 토론〉에서 실명을 거론했다. 그러자 조선일보사는 4월 10일 "조선일보의 특정 임원이 장자연 씨 사건에 관련된 것처럼 공표해 신문과 특정 임원의 명예를 훼손했다"며 이종걸 의원, 이정희 의원, 인터넷신문 '서프라이즈' 신상철 대표를 검찰에 고소했다. 『조선일보』는 고소 사실을 11일자에 보도하고 "장 씨와 일면식이 없는 인사들이 '장자연 리스트'에 올라 막대한 피해와 타격을 입고 있다"며 수사를 독촉하는 사설을 실었다.[13]

이어 4월 13일 『조선일보』 김대중 고문은 「조선일보의 명예와 도덕성의 문제」라는 제목의 칼럼을 통해 "그동안 조선일보에 악의적인 일부 인터넷 매체들이 호재를 만난 듯 이런저런 흠집 내기에 몰두했어도 조선일보는 사필귀정을 믿으며 일일이 대응하지 않는 태도를 보였다. …… 그런데 한 달이 넘도록 경찰은 무엇 하나 밝혀낸 것이 없다. 텔레비전을 보면 거의 매일 경찰의 강력계장인가 하는 사람이 나와 같은 내용을 중언부언하다가 들어가고 매체들은 알아맞히기 게임이라도 하듯 '조선일보 인사'의 주변을 맴도는 기사를 계속해서 반복한 것이 전부라면 전부다"라며 다음과 같이 말했다.

MBC 〈100분 토론〉에서 '장자연 리스트'의 실명을 거론한 민주노동당 이정희 의원. 조선일보사는 이 의원을 비롯 이종걸 의원, 인터넷신문 『서프라이즈』 신상철 대표를 '명예훼손'으로 검찰에 고소했다.

　"조선일보 입장에서 보면 경찰도, 어느 의미에서는 정권도 이 '장자연 사건'의 진행을 즐기고 있는 듯했다. 그래서 당국의 무능과 무력, 또는 관음증(?)이 사태의 '주연' 같고, 일부 '안티 조선'의 조바심이 '조연'처럼 보였다. 그러는 동안 이른바 장자연 리스트와 '조선일보 인사'에 관한 루머는 퍼질 대로 퍼졌다. 심지어 미국의 교포 방송이 불어대서 미국으로부터 '정말이냐?'고 문의전화가 왔다. 조선일보 기자들끼리도 계면쩍어하고, 친구 친척들까지 물어온다. 정말 걱정(?)하는 사람도 있고 고소해하는 사람도 있고 재미있어 하는 사람도 있다. 그렇게 한 달이 넘으니 조선일보 사람들의 인내심도 한계에 온 것 같다. 문제의 인사뿐 아니라 조선일보 기자 전체 사이에 그 모함의 상대가 누구든 가차 없이 대결하겠다는 의지가 생겨나고 있다."

이어 김대중은 "어떤 정책이나 이념에 관한 문제라면 조선일보가 반드시 옳다는 아집에 사로잡히지 않기 위해서도 서로 다름을 인정하는 태도가 필요하지만 조선일보와 조선일보 사람들의 인격을 모독하고 명예를 짓밟는 저열한 모략에는 물러설 수 없다는, 그런 인식 말이다. 조선일보의 누구든 장자연 사건에 연루된 것이 사실로 입증된다면 조선일보 차원에서도 일벌백계해야 할 것이고 그 상황에서는 조선일보 측의 결백을 믿어온 임직원부터도 자리를 떠날 수밖에 없을 것이다"라며 다음과 같이 말했다.

"그러나 이것이 터무니없는 모함과 모략, 그리고 그에 편승한 권력적 게임의 소산으로 밝혀지면 그것을 주도하거나 옮기거나 음해한 측 역시 그에 상응하는 벌을 받을 수밖에 없을 것이다. 그래야 공평하다. 언론은 이 사건을 겪으면서 한 가지 중요한 교훈을 얻어야 한다. 그것은 근거 없는 '리스트'로 인해, 입증되지 않은 어느 '주장'만으로 많은 사람을 괴롭히지는 않았는지 언론 종사자 스스로 반성하고 더는 그런 추정의 함정에 빠지지 않도록 노력해야 한다는 것이다. 그런 의미에서 민주당의 이종걸 의원과 민노당의 이정희 의원이 교묘한 말장난으로 조선일보와 실명을 거론해 이 사건에 얽어매려 했지만, 만일에 그들이 어느 문건에서, 또는 어느 매체에 의해 어느 누구와 어디서 어떤 일을 한 것으로 알려진다고 하더라도 그것이 명백히 규명될 때까지 우리 모두는 실명 보도를 자제하는 언론풍토를 만들어가는 데 노력해야 할 것이다."[14]

이에 대해 고차원 전국언론노동조합 민주언론실천위원장은 "이른바 고 장자연 씨 리스트가 급기야 한국의 대표적 수구논객 김대중 고문마저 팔을 걷어붙이게 만들었다. …… 어찌 보면 그동안 이러저러한 이유로 많은 언론사들이 실명 공개를 꺼려왔는데 김 고문의 '커밍아웃'으로 세상 사람들이 자연스럽게 리스트에 조선 고위간부가 들어 있다는 점을 알게 됐다"며 다음과 같이 말했다. "장자연 리스트의 진실이 밝혀지는 게 두려운 세력이 많다. 경찰도 꼭 필요한 증거 수집과 조사를 이례적으로 미적거리면서 봐주기 수사 전형을 밟고 있다. 뒤늦게 실명공개를 자제하자고 나선 조선은 왜 박연차 리스트를 그대로 받아쓰는지 궁금하다."[15]

"성(性)상납 수사 때 엄청난 외압 있었다"

김규헌 서울고검 검사는 『조선일보』(2009년 4월 16일) 인터뷰에서 자신이 서울중앙지검 강력부장이던 2002년 7월 방송사와 연예기획사 등의 유착 비리에 대한 수사에 나섰을 때 장자연 씨의 소속사였던 더컨텐츠 김성훈(40) 전 대표도 수사선상에 올라 있었지만, 대대적 연예계 비리 수사가 외압에 이은 수사지휘관 교체로 중단됐으며, 이로 인해 성상납 등에 대한 수사도 물거품이 됐다고 말했다. 2002년 7월 10일 검찰은 주요 연예기획사 4곳을 전격 압수수색하며 연예계 비리

2009년 4월 서울고검 김규헌 검사는 한 인터뷰를 통해 2002년 7월 방송사와 연예기획사 등의 유착 비리를 수사할 당시 엄청난 외압이 있었으나 수사를 강행하자 충주지청장으로 좌천돼 결국 수사가 종결되고 말았다고 밝혔다.

수사에 나서, 기획사 대표와 방송사 PD, 스포츠지 기자 등 20여 명을 구속하고 30여 명을 불구속 기소하는 등 강도 높은 수사를 벌였다. 그러나 수사 1개월 보름 만인 8월 24일 김 검사가 충주지청장으로 발령 나면서 수사는 더 이상 확대되지 않고 종결됐다. 이에 대해 김규헌은 다음과 같이 말했다.

"수사 내내 유무형의 외압이 엄청나게 많았으나 수사 강도를 줄이지 않자 갑자기 충북 충주지청장으로 발령이 났다. 이 때문에 성상납을 비롯한 추가 수사도 모두 중단됐다. …… 검찰 상사나 고위 관료들이 전화를 했다. 에둘러서 말하는 형태로 압력이 전달됐다. '너무 수사를 확장하지 말라. 당신이 다칠까 봐 걱정된다' 는 식이었다.

…… 법무부 밖의 고위직 관료들도 있었고 사업하는 후배도 그런 전화를 했다. 한 고위직 공무원은 내 사무실에 찾아와서 직접 말하기도 했다. 그는 나중에 장관까지 됐다. …… 당시 수사는 강력부에 검사를 증원하려고 할 만큼 확대되는 상황이었다. 그런데 갑자기 내가 충주지청장으로 발령이 났다. 내 후임 강력부장은 연예계 비리 수사를 더 이상 진행하지 않았다. …… 전쟁 중에 장수를 빼는 경우가 어디 있나. 인사 내용이 언론사로 전달될 때까지도 나는 발령 사실을 몰랐다. 윗사람이 전화해서 '이번에 어디 가는 것 같아'라고 말했는데, 그 사람은 수사 도중 내게 전화해서 '대충 마무리 지으라'고 했던 사람이다. …… 조폭자금이 대형 연예기획사로 흘러 들어간 정황을 포착한 상태였다. 기획사와 방송계 간 뇌물 수수 수사는 마무리 단계였다. 성상납과 기획사 배후세력에 대한 정보도 꽤 수집돼 있었다. 수사를 시작하기 전 내사를 6개월가량 했다. 그 정도면 수사도 최소 6개월은 했어야 했다. 한 달 반 만에 수사를 끝낸다는 건 말도 안 됐다."[16]

김규헌은 『중앙일보』(2009년 4월 22일) 인터뷰에선 "(당시) 가요가 음반시장에서 팝송을 누르고, 국산 영화 흥행이 외화를 앞지르는 등 연예계가 호황을 누리고 있었다. 하지만 불법적인 관행이 연예산업을 움직였다. 저녁 술접대가 드라마 캐스팅과 가요 순위를 좌우하기도 했다. 일부 방송사 고위 간부들은 사무실이나 집에서 수천만 원씩을 건네받았다. 한 PD는 전업주부인 부인까지 외제차를 몰고 교외에 별장을 지어놓고 살 정도였다"며 다음과 같이 말했다.

"연예시장이 커지면서 김 전 대표처럼 일확천금을 노린 신흥 세력이 등장하기 시작했다. 이들은 물량 공세로 스타 한두 명을 포섭해 영향력을 과시했고 매일 저녁 호화판 술접대로 PD·광고주 등과 커넥션을 형성했다. 업계에선 '물을 흐린다'며 원성이 높았다. …… 수사 도중 인사 발령(충주지청장 전보)으로 수사가 흐지부지됐다. 도망간 PD와 기획사 대표는 돌아왔고 집행유예를 받은 방송사 간부 중 상당수는 복직했다. …… 김 전 대표는 술 접대 등으로 영향력을 계속 키웠고 결국 장 씨의 희생을 불러왔다. 잘못된 관행을 발본색원하는 대대적인 수사가 없는 한 제2, 제3의 장자연이 계속 나올 것이다."[17]

"화려한 '소문'… 초라한 '진실'"

4월 16일 조선일보는 국회 대정부 질의에서 자사 임원의 성과 직책을 밝힌 이종걸 민주당 의원의 발언을 기자회견을 통해 공개한 박석운 민주언론시민연합(민언련) 공동대표, 김성균 언론소비자주권국민캠페인(언소주) 대표, 나영정 진보신당 대외협력실 국장을 고소했다. 이에 참여연대·한국여성단체연합·민언련 등 100여 개 언론·여성·인권 단체들은 성명을 내어 "그동안 어떤 정치인이나 시민단체 인사들도 '장자연 리스트'에 언급된 인사들이 부적절한 접대를 받았다고 단정한 바 없다"며 "조선일보의 표현의 자유 침해 행위에 정면으로 맞설 수밖에 없다"고 밝혔다. 정연우 민언련 공동대표는 "언론사의 고위 임원이면 당연히 사회적 공인인데, 공인과 관련된 정보

를 알리는 것은 독자와 국민의 알 권리를 위한 것"이라고 말했다.[18]

4월 20일 오전 '미디어 공공성 확보를 위한 사회행동' 한국진보연대 등 100여 개 시민사회언론단체 회원들은 서울 중구 태평로 코리아나호텔 조선일보사 현판 앞에서 '장자연 리스트'에 언급된 언론사 대표의 이름을 공개한 국회의원들과 시민사회단체 대표들을 '명예훼손'으로 고소한 조선일보를 규탄하는 시위를 벌였다. 4월 22일 민언련과 언소주는 공동 논평을 내어 "조선일보의 겁박 앞에 온 나라가 떨고 있는 형국"이라면서 한겨레, 경향신문 등 언론이 이 사안을 적극 보도해줄 것을 주문했다.[19]

4월 24일 오전 경기 분당경찰서에 많은 취재진이 모인 가운데 한풍현 분당경찰서장이 장자연 씨 자살사건 중간 수사 결과를 발표했다. '장자연 문건'에 거론됐거나 유족들에 의해 강요죄 또는 그 공범 혐의로 고소된 인사들은 모두 10명으로 언론사 대표 2명과 IT업체 대표 1명, 금융업체 임원 1명, 기획사 대표 2명, 드라마 PD 4명 등이었다. 이 가운데 이미 체포영장이 발부된 고인의 소속사 대표 김성훈 씨와 불구속 입건된 장 씨의 전 매니저 유장호(30) 씨 등 기획사 대표 2명을 제외하면 '유력 인사'는 모두 8명이었다. 하지만 유력 인사는 대부분 무혐의 처리됐다.[20]

이에 『조선일보』는 다음 날 1면에 「본사 임원 '장자연 사건과 무관' 밝혀져」란 제목으로 수사 결과를 주요하게 다루고, 8면과 9면 전체를 관련 기사로 채우는 동시에 사설을 통해 자사 고위 임원의 무혐의 결론 내용을 집중 부각했다. 「루머로 인격살인」이라는 제목의 8

2009년 4월 24일 오전 경기도 성남 분당경찰서에서 많은 취재진들이 모인 가운데 한풍현 분당경찰서장이 장자연 사건 중간 수사 결과를 발표했다. 그러나 유력 인사 8명은 대부분 무혐의로 처리돼 시늉만 하다 그친 게 아니냐는 비난이 빗발쳤다.

면 기사는 장 씨 사건과 조선일보 고위 임원과의 연관성을 엄정 수사할 것을 촉구한 언론과 시민단체 등을 '좌파 매체'와 '좌파 시민단체'로 지칭하며 "루머를 유포하는 사람들은 다른 사람을 공격하고 궁지로 몰아넣는 과정 자체에서 쾌감을 느낀다"는 전문가 분석까지 덧붙였다.

반면 조선일보는 자사 고위 임원의 아들이 김 대표와 술자리를 함께해 내사중지된 사실은 전혀 보도하지 않았다. 이 고위 임원 아들과 김 대표의 술자리는 중간 수사 발표에서 처음 드러난 것이다. 경찰은 장 씨 문건의 "조선일보 고위 임원 아들인 스포츠○○ 고위 임원과 술자리를 만들어 룸살롱에서 접대를 시킴"이라는 내용을 토대로 임원 아들에 대한 수사를 진행한 것으로 전해졌다. 이 고위 임원의 아들은 그러나 "김 대표와 술자리를 했으나, 장 씨가 참석했는지는 모르겠다"고 주장해 내사중지 처분이 내려졌다는 것이다.[21]

"시늉만 하다 면죄부에 그친 '장자연 수사'"

『조선일보』는 「조선일보의 명예를 훼손한 49일간의 비방 공격기사」라는 제목의 사설을 통해 한겨레, KBS, MBC, 오마이뉴스 등의 관련 보도를 "악의적 명예훼손 공격"이라며 법적 대응 방침을 밝혔다. 이 사설은 문제의 '조선일보 특정 임원'과 관련, "일부 언론과 세력들은 수사를 통해 이 인사의 결백이 밝혀지기 전까지의 기간을 최대한으로 악용해 어떻게든 조선일보와 이 인사의 명예에 상처를 주기 위해 온갖 탈선적 보도와 음해 시위를 벌였다"며 다음과 같이 말했다.

"조선일보를 비방하는 데 이렇게 열심이었던 일부 언론, 일부 정치인, 일부 운동단체들은 한 연예인을 죽음으로 몰아넣은 연예계의 착취와 억압과 유착의 구조를 파헤치는 데는 조금도 관심을 보이지 않았다. 신문과 그 독자는 윤리에 바탕한 신뢰로 맺어진 관계다. 이번에 조선일보에 악의적인 명예훼손 공격을 퍼부었던 세력들은 조선일보와 조선일보 독자를 이어주는 윤리적 신뢰의 고리를 어떻게든 끊어보겠다는 목적을 노골적으로 드러냈다. 조선일보는 이 악의적 세력에 대해서는 법적 책임을 엄격히 물을 것이다. 이와 함께 장 씨를 죽음의 길로 내몬 연예계의 검은 비리를 햇빛 속에 드러내 제거

하기 위한 보도에 더 한층 노력을 기울일 것이다."[22]

반면 『한국일보』는 「역시나 알맹이 없는 장자연사건 수사」라는 제목의 사설을 통해 "애초 진실 규명이 쉽지 않은 사건이라는 점은 인정한다. …… 그럼에도 불구하고 알맹이 없는 수사, 눈치 보기 수사, 봐주기 수사라는 비난을 면하기는 어렵다. 지위 고하를 막론하고 철저히 수사해 의혹을 해소하겠다면서 수사대상자의 신원을 밝히겠다고 하고는 몇 시간 만에 번복하는가 하면, 언론계 인사에 대한 조사에 미온적인 태도를 보였다. 장 씨의 전 소속사에 대한 압수수색과 김 씨 소환조치에도 늑장을 부렸다"며 다음과 같이 말했다.

"경찰은 김 씨가 체포될 때까지 수사를 잠시 중단하는 것이라고 밝혔지만 '이변'이 없는 한 장자연 사건 수사는 용두사미가 될 가능성이 커졌다. 국민의 관심 역시 급격히 식을 것이다. 그렇다고 연예계의 고질적인 비리와 추악한 야합, 반인권적 관행까지 그냥 넘겨버려서는 안 된다. 그것들을 막을 다양한 제도적 장치를 만들고 지키도록 해야 한다. 지금도 어딘가에서 제2, 제3의 장자연이 울고 있다."[23]

『한겨레』는 「시늉만 하다 면죄부에 그친 '장자연 수사'」라는 제목의 사설을 통해 "경찰은 혐의를 받는 유력 인사들을 제대로 조사하지도 않고서 면죄부만 줬다. 대표적인 예가 장 씨의 유서와 유족의 고소에 함께 거론됐다는 조선일보 유력 임원의 경우다. 경찰은 수사 결과 발표 바로 전날에야 이 유력 임원을 방문해 짧게 조사했다고 한다. 그러면서 경찰은 그를 곧바로 불기소 처분하고 '혐의가 없다고 본다'고 밝혔다. 사실일 수도 있겠지만, 일본으로 도피한 장 씨의 전

청와대 전 행정관의 성매매 혐의(8장 참조)와 탤런트 장자연의 죽음 등으로 사회지도층에 대한 비판이 쏟아지던 가운데 한국여성단체연합, 한국여성의전화 등 여성단체들이 '장자연 리스트에 대한 철저한 수사와 연예계 불법적 구조비리 척결' 등을 촉구하고 나섰다.

소속사 대표 김 아무개 씨 조사가 아직 남아 있는 상황에선 성급한 결론이다. 고작 그 정도 조사로 '장 씨가 왜 하필 그런 저명인사를 거론했겠느냐'는 기본적 의문이 해소됐다고 볼 순 없다"며 다음과 같이 말했다.

"경찰은 그동안 그를 비롯한 유력 인사 조사에 대해선 이리저리 말을 바꾸며 감싸는 등 소극적 태도를 보였다. 전직 대통령의 소환 조사가 거론되는 마당에, 성접대 혐의를 받는 유력 인사에 대해선 방문조사조차 제때 못했다고 한다. 이러니 조사가 제대로 됐을 리 없다. 경찰 수사에 다른 외압이 있었던 게 아니냐는 말도 그래서 나온다. 경찰이 성접대 의혹 수사 대신 곁가지인 문건 유출 경위에 매달린 데 대해서도, 엉뚱한 눈치를 보느라 사건의 본질을 호도하려 한 것 아니냐는 의혹이 제기된다. 경찰이 핵심 인물인 김 씨에 대한 범죄인 인도요청 공문을 일본 법무성에 전달한 것도 수사 착수 한 달여 뒤, 김 씨 체포영장이 발부된 지 열흘이나 지난 뒤였다. 늑장 수사다. 그러면서 경찰은 부실한 수사 결과를 김 씨 탓으로만 돌리고 있다. 이번 사건 수사가 여기서 그쳐선 안 된다. 여론의 관심이 멀어지면 흐지부지되는 전례가 또다시 되풀이되면, 음지에 숨은 권력의 잘못된 행태는 영영 바로잡기 어렵게 된다. 마땅히 재수사를 해야 한다." [24]

'조선일보의 균형 잃은 장자연사건 보도 · 논평'

조선일보의 법적 대응 방침과 관련, 일부 언론학자 등은 조선일보 고위 임원의 연루 의혹을 철저히 규명할 것을 촉구하는 것은 언론사의 당연한 책무라고 지적했다. 정재철 단국대 교수(언론영상학부)는 "장자연 문건에 조선일보 임원이 거명된 마당에 언론이 국민의 알 권리 차원에서 기사화하지 않는다면 도대체 뭘 쓸 수 있다는 것인가"라고 반문하며 "경찰의 엄정한 수사를 촉구하는 것은 언론으로서 마땅히 해야 할 일"이라고 말했다. 문종대 동의대 교수(신문방송학과)도 "한국 사회에서 영향력이 큰 신문사인 조선일보 고위 임원은 공인이며 그에 관한 보도도 공익적 사안"이라며 "(자사 임원 보도가 '악의적 명예훼손'이라는) 조선일보 논리는 '의혹 있는 사안에 언론이 침묵해야 한다'는 뜻으로, 스스로를 옥죄는 것이나 마찬가지"라고 비판했다. 박경신 고려대 교수(법학전문대학원)는 "한겨레 등의 보도는 '진실이 무엇인지 밝히라'는 것이었지 '이것이 진실'이라고 말한 것이 아니므로 명예훼손이 아니다"라고 말했다. 조선일보 고위 임원의 경우 장 씨가 문건에서 직접 거명했고 장 씨 유족이 고소한 당사자이며 유력 인사로서 공인의 지위를 가진다는 측면에서 언론이 '작은 가능성'이라도 주목하는 게 당연하다는 것이다.[25]

『한겨레』(2009년 4월 27일)는 「'조선일보'의 균형 잃은 장자연사건 보도·논평」이라는 제목의 사설을 통해 "취재에 바탕한 보도와 주장을 근거 없이 헐뜯는 것이 바로 명예훼손이다. 이런 시시비비보다 더 큰 문제는 이 신문이 특정 임원과 신문을 구별하지 못한다는 점이다. 이 신문의 고문인 김대중 씨는 최근 칼럼에서, 조선일보 고위 인사가 온당치 않은 일에 연루된다면 그것은 개인의 문제가 아니라 조선일보 전체 기자와 직원, 나아가 조선일보라는 신문 자체의 존재 가치에 관한 문제라고 주장했다"며 다음과 같이 말했다.

"그의 말처럼 이 신문은 특정 임원과 관련된 보도나 움직임을 마치 신문 전체에 대한 것인 양 대처했다. 신문 전체가 특정 임원의 개인적 행위에 공동 책임을 져야 한다는 것은 의식의 착종이 아닐 수 없다. 이런 착종 탓에 이 신문은 공익을 수호하는 데 사용돼야 할 지면을 사유화하고, 다른 신문의 정상적 보도행위를 자사에 대한 악의적 보도라고 비난했다. 이번 사건과 관련해 조선일보에 가장 시급한

ⓒ 청나무

'장자연 사건'에 대한 예의 클로징 멘트로 조선일보에 의해 명예훼손 소송을 당한 신경민 앵커.

일은 이런 착종을 바로잡는 것이다."[26]

5월 15일 조선일보는 '장자연 리스트' 보도와 관련해 KBS와 MBC를 상대로 '허위보도로 명예를 훼손했다'며 모두 35억 원의 손해배상 소송을 제기했다. 손해배상 청구 금액은 두 방송사가 각각 10억 원이며, KBS의 김종율 보도본부장과 2명의 소속 기자, MBC의 신경민 당시 〈뉴스데스크〉 앵커 및 송재종 보도본부장 등 5명은 각각 3억 원이었다.

『조선일보』는 16일자 기사를 통해 "KBS는 지난 3월 14일 9시 뉴스에서 이른바 '장자연 리스트'를 처음 보도한 후, '신문사 유력 인사 혐의는 성매매특별법 위반', '이 신문사가 문건에 대해 미리 알고 있으면서도 보도하지 않았다는 정황이 포착됐다'는 등 본사와 본사 특정 임원이 성접대를 받았고, 사건 은폐에 관여했다는 식의 허위 보도로 명예를 훼손했다"고 밝혔다. 『조선일보』는 또 "MBC는 〈뉴스데스크〉 등을 통해 '장자연 리스트에 유력 언론이 떠들썩하게 거론되면서도 정작 이름이 나오지 않아 유력 언론의 힘을 내외에 과시했

다'는 등 근거 없는 음해성 발언을 통해 본사와 특정 임원의 명예를 훼손했다"고 밝혔다.[27]

'조선일보, 이명박과 왜 싸우나'

이 사건은 조선일보와 이명박 정권과의 싸움을 불러일으키는 계기가 되기도 했다. 앞서 김대중 칼럼에서 "조선일보 입장에서 보면 경찰도, 어느 의미에서는 정권도 이 '장자연 사건'의 진행을 즐기고 있는 듯했다"는 대목을 상기할 필요가 있겠다. 이와 관련 고재열은 "조선일보는 이 수사와 관련해 사주 일가가 연루되어 있는 것을 매우 큰 문제로 받아들였다. 사주 일가가 연관되었기 때문에 조선일보가 이 사건을 잘 다루지 않았을 것이라는 선입관과 달리, 조선일보는 이 사건을 가장 적극 보도한 언론사였다. 조선일보 기자들은 사실 관계를 규명해 사주의 누명을 벗기려고 애썼다"며 다음과 같이 말했다.

"그러나 경찰 수사는 지지부진했고 루머만 범람했다. 경찰 수사 결과 발표가 연기되면서 연루설이 기정사실이 되고 있었다. …… 이명박 정부와 조선일보 사이에 틈새가 생기기 시작했다. 이 균열의 양상을 묘사하는 말이 바로 '뿔난 시어머니'와 '못된 며느리'다. 대통령에 당선되고, 집권 초반의 혼란도 극복하고, 촛불집회도 가라앉은 상황에서 계속 시어머니 구실을 하려 드는 조선일보에 이명박 정부가 견제구를 날린 것으로 해석되었다. '장자연 리스트' 수사를 계기

© Ian Muttoo

장자연 사건을 겪으며 조선일보는 이명박에 대한 비판기조를 강화한다. 이에 대해 고재열은 둘의 관계를 '뿔난 시어머니'와 '못된 며느리'로 비유하며 안정된 정국에서 계속 시어머니 구실을 하려 드는 조선일보에 이명박 정부가 견제구를 날린 것으로 해석했다.

로 조선일보는 이명박 정부에 대한 비판 기조를 강화한다. 조선일보를 흔든 정권에 대해 조선일보 역시 흔들기로 답한 것이다."

이어 고재열은 "'주류 흔들기'에 나선 조선일보가 공략한 대상은 대선 조직이었던 선진국민연대였다. 4월 11일 「노 정권선 노사모, 이 정권선 선진국민연대?」라는 1면 기사를 통해 포문을 연 조선일보는 다음 날 「선진국민연대를 둘러싼 후진적 이야기들」이라는 제목의 사설을 통해서 거푸 비판의 화살을 퍼부었다"며 다음과 같이 말했다.

"조선일보와 이명박 정부의 긴장이 읽힌 대목은 이명박 대통령이

녹색성장의 축으로 삼는 자전거 관련 보도 태도였다. 중앙일보와 동아일보는 '대한민국 자전거 축전' 을 기점으로 자전거 관련 기획기사를 여러 날에 걸쳐 여러 지면을 털어 집중 조명했다. 오직 조선일보만 이를 뜨뜻미지근하게 다뤘다. 조선일보는 비판 목소리를 적극 담아냈다. 이때부터 조선일보 지면에는 청와대와 당을 아울러 소장 개혁파의 이름이 자주 등장한다. 4월 24일, '사교육과의 전쟁' 을 하겠다는 곽승준 미래기획위원장 인터뷰를 내보내고 정두언 의원과 이주호 교육과학부 차관을 엮어서 개혁 그룹에 대한 그림을 그려준다. 이 대통령이 곽 위원장을 나무란 뒤에도 조선일보는 지속적으로 곽 위원장의 주장을 반영한 기사를 내보냈다."

조선일보는 '박연차 리스트' 의 여권 인물 수사에 대해서도 목소리를 높였다. 4월 21일, MBC 〈뉴스데스크〉에서 이 대통령 측근인 기업인 C씨가 연루되어 있다고 언급한 이후 천신일 세중나모 회장의 실명을 언급하기 시작한 곳은 조선일보였다. 4월 23일자에서 조선일보는 천 회장이 세무조사 무마와 검찰 고발을 막기 위한 대책회의를 수시로 열었다고 보도했다. 그러다가 여권이 4·29 재·보선에서 참패하는 일이 벌어졌다.

고재열은 "청와대와 당 지도부는 선거 참패에 대한 책임론이 노무현 전 대통령 검찰 소환에 가려지기를 기대했다. 물론 야당이 가만히 있지 않았다. 여권의 실정을 몰아붙였다. 여당 소장파도 가만히 있지 않았다. 쇄신론을 들고 일어섰다. 한겨레와 경향신문도 가만히 있지 않았다. 이명박 정부 실정에 대한 심판 선거였다며 '골을 질렀다'.

그러나 애초의 기대에 방해가 되지 않았다. 진짜 방해자가 나타났다. 바로 조선일보였다"며 다음과 같이 말했다.

"조선일보는 '박연차 리스트' 중 여권 인물에 대한 수사와 근본적인 쇄신을 촉구하며 청와대와 한나라당을 뿌리부터 흔들었다. 재·보선 참패와 '박연차 리스트' 수사와 관련해 거세게 몰아붙였다. 재·보선 참패와 관련해서는 박근혜 전 대표 진영을 끌어들이고 근본적인 쇄신을 하라고 요구했고, 박연차 리스트 수사와 관련해서는 여권 관련자도 수사하라고 주장했다. 재·보선 패배 직후 노무현 전 대통령 소환 관련 기사로 도배하며 재·보선 결과를 형식적으로 다룬 중앙일보·동아일보와는 달랐다. 5월 4일 조선일보가 「참패하고도 나 몰라라, 여권 '신종 민심불감증' 걸렸다」(5면)라는 기사를 내보내자 한나라당 내 개혁적 초선의원 모임인 '민본21' 소속 의원들이 당·정·청 쇄신을 요구하는 기자회견을 했다. 그러나 다음 날 조선일보는 '마이크 든 여 초선들, 패기도 감동도 없었다'라고 기자회견 내용이 약한 것을 질책하며 계속 군불을 지폈다. 머뭇거리던 소장 개혁파 의원들이 움직이기 시작했다."

고재열의 분석에 따르면, 조선일보는 이명박 대통령의 형인 이상득 의원의 퇴진을 조준했으며, 한나라당 쇄신과 관련해 김무성 원내대표론에 힘을 실어줬다. 5월 6일 「친박 김무성, 원내대표 추대되나」(1면), 5월 7일 「김무성 원내대표 만들기 시동」(1면), 5월 8일 「여권 주류, 냉랭한 박에 당혹…김무성 카드 죽지 않았다」(4면) 등 김무성 카드를 밀며 박 전 대표가 한나라당 운영에 개입할 길을 적극 열었는

222
룸살롱 공화국

데, 이는 소장파와 친박을 부추겨 이상득 의원의 퇴진을 도모하는 것이라고 해석되었다는 것이다.[28]

　먼 길을 돌아 이렇게 정치적 수 싸움으로까지 비화된 연예계 룸살롱 성상납 사건은 그 진실의 전모가 밝혀지지 않은 채 묻히고 말았다. 누구를 특별히 탓하는 일도 꼭 필요하겠지만, 진실의 상당 부분은 늘 타락과 비리의 경계를 넘나드는 기존 접대문화를 수용하거나 외면하는 우리 모두에게도 있는 건 아니었을까?

"검사들의 회식 문화도 스폰서 관행을 끊지 못하게 하는 원인이다.

검사들은 통상 최상급자가 식대와 주대를 모두 계산한다.

'수사지휘' 뿐 아니라 '회식지휘' 까지 잘해야 유능한 간부라는

말이 나올 정도다. 비싼 술집과 고급 음식에 익숙한 검사들이

많아 회식비가 여간 드는 게 아니다. (…)

본인 경제력으로 회식비를 감당할 검찰 간부는 그리 많지 않다.

검사 출신인 한 변호사는 이렇게 말했다. '결기 있는 검사들을

쥐락펴락하려면 스폰서를 끼고 있어야 했다. 가끔 근사한 곳에서

술을 사야 부장다운 부장이란 소리를 들었다.

스폰서가 될 만한 친구가 없는 나는 부장 진급을 포기했다.' "

8장 2009~2010년

한국은 '스폰서 공화국'인가?

청와대 비서진의 '룸살롱' 출입 금지령

연예계만 룸살롱에 미쳐 돌아가는 건 아니었다. 장자연 사건의 와중인 2009년 3월 24일 밤 청와대 국정기획수석실 산하 방송통신비서관실 김 모 행정관과 같은 부서 장 모 행정관, 방통위 과장급 간부 등이 서울 마포구 노고산동의 한 룸살롱에서 케이블 방송업계 관계자로부터 향응을 받은 사실이 수일 후에 드러나 큰 논란을 빚었다. 특히 김 행정관은 이날 룸살롱에서 술 접대를 받은 뒤 인근 신촌의 A모텔에서 성매매를 하다가 기습 단속에 나선 경찰에 적발됐다. 경찰은 이날 A모텔에서 김 행정관을 포함해 2명을 성매매 혐의로 붙잡아 불구속 입건했다.[1]

이에 『한겨레』(2009년 3월 29일)는 「장자연 리스트 이어 청와대 성 접대 의혹까지」라는 제목의 사설을 통해 "이런 일이 '장자연 리스트'로 성상납 의혹이 논란이 되고 있는 상황에서 일어났으니 더 놀랍다. '장자연 리스트'는 여성의 성이 상납과 접대의 대상이 되고 있

장자연 사건으로 온 사회가 떠들썩한 가운데 청와대 방송통신비서관실 행정관과 방통위 과장급 간부가 룸살롱에서 케이블 업계 관계자로부터 향응을 받은 사실이 드러났다.

는 부끄러운 현실을 드러낸 사건이다. 언론사 대표 등 힘 있는 사람들이 그 힘을 내세워 성상납을 요구하고 접대를 받았다면, 그들을 포함한 우리 사회 일각의 가치관 퇴행은 위험한 수준이라고 봐야 한다"며 다음과 같이 말했다.

"그런 마당에 청와대 직원들이 아무렇지 않게 비슷한 식의 접대를 받았으니, 더는 성을 상납이나 매매의 대상으로 삼지 말아야 한다는 사회적 논의와 모색을 무시한 것이 된다. 온 사회가 성상납 논란으로 떠들썩한데도 그런 접대를 받는 데 아무런 거리낌이 없었다면, 그만큼 잘못된 생각이나 관행이 뿌리 깊다는 얘기도 된다. 그들이 권력기관인 청와대에 근무한다는 힘을 내세웠다면 그 잘못은 더욱 엄하게 따져야 한다."[2]

『동아일보』(2009년 3월 31일)는 "이명박 대통령이 최근 공식 회의 석상에서 청와대 비서진에게 '룸살롱' 출입 금지령을 내린 것으로 알려졌다"고 보도했다. 이 대통령은 27일 확대비서관회의를 주재하면서 정동기 대통령민정수석비서관이 "룸살롱 출입을 조심해야 한다"는 취지의 발언을 하자, "해외에서는 좋은 의미의 단어였는데 국내에 들어와서는 좋지 않은 의미가 된 것이 있다. '마담'과 '살롱'이 그렇다"며 "여성이 술시중을 드는 곳에서 술을 먹지 말라"고 했다는 것이다.[3]

『동아일보』(2009년 4월 1일) 사설은 "청와대 행정관이 룸살롱 접대를 받고 여종업원과 함께 모텔까지 갔다가 적발된 것은 추부길 전 대통령홍보기획비서관(2008년 2~6월 재임)이 박연차 태광실업 회장에게서 2억 원을 받은 혐의로 구속된 바로 다음 날이었다. 옷깃을 여며도 시원찮을 시점에 그런 부적절한 처신을 했으니, 집권 1년에 청와대 근무자들의 기강과 윤리 의식이 풀렸다고 볼 수밖에 없다"며 다음과 같이 말했다.

"비서관들이 접대를 받는 경우가 아니라면 무슨 돈으로 하루 저녁 비용이 수십만~수백만 원이나 한다는 룸살롱에 다닐 수 있겠는가. 룸살롱에 출입한 비서관이나 청와대 직원이 과연 이번에 적발된 행정관뿐인가. 노무현 정부 초기 대통령민정수석비서관실은 썬앤문그룹에서 1억 500만 원을 받은 이광재 대통령국정상황실장과 나이트클럽 향응 파문을 일으킨 양길승 대통령제1부속실장에 대해 부실 조사와 감싸기로 일관했다. 최근 터져 나온 노무현 정권 실세들의 비리는 집권 초기에 기강을 다잡지 않은 탓도 있다. 행정관 추문 같은 일이 몇 차례 더 터지면, 그렇지 않아도 개혁 의지를 의심받고 있는 청와대에 대한 국민의 신뢰는 붕괴되고 말 것이다."[4]

'갈수록 치밀해지는 공무원 접대'

『한겨레 21』(2009년 4월 10일)은 「은밀하고 노골적인 접대의 속살」이라는 제목의 기사를 통해 "청와대 행정관 성매매 의혹·장자연 씨 자살 사건으로 살펴본 '고위층 접대'를 둘러싼 세 가지 시선"을 다뤘다. 접대하는 남자, 접대하는 여자, 접대받는 남자라고 하는 세 가지 시선이다. "두 사건의 공통점이 있다. 뭇사람은 접근이 불가능했던 '고위층 접대'의 속살을 들췄다. 이 경우, 경찰은 굼뜨고 위약하다는 점도 닮았다. …… 장자연 씨가 울고, 업체 사장은 머리를 조아리고, 청와대 행정관은 웃는 '계급'의 거래소."[5]

이 두 사건은 기존 접대문화에 어떤 영향을 미쳤을까? 『경향신문』(2009년 4월 15일)의 「갈수록 치밀해지는 '공무원 접대'」라는 제목의 기사는 "청와대 전 행정관 성접대 사건 등으로 공직사회 기강 감찰이 강화되면서 공무원을 접대하는 수법도 한층 치밀해졌다"며 다음과 같이 말했다. "휴대전화 위치추적을 막기 위해 전화기를 집에 두고 오게 하는 것은 기본이고 '대포폰'을 만들어 빌려주기까지 한다.

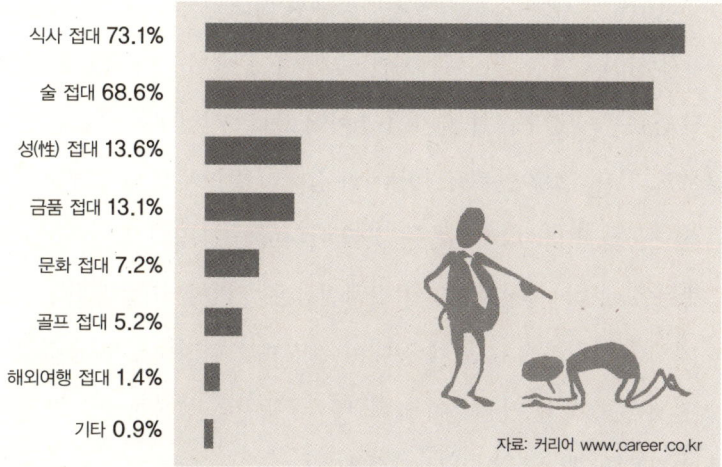

〈기업들의 주요 접대방법〉

식사 접대 73.1%
술 접대 68.6%
성(性) 접대 13.6%
금품 접대 13.1%
문화 접대 7.2%
골프 접대 5.2%
해외여행 접대 1.4%
기타 0.9%

자료: 커리어 www.career.co.kr

한 포털 사이트의 접대문화 조사에 따르면 직장인 887명을 대상으로 설문한 결과 25.6%가 성접대로
까지 이어진다고 답했으며 그 이유는 '접대 관행 중 하나라서'(44.6%)라는 응답이 가장 많았다.

…… 금요일 밤에 출발해 월요일 새벽에 돌아오는 일정의 중국·동남아 골프접대 때에도 동행 공무원의 수하물 기록이 남지 않도록 배려한다. …… 술 접대를 할 때도 흔적을 남기지 않도록 신경 쓴다. 서울 강남 룸살롱에 가면 술값을 당일에 계산하지 않는다. 함께 저녁식사를 한 날과 카드 사용일자를 어긋나게 해 증거를 남기지 않는 것이다. 며칠 뒤에 계산하거나, 수차례로 쪼개 결제한다. (접대를 하는) ㄱ 씨는 '이런 돈은 하청업체로부터 메울 수밖에 없으니 악순환이 계속되는 것'이라고 말했다."[6]

2009년 1분기(1~3월) 성매매로 적발된 공무원 수는 95명으로, 2008년도 전체 성매매 적발 건수 229명의 40퍼센트를 넘어섰다. 2004년

(101명), 2005년(98명)과 비교하면 한 해 적발 건수에 근접한 수치였다. 『한국일보』(2009년 5월 6일)는 "공무원 접대문화가 근절되지 않은 상황을 감안하면 모텔·여관·안마시술소 등에서 성매매를 하다 적발된 공무원의 경우, 1차 술자리에 이어 2차로 성접대를 받았을 가능성이 크다"며 "2009년부터 기업체의 접대비 실명제가 폐지돼 음성적인 접대문화가 다시 고개를 든 것이 아니냐는 관측도 있다"고 했다. 고계현 경제정의실천시민연합 정책실장은 "기업들의 접대문화상 제재 대책을 마련하지 않은 채 접대비 실명제를 폐지해 공무원 성접대가 언제든 활개 칠 가능성이 높다"며 "공무원의 성매매 증가는 정부가 스스로 초래한 것"이라고 지적했다.[7]

기업들의 접대비는 2005년 5조 1626억 원, 2006년 5조 7482억 원에 이어 2007년에는 6조 3647억 원에 달해 처음으로 6조 원을 넘어섰는데, 실제 접대비는 이보다 훨씬 더 많다는 게 중론이었다. 접대비를 복리후생비, 지급 수수료 등에 계상하는 일이 흔하기 때문이다. 술자리 접대는 곧잘 '성접대'까지 이어졌다. 2009년 4월 포털 커리어(www.career.co.kr)가 직장인 887명을 대상으로 접대문화에 대해 조사한 결과 25.6퍼센트가 성접대로까지 이어진다고 답했다. '접대 관행 중 하나라서'(44.6%)라는 대답이 가장 많았고 '거래처나 고객의 요구 때문'(31.3%), '더 잘 보이기 위한 방편으로'(19.3%), '회사의 지시 때문'(3.6%) 등이 뒤를 이었다. 조세개혁센터 최영태 소장은 "접대비는 외국에서는 찾아보기 힘든 한국만의 독특한 제도"라며 "공무원윤리강령, 대한상공회의소 기준 등을 차용해 해당 금액을 넘는

부분에 대해선 접대비로 인정하지 않거나 한도를 좀 높이더라도 접대비 실명제를 유지하는 등의 노력이 뒤따라야 한다"고 말했다.[8]

기업형 룸살롱의 번성

음성적인 접대가 꽃을 피우면서 이른바 '풀살롱'도 늘어갔다. 풀살롱은 '원 스톱 서비스'로 성매매까지 할 수 있는 룸살롱을 말한다. 2009년 4월 경찰에 적발된 서울 강남구 삼성동 N룸살롱의 경우, 각 층이 200제곱미터인 10층 건물을 빌려 1~3층은 여종업원 대기실로, 4~7층은 여러 개의 방이 있는 룸살롱으로, 8~10층은 침실이 마련된 성매매 장소로 이용해온 것으로 밝혀졌다.[9] 서울시 강남구 역삼동의 한 유흥주점은 4층 건물에 룸살롱 32개와 모텔 객실 48개를 차려놓고 여종업원 100여 명을 고용해 2008년 4월부터 2009년 4월까지 성매매를 알선해오며 100억여 원의 매출을 올린 것으로 드러났다.[10]

특급호텔과 룸살롱이 '성매매 공조'를 한 수법도 널리 쓰였다. 2009년 4월 29일 서울 강남경찰서는 강남구 삼성동 R호텔 지하에서 룸살롱을 운영하며 호텔 투숙객과 일반인을 상대로 성매매를 해온 혐의로 C주점 사장 한 모 씨(46)와 성매매 여성, 성매수 남성 등 43명을 불구속 입건했다. 이 호텔은 전체 객실 246개 중 5층과 7층에 있는 방 58개 전부를 C주점에 임대해 일반 투숙객은 받지 않고 2차 손님만 받게 했다. 업주 한 씨는 방 한 개에 하루 8만 8000원씩 객실료로 매

'원 스톱'으로 성매매까지 할 수 있는 풀살롱은 그 규모도 대단하다. 넓은 평수의 고층건물을 통째로 쓰면서 룸살롱과 객실을 대규모로 갖춰놓고 100억여 원의 매출을 올리는 곳도 있다.

일 510만 원을 호텔에 지급했다. 호텔 지하 1, 2층에 60여 개의 룸을 갖춘 C주점은 성매매 여성 150명 등 250여 명의 종업원을 고용해 하루 평균 320명의 손님에게서 1억 3000만 원의 매출을 올렸다.[11]

중소기업 수준의 거대한 룸살롱을 가리키는 '기업형 룸살롱'이 갈수록 늘었다. 2009년 4월 특급호텔의 객실을 통째로 빌려 영업을 해오다 경찰에 적발된 서울 강남구 삼성동 '클럽 M'은 60개의 룸으로 규모만 1650제곱미터(약 500평)에 달했다. 이 룸살롱에서 일하는 남자 종업원이 150명, 여자 종업원은 100명이었으며, 손님들을 데려오고 관리하는 '상무(常務)'도 80명에 달했다. 상무들은 믿을 만한 손님으로 판단되면 술값을 계산할 때 "2차 가겠느냐?"고 물었다. 2차를 요구한 손님들은 기본 술값에 1인당 30만 원의 성매매 비용을 포함시켰다. 손님들은 업소에서 예약한 호텔 '방 카드키'를 받고 업소와 바로 연결된 엘리베이터를 이용해 호텔 5층이나 7층 객실로 갔다.[12]

2009년 6월 경찰에 적발된 서울 강남구 논현동 ㄷ유흥주점과 ㅎ호텔은 여종업원 300여 명을 고용, 유흥주점을 운영하면서 호텔 3개 층 객실을 이용해 성매매를 알선한 것으로 밝혀졌다. 경찰조사 결과 주인은 대기업처럼 계열사를 운영한 것으로 나타났다. 술집과 호텔뿐 아니라 여종업원 전용 의상실 · 미용실 · 식당까지 지하 2층에 갖춰놓고 거기서도 매출을 올렸다. 경찰 관계자는 "월매출 8억 원 정도를 올려 업계 2위로 널리 알려진 업소였다"고 말했다.[13]

"검찰 수사관들 룸살롱서 억대 공짜 술"

룸살롱이 규모를 갖춘 기업화를 이뤄가는 와중에 룸살롱 여종업원이 텔레비전에 출연하는 일까지 벌어졌다. 2009년 5월 15일 SBS 〈황금나침반〉(오후 11시 5분)의 첫 방송 첫 출연자는 속칭 '텐프로'라고 불리는 룸살롱에서 일하는 여대생이었다. 눈만 빼고 얼굴을 가린 채 출연한 김시은 씨(가명 · 23)는 "밤이 되면 난 또 다른 내가 된다. 강남 최고급 룸살롱, 그곳에서 난 '텐프로'다. 벌써 1년째 스물세 살 평범한 대학생이자 '텐프로'로 살고 있다"고 말했다. 김 씨가 "가게에서 손님으로 만난 남자친구가 보통 한 달에 400만 원 정도의 용돈을 준

경기 침체는 룸살롱을 대형화하는 동시에 소형화하기도 했는데, '나 홀로' 룸살롱을 찾는 딴족이 주 고객이었다. 불황을 겪던 유흥업소들은 저렴한 가격을 내세우며 딴족 유치에 열을 올렸다.

다"고 하자, 한 패널이 "그건 스폰서 아니냐"고 물었다. 김 씨는 "400만 원 중 300만 원은 남자친구에게 쓰기 때문에 스폰서가 아니다"라고 답했다. 패널들이 "받은 돈 가운데 상당액을 쓰니까 (스폰서가 아니라) 정당한 관계라고 생각하는 것 아니냐" "그런 게 진실한 사랑일 수 있나"라고 의문을 제기하자 김 씨는 "그렇게 생각하신다면 오늘부터 안 받겠다"라고 대응했다. 김 씨는 진행자와 남성 패널들을 시종일관 '오빠'라고 지칭하는가 하면 "한 달 수입은 최고 2000만 원, 평균 1000만 원" "(술집에 오는) 힘든 사람에게 따뜻한 상담을 해주는 데 보람을 느낀다" 등의 발언을 이어갔다.[14]

룸살롱에 오는 힘든 사람에게 따뜻한 상담을 해주는 데 보람을 느낀다? 실제로 그런 사람들이 적지 않았던 모양이다. '딴족'이라는 말까지 생겨났으니 말이다. 땁족은 룸살롱에 혼자서 따로 술 마시러 오는 사람을 의미하는 유흥업계 은어다. 룸살롱은 대형화와 동시에 소형화도 이루어졌는데, 이 소형화는 바로 땁족을 겨냥한 것이었다. 2009년 경기 침체 등으로 불황을 겪고 있던 룸살롱과 단란주점 등은 룸을 소형화하고 저렴한 가격을 내세우며 땁족 유치에 열을 올렸다. 『문화일보』(2009년 9월 3일)에 따르면, 은행에서 근무하는 30대 중반의 남성 A씨는 서울 강남구 삼성동 B룸살롱을 찾았다가 '깜짝 놀랄' 경험을 했다고 한다. 대충 이런 이야기다.

A씨는 '1인 손님 파격가'를 내건 광고 이메일을 보고 호기심에 발길을 했는데, 그곳의 실상은 상상 이상이었다. A씨는 "룸에 들어가자마자 손님 옷을 다 벗겨놓고 시작하는 것부터 여느 룸살롱과 달랐다"면서 "더 놀라운 사실은 룸살롱에선 초저녁 격인 오후 8시쯤에도 약 10개의 룸이 나처럼 혼자 온 손님들로 채워져 있었다는 것"이라고 전했다. A씨에 따르면 B룸살롱은 약 1시간 30분을 기본시간으로 해 30만 원 안팎의 요금에 접대 여성과 양주 한 병, 맥주, 안주 등의 서비스를 제공하고 있었다. A씨가 어색해하자 상무쯤으로 보이는 한 웨이터는 "보통 5~8테이블은 형님 같은 분들로 채워져 있으니 부끄러워 말고 놀다 가시라"며 "불시에 들어왔을 때 옷 다 입고 점잖게 앉아 있으면 벌금 물리겠다"고 너스레를 떨었다. 접대 여성이 제공한 서비스는 이른바 '북창동식'. 속옷만 걸친 채 일명 '쇼'를 보여주고 '전투'라 불리는 유사 성행위로 마무리 짓는 식이었다.[15]

검찰 수사관들도 고독에 사무쳤던 걸까? 2009년 11월 17일 대검찰청은 현직 검찰 수사관 두 명이 서울 강남의 룸살롱에서 수십 차례에 걸쳐 '억대의 공짜 술'을 마셨다는 진정서가 접수돼 감찰을 하고 있다고 밝혔다. 대검찰청에 따르면 서울중앙지검과 서울고검 소속인 두 수사관은 2007년부터 2008년 말까지 서울 강남구 역삼동의 N유흥주점에서 60여 차례에 걸쳐 1억 3000여 만 원어치의 술을 마시고 술값을 지불하지 않았다.[16]

그런데 검찰의 조치가 영 신통치 않았다. 이에 『경향신문』은 사설을 통해 "어쩌다 이 지경까지 됐는지 할 말을 잃을 정도다. 더욱 어처구니없는 것은 검찰의 사후 조치다. 해당 수사관들을 강등 조치하고 징계 절차에 들어갔지만 직무 관련성은 없어 형사처벌은 어려울 것 같다고 한다"며 다음과 같이 말했다.

"일반 공무원들은 수십만 원 향응만 받아도 뇌물 수수로 엄단해왔던 검찰이다. 이런 제 식구 감싸기는 지난 8월 감찰 투명화를 위해 법무부 감찰관과 대검 감찰부장을 외부 공모를 통해 뽑겠다고 해놓고 슬그머니 내부 인사를 기용했을 때부터 우려됐던 일이다. 이래서야 앞으로 사정기관으로서 무슨 낯으로 남들의 부정을 잡겠다고 나설 것이며, 내부 부패가 이뿐이라고 한들 누가 믿겠는가. 지난 한 해 동안 직무 관련 비리 혐의로 기소된 공무원은 총 388명으로 이 가운데 경찰이 가장 많았고, 다음으로 검찰, 국세청 공무원 순이었다. 비리 척결에 앞장서야 할 사정기관 공무원들이 더 많이 형사처벌 받은 것이다. 하급 공무원들의 부패가 드러나지 않은 것까지 더하면 훨씬 심각할 것이란 게 일반의 인식이다. 한국의 공공부문 부패 정도가 2008년 더 심해졌다는 국제투명성기구의 부패인식지수가 이를 뒷받침한다."[17]

기획재정부 · KBS의 룸살롱 논란

2010년 3월 9일 기획재정부는 전날 프레스센터에서 열린 윤증현 장관의 외신기자 간담회 직후 벌어진 미국의 월스트리트저널(WSJ) 기자 에반 람스타드의 욕설 파문에 대한 강경대응 조치로 월스트리트저널에 공보서비스 중단조치를 취했다. 람스타드의 욕설 파문에 룸살롱이 등장했다는 게 흥미롭다. 사연은 이렇다.

람스타드 기자는 윤증현 장관에게 "한국 여성의 사회 참여율이 저조한 것은 룸살롱 등 잘못된 직장 회식 문화 때문이 아니냐" "기업체에서 재정부 직원들을 룸살롱에 데려가는 것으로 아는데 이에 대한 기준이 있느냐"고 물었다. 간담회 주제와 상관없는 황당한 질문이었기에 윤 장관은 "한국은 최근 발령받은 검사 중 절반이 여성이다. 근거 없는 이야기"라며 조용히 사태를 일단락시켰다. 사건은 간담회가 끝난 뒤 터졌다. 재정부 대변인이 간담회장을 나오면서 다른 외신기자와 나눈 대화를 트집 잡자, 람스타드 기자가 대변인에게 욕을 퍼부은 것이다. 그날 밤 람스타드 기자가 대변인에게 장문의 사과 메일을 보냈다지만, 재정부 관계자는 "람스타드 기자는 2009년 8월에도 욕을 해 사과 편지를 쓰는 등 재발 방지 약속을 했음에도 불구하고 또 소동을 일으켜 강력 대응하기로 한 것"이라며 "공보서비스 중단과

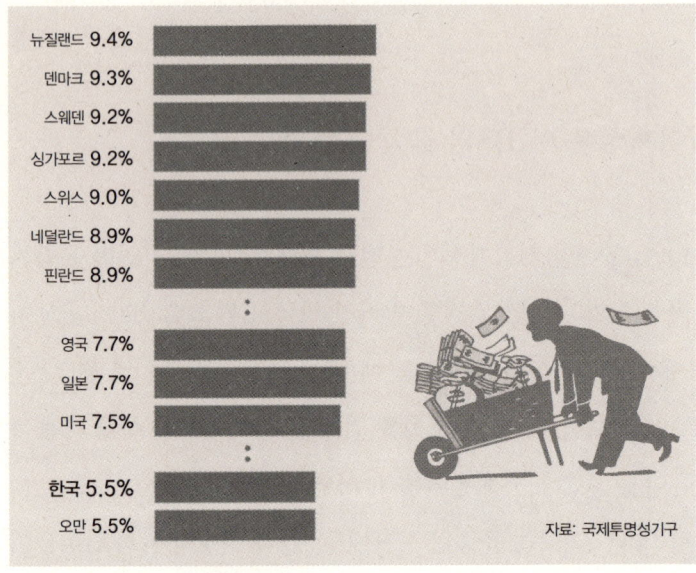

〈2009년 국가별 부패인식지수〉

국가	지수
뉴질랜드	9.4%
덴마크	9.3%
스웨덴	9.2%
싱가포르	9.2%
스위스	9.0%
네덜란드	8.9%
핀란드	8.9%
⋮	
영국	7.7%
일본	7.7%
미국	7.5%
⋮	
한국	5.5%
오만	5.5%

자료: 국제투명성기구

10점 만점으로 점수가 높을수록 청렴도가 높다.

항의서한 발송 등의 조치는 간담회에서의 질문 때문이 아니라, 이후 욕설에 따른 것"이라고 선을 그었다.[18]

이 파문과 관련 『조선일보』 기자 강경희는 "사실 '룸살롱'이라는 자극적인 단어를 쓴 것 때문에 불씨가 엉뚱한 방향으로 번져서 그렇지, 질문의 알맹이는 경제 정책의 수장인 기획재정부 장관이 깊이 있게 고민해야 할 우리 사회의 중대 과제들이다. '룸살롱'으로 표현되는 '접대·향응 문화' 그리고 '여성의 낮은 고용률'이라는 문제를 엮어서 제기한 것이기 때문이다"라며 다음과 같이 말했다.

"'룸살롱' 운운한 것에 대한 대응만 해도 그렇다. 해마다 국제투명성기구(TI)가 발표하는 각국의 부패인식지수(CPI)에서 우리나라는 2009년 오만과 더불어 10점 만점에 5.5점(점수가 높을수록 청렴도가 높은 나라)에 머물렀다. 조사가 시작된 1995년 이후 우리나라는 4~5점대를 벗어난 적이 없을 정도로 공공(公共) 부문의 청렴도는 제자리걸음이다. 다소 거친 표현의 질문에도, 장관이나 고위 공직자라면 '부패의 온상이 되거나 음험한 뒷거래가 이뤄질 수 있는 공무원 접대·향응에 대해 정부는 이런저런 법적·제도적 대응 장치를 마련해놓았다'고 구체적으로 설명하거나 '공무원 윤리 규정을 더 강화하겠다'고 정부 의지를 강조하면서 대외 신뢰도를 높여가고, 공무원들에 대한 구두(口頭) 경고도 거듭해나가야 한다. 그저 무례한 외국 기자의 도발적 질문으로 넘길 게 아니라 윤 장관도, 기획재정부 공무원들도 '우문(愚問)'에서 '현답(賢答)'을 찾으려는 노력을 기울여줬으면 한다."[19]

기획재정부에 이어 KBS까지 룸살롱 논란에 빠져들었다. 3월 22일 전국언론노동조합 KBS본부(본부장 엄경철)는 성명을 통해 "김인규 사장 취임 이래 KBS는 날이 갈수록 정권 홍보방송화하고 있으며 '땡이뉴스'로 심각하게 오염되고 있다"며 "지금 김 사장이 매서운 칼날을 들이대야 할 곳은 자신의 본분을 다한 김진우 회장이 아니라 술집 주인과 욕설을 하며 다툼을 벌이고, 강남 룸살롱에서 질펀한 술자리를 벌여 공영방송 KBS의 명예를 땅에 떨어뜨렸다는 회사 고위 간부들"이라고 비판했다.[20]

MBC 〈PD수첩〉의 '검사와 스폰서'

2010년 4월 이전의 모든 '법조 룸살롱 스캔들'들을 압도하고도 남을 대형 스캔들 사건이 터졌다. 부산·경남지역 등에서 활동한 전 건설사 대표 정 모(51) 씨가 "지난 20여 년간 100여 명의 검사들에게 수시로 촌지와 향응을 제공하고 일부는 성접대까지 했다"고 주장하면서 스폰서 내역이 담긴 문건을 언론에 넘겨줘 벌어진 사건이다. 4월 20일 밤 MBC 〈PD수첩〉이 문제의 문건과 인터뷰를 토대로 정 모 씨가 작성한 검사 실명 리스트를 방송함으로써 세상이 발칵 뒤집혔다고 해도 좋을 정도로 큰 충격을 안겨주었다. 물론 이번에도 향응과 성접대의 무대는 룸살롱이었다.

〈PD수첩〉이 공개한 향응 실태는 수억 원대에 이르는 규모로 용인할 수 있는 수준을 넘어섰다는 게 일반적인 평가였다. 방송에 따르면 정 모 씨는 1984년부터 2009년까지 25년간 검사들의 '돈줄' 역할을 했다. 검사들의 체육대회와 등반대회 등은 물론 회식과 환영식, 송별식 등의 비용을 댔다. 부산과 경남 지역 검찰청에서 알게 된 검사들이 서울 등 다른 검찰청으로 전근을 가면 그곳을 찾아가 향응을 제공하는 '원정접대'를 하기도 했다. 일부 검사들에게는 성접대를 알선했으며, 쥐치포를 선물하면서 상자 안에 돈을 넣어 건넸다고 정 모 씨는 주장했다. 정 모 씨는 또 검찰이 자신이 접대한 내용이 적힌 수첩을 압수한 적이 있고 이런 접대 내역을 고발하는 진정서를 검찰에 제출했지만 검찰은 이를 조사하지 않았다고 말했다. 정 모 씨로부터

2010년 4월 방영된 MBC 〈PD수첩〉에서 건설업자 정 모 씨가 2003년 검사들을 접대했다고 주장한 한 유흥주점 입구 모습. 이곳은 당시 부산 동래 온천장 일대에서 잘나가던 술집 중의 하나로 알려졌다.

향응과 접대를 받은 검사들은 대체로 부인하거나 기억이 나지 않는 다고 답변했다. 하지만 정 모 씨는 검사들의 대답을 뒤집는 전화 녹 취 내용을 폭로했다.[21]

　『경향신문』 김철웅 논설실장은 "MBC 〈PD수첩〉 '검사와 스폰서' 를 본 많은 시청자들은 너무나 충격적인 내용에 아연실색했다. 폭로 내용은 검사가 스폰서한테서 가끔 향응 좀 받고 명절 떡값 정도는 챙길 거라는, 상식적 수준의 '일탈'을 과도하게 넘어섰다. 정기적 상납과 향응, 성접대까지 이런 막장 드라마가 없다. 너무 적나라해 차라리 폭로 내용이 거짓말이었으면 할 정도다"라며 다음과 같이 말 했다.

"아무리 타락했다기로서니 '하늘이 무너져도 정의는 세워라' 라는 법언을 배우고 새겼던 이들이 그럴 수야 있겠는가. 그러면서도 불안한 건 이 폭로들이 대부분 사실일 거라는 불길한 예감 때문이다. 검찰은 오래전부터 정치검찰, 견찰, 떡찰이란 오명을 뒤집어썼다. 여기에 스폰서 검찰이란 딱지 하나 추가한다고 해서 무에 대수겠느냐는 체념이 널리 퍼진 게 아닌가. 한국 사회 앞에는 또 다른 중대한 진상 규명 과제가 던져졌다. 검찰은 스폰서와 유착해 공과 사를 혼동하고 거짓말을 일삼는, 윤리적으로 타락하고 노블레스 오블리주와는 상극인 집단인가, 아닌가." [22]

『한겨레』(2010년 4월 21일)는 「검찰 향응 의혹, 이번에도 어물쩍 넘겨선 안 된다」는 제목의 사설을 통해 "검찰에 대한 이른바 '스폰' 의 문제는 어제오늘의 일이 아니다. 멀리 갈 것도 없이 2009년 낙마한 천성관 검찰총장 후보자의 경우에서도 실상이 적나라하게 드러난 바 있다. 김용철 변호사가 폭로한 '삼성 떡값 리스트' 에 나온 검사들의 이름도 아직 생생하다. 그런데도 검찰은 자신들의 비리 의혹에 대해서는 갖가지 이유를 대며 모르쇠로 일관했다. 그러면서도 권력의 입맛에 맞는 수사에는 눈에 불을 켜고 달려드니 검찰이 손가락질을 받는 것이다. 기로에 선 검찰의 선택을 주시한다"고 말했다. [23]

『경향신문』(2010년 4월 21일)은 「'검사와 스폰서' 의혹 철저히 규명하라」는 제목의 사설을 통해 "의아스러운 것은 검찰이 지난 2월 초 업자로부터 같은 내용이 담긴 진정서를 접수하고 아무런 조사도 하지 않은 점이다. 그는 진정서에서 '명단에 적시된 검사들과의 대질을 부탁한다'고까지 요청했다고 한다. 이 정도라면 당연히 진정인을 불러 얘기를 들어보거나 관련 자료를 제출받아 최소한 내부 감찰이라도 착수했어야 할 일이지만, 검찰은 두 달이 지나도록 이를 덮어두고 있었다"며 다음과 같이 말했다.

"이런 내용이 세상에 알려진 이상 이제는 피할 수 없다. 누구의 말이 맞는지는 철저한 조사를 통해 가릴 수밖에 없다. 대통령이 토착비리 근절을 강조하고 있는 마당에 이를 발본색원해야 할 검찰이 지역 토호와 어울려 술판에 몰려다닌 게 사실이라면 검찰의 존립 이유를 근본적으로 돌아봐야 하는 중대 사안이다. 의혹 규명을 검찰에 맡기는 것도 꺼림칙하다. 과거 제기됐던 '떡값 검사' 의혹도 결국 흐지부지되는 전례를 봐왔기 때문이다. 검찰이 결백하다면 차라리 특검제 도입을 자청해서라도 진상을 규명하는 게 떳떳할 것이다."[24]

『중앙일보』(2010년 4월 22일)는 「업자가 검사에게 술 사고 돈 줘야 되는 사회」라는 제목의 사설을 통해 "방송에는 룸살롱 여종업원의 증언, 접대 의혹을 받고 있는 검사들의 해명, 동행했던 건설사 간부의 발언이 생생히 소개됐다. 한마디로 온갖 부패의 악취가 진동하는 경연장을 보는 듯했다"며 다음과 같이 말했다.

"정 씨가 제시한 문건에는 당시 접대 대상자뿐 아니라 사용한 수표의 일련번호, 식사·룸살롱 장소와 가격, 팁, 떡값 등 낯 뜨거운 기록이 생생히 적혀 있었다. '보복성 음해'라는 검찰 당사자들의 변명이 궁색하게 들린다. 돈과 향응에 길들여진 검사들이 '스폰서' 정 씨의 각종 청탁을 외면할 수 있겠는가. 오죽하면 '검찰에 보험을 들었던 것'이라며 '사건 부탁도 하고 (쉽지 않은 청탁도) 다 들어줬다'는 정 씨의 말은 부정(不正)의 공생 구조를 능히 짐작하게 한다. 빈번한 접대 대상으로 거론된 한 지검장은 정 씨와의 전화통화에서 '우리는 이심전심으로 동지적 관계'라고 할 정도였다. 도덕성도 자존심도 이미 마비된 상태였다. 검찰 주변에선 '스폰서 문화'가 있다는 소문이 종종 돌아다녔다. 그래도 이 정도로 타락했을 줄은 상상조차 못했다."[25]

4월 27일 '스폰서 검사' 파문과 관련해 이귀남 법무부 장관은 국회 법제사법위원회에 출석해 "해당 검사들을 상대로 특검보다 더 혹독하게 조사를 할 예정"이라며 "필요하다면 수사로도 나아갈 것"이라고 밝혔다. 그는 특히 "검사들이 너무 세속화됐다"는 의원들의 지적이 잇따르자 "(검사들의) 룸살롱이나 골프는 금지시키겠다"고 말했다. 성낙인(서울대 교수) 진상규명위원회 위원장도 이날 열린 첫 회의에서 "의혹이 제기된 부분은 공소 시효나 징계 시효 등에 구애받지 않고 철저하게 조사하겠다"며 "필요한 경우 위원들이 직접 진상조사에 참여하겠다"고 말했다.[26]

"검찰에만 '스폰서 문화'가 있는 이유"

스폰서 문화가 도대체 어떻기에 이런 일이 생겼을까. 『조선일보』(2010년 5월 1일)는 「'스폰서의 능력'이 '검사의 능력'이었다」는 제목의 기사를 통해 한 사례를 소개했다. "2009년 말 서울 강남의 룸살롱에서 검사 5명이 송년회를 열었다. 이들은 수년 전 같은 부서에서 근무한 인연으로 1년에 2, 3차례 만나온 사이다. 접대부가 들어오고 폭탄주가 서너 잔 돌 무렵 50대 남자가 룸 안으로 들어왔다. 남자는 모임 좌장 격인 검찰 간부와 반

검사들의 회식 문화도 스폰서 관행을 끊지 못하게 하는 원인이다. 검사들은 통상 최상급자가 식대와 주대를 모두 계산하는데 '회식지휘'까지 잘해야 유능한 간부라는 말이 나올 정도다.

갑게 악수를 나눴고 나란히 상석(上席)에 앉았다. 검찰 간부는 후배 검사들에게 남자를 소개했다. '사업하는 내 친구다. 형제나 다름없는 사이다.' 검사들이 차례로 일어나 자신의 현재 근무지와 이름을 댔다. 악수를 나누고 명함을 교환했다. 양주 몇 병이 더 들어오고 밴드가 흥을 돋웠다. 술자리 분위기가 무르익으면서 어느새 이들의 호칭은 바뀌었다. '검사님'은 '아우님'이 됐고 '회장님'은 '형님'이 됐다. 세 시간 뒤 술자리가 끝나고 술값 250만 원은 남자가 계산했다. 남자는 룸살롱 밖으로 나와 미리 준비해놓은 모범택시의 기사들에게 차비를 후하게 줬다. 남자는 택시에 오르는 '동생'들에게 '아무 때도 좋으니 꼭 연락하라'는 말을 전했고 검사들은 '오늘 즐거웠습니다'라고 했다. 검사들이 떠나자 남자와 검찰 간부는 남자의 외

제 승용차 뒷좌석에 동승해 어디론가 떠났다."

이어 이 기사는 "검사들의 회식 문화도 스폰서 관행을 끊지 못하게 하는 원인이다. 검사들은 통상 최상급자가 식대와 주대를 모두 계산한다. '수사지휘' 뿐 아니라 '회식지휘' 까지 잘해야 유능한 간부라는 말이 나올 정도다. 비싼 술집과 고급 음식에 익숙한 검사들이 많아 회식비가 여간 드는 게 아니다"라며 다음과 같이 말했다. "본인 경제력으로 회식비를 감당할 검찰 간부는 그리 많지 않다. 검사 출신인 한 변호사는 이렇게 말했다. '끗기 있는 검사들을 쥐락펴락하려면 스폰서를 끼고 있어야 했다. 가끔 근사한 곳에서 술을 사야 부장다운 부장이란 소리를 들었다. 스폰서가 될 만한 친구가 없는 나는 부장 진급을 포기했나' 는 것이다. 한 검찰 간부는 '월급과 수사비만으론 직원들 데리고 삼겹살 파티하기도 빠듯하다. 집에 돈이 많은 검사나 스폰서 있는 검사들이 부러울 때가 많다' 고 했다."[27]

또 『조선일보』(2010년 5월 4일)는 「검찰에만 '스폰서 문화' 가 있는 이유」라는 제목의 기사를 통해 다음과 같이 말했다. "검사들은 평소 철저한 상명하복(上命下服) 원칙과 엄격한 위계질서에 따라 근무한다. 이런 근무 자세가 몸에 배 근무 외의 회식 같은 비공식적인 자리에서도 상사(上司)나 사법시험 기수(期數)가 가장 앞선 선배 검사 중심으로 움직인다. 검사끼리 회식을 할 때 소속 부서의 부장검사나 그 자리의 최고참 검사가 돈을 내는 관행이 그런 예다. 이 회식비를 뒤에서 대주는 사람이 바로 스폰서다. 검찰이 큰 사건을 수사할 때는 경찰이나 국세청 등에서 직원들을 파견받는다. 공식적으로 나오는 수사비만으론 이들의 야근비·교통비·출장비를 댈 수 없을 때 부족한 수사비를 부장검사나 검사장이 마련해주곤 했다. 이때도 스폰서의 도움을 받는 관행이 있었다. 후배 검사들은 이런 모습을 보면서 자연스럽게 스폰서 관행에 물들게 된다"며 다음과 같이 말했다.

"그러나 이런 요인들만 갖고 검찰의 스폰서 문화를 설명하기엔 뭔가 부족하다. 아무리 스폰서가 주는 돈의 명목이 '회식비'이고 '수사비'라지만 일반 공무원 같으면 그렇게 아무렇지도 않게 접대와 촌지를 받지는 못할 것이다. 바로 여기에 검찰 스폰서 문화의 또 다른 비밀이 있다. 바로 법률 전문가인 검사들의 '눈 가리고 아웅' 식 자기 합리화다. 검사들이 뇌물 사건을 수사할 때 돈이 실제로 오갔는지 아닌지와 함께 집요하게 파고드는 게 또 하나 있다. 공무원이나 정치인이 돈을 받은 대가로 자기의 직무(職務)와 관련해 상대방을 봐준 게 있는지 하는 것이다. 이른바 대가성(代價性) 문제다. 아무리 돈을 받았어도 직무와 관련한 대가성이 없으면 뇌물죄가 성립하지 않기 때문이다. 문제는 수사에 오른 공무원이나 정치인에게는 어떤 이유든 갖다 붙여 대가성을 적용하려는 검사들이 정작 자기들이 스폰서로부터 받는 향응이나 촌지에 대해선 대가성을 아주 엄격하게 해석해 대가성의 그물에서 빠져나가려 한다는 점이다. 스폰서의 청탁(請託)을 들어줬다고 해도 그 직접적인 대가로 돈을 받지 않았다면 과거에 받은 접대와 촌지는 문제가 되지 않는다는 식이다. 얼마 전 한 건설업자의 법인카드를 받아 3년간 백화점·술집·골프장 등에서 9700여 만 원을 쓴 검사가 있었다. 이 검사는 '건설업자와 각별한 친분관계에 있었을 뿐 직무상 청탁은 없었다'고 했다. 이번에 문제가 된 한 검사도 '(스폰서 문화는) 인지상정(人之常情) 아니냐'고 했다. 이런 자기 합리화가 향응 접대에 대한 도덕적 불감증을 가져왔고, 그 불감증이 스폰서 문화를 뿌리내리게 한 중요한 원인이라고 해도 틀리지 않을 것이다."[28]

이 사건을 '커버스토리'로 다룬 『위클리경향』(2010년 5월 11일)은 충청 지역 정·관계 사정에 밝은 한 인사의 말을 소개했다. "대한민국이 가장 꼴사나운 것은 지역이 낙후될수록 그 지역에서 사법시험에 누가 통과하면 플래카드가 크게 걸린다는 것이다. 지금도 충청도나 제주도 등지에 가면 사람 통행이 가장 빈번한 곳에 그런 플래카드가 걸려 있다. 플래카드의 주인공은 나중에 출세해 부장판사, 부장검사가 돼도 그런 게 어디에 붙어 있었다는 걸 기억한다. …… 보통 갑을 관계에서 밥 사 주고 골프를 치는 데 들어가는 돈이 한 4000만 원이라고 한다면 검사와 고위간부, 건설회사 회장이 만났을 때 그 10배가 드는 것은 일도 아니다. 검사가 본격적으로 놀겠다 그러면 한 달에 4000만 원도 우습다. …… '노는 검사'는 흔히 말하는 룸살롱을 안 간다. 이른바 '텐프로'로 알려진 곳만 간다. 이런 곳은 '2차'를 가려면 마일리지를 한 달에 3000만 원은 끊어줘야 한다."

이 기사는 "지역사회 지배 구조에서 가장 꼭대기에 자리 잡고 있는 것은 특정 대학을 정점으로 하는 학맥이다. 어느 지역사회든 대한민국 사회는 속칭 SKY(서울·연세·고려대)를 졸업한 인사들이 꽉 잡고 있다. 특히 서울대 법대, 고려대 법대 인맥의 독자적 영향력은 막강하다. 검사가 부임하면 지역 유지로 있는 대학 선배가 불러낸다. 물론 호출에 응하지 않는 사람도 있다. 수차례 불응하는 과정이 되풀이되면 지역사회에서 왕따가 된다"며 다음과 같이 말했다.

"대학 학맥이 '성골'이라면 지역 고등학교 학맥은 '진골'이다. 1958년 이전 비평준화 졸업자들은 관료와 지방사회 곳곳을 장악하고 있다. 여기서도 지역을 대표하는 고교와 여고의 혼맥 메커니즘은 중요한 역할을 한다. 이들 가운데 자수성가한 타입은 각급 지방기관의 민간 자문위원으로 활동하면서 인맥을 돈독히 한다. …… 성골·진골 아래에는 육두품이 있다. 시정자문위원회, 범죄예방위원회 같은 각종 조직은 비유적으로 말하면 '진골과 육두품 중간의 사교장'이다. 아래에서 볼 때는 이른바 '어퍼 레벨'이다. 아무나 들어갈 수 없는 보이지 않는 진입장벽이 존재한다는 것이다. 경기도 지역의 한 정계 인사는 흥미 있는 말을 했다. '본인이 진골 진입에 성공하지 못했으면 자식을 통해 필사적으로 시도합니다. 그것을 조사해보면 재미있을 거예요. 범죄예방위원이면서 판사나 검사 사위를 둔 사람이 얼마나 있는지…….'"[29]

'공직자, 천안함 애도기간 중 룸살롱·2차'

검사들만 룸살롱을 좋아했겠는가. 5월 19일 이재오 국민권익위원장은 『서울신문』 인터뷰에서 "천안함 (침몰) 애도기간 중에 룸살롱에서 술을 먹고 모텔로 2차를 나간 고위 공직자들이 있다"고 공직 기강 해이를 지적했다. 구체적으로 "서울 역삼동의 L, T 룸살롱"이라고 적시한 이재오는 "이 룸살롱들은 여종업원이 100여 명이나 되고 모텔까지 겸하고 있다"며 "술 먹으러 들어가면 자고 나오는 곳"이라고 말했다.[30]

『중앙일보』(2010년 5월 25일)는 「이재오 위원장의 '으름장 놓기' 유감」이라는 제목의 사설을 통해 "천안함 사태로 빚어진 국가적 비상시국에 공직자들이 흥청망청 놀아댔다니 기가 찰 노릇이다. 가뜩이나 스폰서 검사 파문이 채 가시기도 전이다. 이들은 국록(國祿)을 축내는 기생충 같은 존재들이다"라며 다음과 같이 말했다.

"결코 용납할 수 없는 일로 엄벌로 다스려야 마땅하다. 고위 공직자의 부패 혐의가 형사처벌의 필요성이 있는 경우 권익위는 법에 따라 검찰에 고발해야 한다. 그런데도 이 위원장은 '공직사회에 경종(警鐘)을 울리기 위해 해당 공직자들이 징계받도록 하는 것을 검토 중'이라고 선을 그었다. 공직사회의 투명성과 기강 확립 차원에서 비리가 확인됐다면 일벌백계하는 게 맞다. 형사고발할 정도의 확증도 없는 상태에서 변죽만 울렸다면 오해를 사기에 충분하다. '네 죄를 네가 알렷다'는 식으로 슬그머니 으름장을 놓은 뒤 시혜를 베푸는 듯한 태도는 자기 세력 과시나 공무원 길들이기라는 인상을 풍길 뿐이다."[31]

'스폰서 검사' 사건 처리도 그런 식이었다는 비판이 쏟아졌다. 6월 9일 '스폰서 검사' 의혹을 조사해온 진상규명위원회는 현직 검사

2010년 5월 이재오 국민권익위원장은 한 인터뷰에서 천안함 애도기간 중에 룸살롱에서 술을 먹고 '2차'를 나간 고위 공직자가 있다고 운을 뗐다. 사건이 있은 지 두 달도 채 지나지 않았을 때였다. 그러나 관련 공직자의 징계를 회피하는 듯한 언급으로 오히려 일각에서 비난을 사기도 했다.(사진은 침몰한 천안함을 인양하기 위해 수색하는 모습)

45명이 비위(非違)에 관련됐다고 밝혔지만, 직무와 관련한 대가성(代價性)이 드러나지 않아 징계 대상은 되지만 형사처벌 대상은 되지 않는다고 판단했다. 이에 『조선일보』(2010년 6월 10일)는 「전국의 '검사 스폰서'들이 웃고 있다」는 제목의 사설을 통해 "검찰이 자주 쓰는 '대가성'이란 용어는 부당한 이득을 얻기 위해 뇌물을 주거나 향응을 베푸는 걸 가리킨다. 대부분의 뇌물과 향응은 앞으로 무슨 일이 생길 경우에 선처(善處)해줄 것을 바라는 보험(保險) 같은 성격을 띠고 있다. 오른손으로 뇌물을 주고 그 즉시 왼손으로 부당 이득을 챙기는 건 하수(下手)들이나 하는 짓이다. 그런데도 검찰은 자기들이 관계되면 '대가성'을 이렇게 좁게 해석해서 처벌을 피해 나간다"며 다음과 같이 말했다.

"부산지검에서 근무했던 한승철 전 대검 감찰부장은 자기를 포함한 부산지검 검사들의 비위 사실이 적힌 고소장과 진정서를 받고도 검찰총장에게 보고하지 않고 부산지검으로 넘겼다. 부산지검은 접대 명단에 있는 검사에게 이를 처리하도록 했고 이 검사는 검사 접대 내역을 조사하지도 않은 채 각하(却下·조사 대상이 안 된다는 뜻) 처분했고 부장검사는 그대로 결재했다. 이건 검찰도 아니다. 도떼기시장 상인들도 이보다는 나을 것이다. 전국의 검사 스폰서들이 이번 조사 결과를 보고 배꼽을 쥐고 웃고 있을 모습이 눈에 훤하다."[32]

'산하기관한테 성접대까지 받는 공무원들의 나라'

나중에 이루어진 특검의 결과도 다를 게 없었다. 검사들과 경쟁해보겠다는 뜻이었을까? 2010년 8월 교육과학기술부 국장급 간부가 산하 한국과학기술기획평가원(KISTEP)으로부터 룸살롱 향응을 받아 보직 해임되고 관련자들이 중징계를 받은 사실이 뒤늦게 밝혀졌다. 교과부에 따르면 2008년 당시 과학기술기획평가원 오 모 대외협력팀장이 2007년 전후 1년 여간 5700여 만 원의 비자금으로 교과부 강 모 국장 등에게 향응을 제공한 사실이 총리실 산하 공직윤리지원관실 조사 결과 드러났다. 오 팀장이 룸살롱을 다닌 횟수는 30여 회로, 한 차례에 200만~600만 원씩 쓴 것으로 나타났으며, 때로는 '2차 성접대'까지 했다고 한다.[33]

『한겨레』(2010년 8월 7일)는 「산하기관한테 성접대까지 받는 공무원들의 나라」라는 제목의 사설을 통해 "과기평이 공무원들을 접대한 돈은 개인 호주머니에서 나온 게 아니라 국민들이 낸 세금을 횡령해 만든 비자금이었다. 입으로는 '창조적 과학기술 진흥' 운운하면서도 뒤로는 국민의 혈세를 빼돌려 상급기관 접대에 바빴다. 룸살롱에서 하룻밤에 200만~600만 원씩 호기롭게 뿌려대고, 접대여성과 함께 호텔방으로 직행하기도 했다. 더욱 심각한 문제는 이런 비위사실이 드러났는데도 처벌은 '꼬리 자르기' 식으로 끝난 데 있다"며 다음과 같이 말했다.

"도덕적 불감증이 사건 연루자뿐 아니라 정부 부처 전체에 만연한 탓이라고밖에 달리 해석할 길이 없다. 문제가 된 공무원 중 일부는 승진까지 했다고 하니 더 어처구니가 없다. 사실 성접대는 단순한 징계 차원을 넘어 성매매특별법 위반 혐의로 형사처벌해야 할 사안이다. 이 법으로는 공소시효도 아직 넉넉하게 남아 있다. 결국은 비리 척결 의지의 문제다. 정부 부처와 산하기관의 먹이사슬 관계는 단지 교과부와 과기평만의 문제가 아니다. '갑'과 '을'의 관계 속에서 향응과 접대로 끈끈히 얽혀 돌아가는 게 우리의 현실이다. 지금 이 시간에도 어느 룸살롱 한구석에서 관료들과 산하기관 간부들 사이에 질펀한 술자리가 벌어지고 있는지 모를 일이다."[34]

정부 부처와 산하기관들까지 중독된 이런 접대문화의 수요에 발맞추겠다는 뜻이었을까? 룸살롱 대형화 추세는 멈출 줄을 몰랐다. 2010년 8월 서울 논현동에 새로 생긴 S호텔의 지하 1, 2, 3층 전체와

painted by Lucas van Leyden

쉼없이 등장하는 룸살롱 사건사고는 '소돔과 고모라'를 방불케 해 한탄이 절로 나오지만, 한국사회를 이해할 수 있는 분명한 단초이기도 하다.(그림은 소돔의 상징인 '롯과 두 딸')

지상 1층의 일부를 사용하는 Y룸살롱은 룸 157개, 웨이터 100여 명, 영업부장 200명, 여종업원 500~600명 등 국내 최대 규모다. 아니 어쩌면 세계 최대 규모인지도 모르겠다.[35]

서울 룸살롱이 세계 최대 규모를 향해서 치닫고 있는 동안 어느 지방에선 '룸살롱 장부 사건'이 터져 지역사회 전체를 뜨겁게 달구었다. 앞서 보았듯이, '룸살롱 장부 사건'이란 2003년 10월 울산지방경찰청이 룸살롱의 '고객관리장부' 명단에 오른 80여 명을 윤락행위방지법 위반 혐의로 소환해 조사한 사건을 비롯해 이후 심심하면 터져 룸살롱 단골 고객을 긴장시킨 사건을 말한다. 울산에 이은 두 번째 대형사건은 목포에서 터졌다. 2010년 9월 목포의 한 모텔에서 성매수를 하던 남성이 상대 여성을 폭행한 사건을 신고받고 수사를 시작하던 경찰이 성매매 여부를 가리기 위해 이 여성이 일하던 목포의 한 유흥주점을 압수수색하던 중 마담 ㅇ(33)씨의 장부 1권을 발견하면서 벌어진 사건이다.

이 장부에는 이 유흥주점에 들른 400여 명의 휴대전화 번호가 꼼꼼하게 기록돼 있었다. 경찰 관계자는 "장부의 휴대전화 번호 앞에는 2차 성매매를 뜻하는 동그라미 표시가 돼 있었다"고 말했다. 경찰 관계자는 "이 업소는 '영업 방침'으로 성매매를 나가는 여종업원들에게 남성 고객의 휴대전화 번호 등 연락처를 알아오도록 해 비밀스럽게 관리해왔다"고 말했다. 장부에 적힌 성매매 용의자들은 모두 경찰서로 불려가 수사를 받는 등 목포 사회의 일각이 발칵 뒤집혔다.[36]

아, 잘나가는 한국인들의 이 못 말리는 룸살롱 사랑을 어찌할 것인가! '소돔과 고모라'를 방불케 하는 타락상이라고 개탄하는 것도 좋겠지만, 좀 다른 설명도 필요한 게 아닐까? 이제 「맺는말: 한국은 '음주·접대·칸막이 공화국'」에서 우리 자신의 얼굴을 좀 더 직시해 보기로 하자.

한국은 '음주 · 접대 · 칸막이 공화국'

룸살롱은 '배려 경제'

검사 스폰서 파동의 와중인 2010년 6월 3일 김정운 명지대 교수는
『한겨레』에 「아이폰과 룸살롱」이라는 제목의 칼럼을 기고해 전혀 상
관없어 보이는 룸살롱과 아이폰의 공통점은 바로 '터치'를 통한 위
로라며, 이를 '배려 경제(care economy)'라고 정의했다. 그는 "아이를
키우는 여자들에게 터치는 아주 자연스럽고도 당연한 정서적 경험
이다. 그러나 현대사회에서 남자들에게 만지고 만져지는 것은 거의
모든 사회적 상호작용에서 금지된다"며 다음과 같이 말한다.

"한국의 철없는 사내들은 이 박탈된 터치의 경험을 룸살롱에서 위
로받는다. 한국의 남자들은 룸살롱에 술 마시러 가는 것이 절대 아니
다. 술 마시려면 포장마차나 음식점에서 마실 일이지, 왜 꼭 룸살롱
에서 여자를 옆에 앉혀놓고 마시려 하는가? 만지고 만져지고 싶기 때
문이다. 그래서 하룻밤에 적게는 수십만 원, 많게는 수백만 원을 내
고 룸살롱에 가는 것이다. 아무도 나를 만져주지 않기 때문이다. 아

닌가? 남자들이 룸살롱에 가는 이유를 나보다 더 잘 설명할 수 있으면 나와보라!"[1]

김정운은 『신동아』(2009년 1월)에 쓴 글에서도 남자들이 룸살롱에 가는 이유에 대해 독특한 해석을 시도한 바 있다. 그는 "말로 형언할 수 없고, 개념화할 수 없으나 우리 삶의 가장 궁극적 경험이 우리에게 와 닿는 유일한 통로가 바로 감탄이다. 그래서 인간의 모든 어머니는 자신의 아이를 감탄으로 양육한다. 감탄이 사라지는 순간 더 이상 인간이 아니기 때문이다. 그러나 이 땅의 사내들은 나이가 들수록 이 감탄의 욕구를 채우지 못해 어쩔 줄 모른다"며 다음과 같이 말했다.

"아무도 자신을 보고 감탄해주지 않기 때문이다. 회사에 가면 감탄은커녕 책임만 늘어간다. 집에 오면 아내는 돈 이야기밖에 안 한다. 아이들은 클수록 내 곁에 오지 않는다. …… 충족되지 않는 감탄의 욕구는 욕구좌절이 된다. 욕구좌절은 심리학적으로 뒤집혀 분노가 된다. 적개심이 되고 공격성이 된다. 모두들 어디 한번 건들기만 해봐라 하는 표정으로 거리를 헤맨다. 아, 그러나 이 아저씨들에게 감탄을 연발해주는 곳이 단 한 곳 있다. 룸살롱이다. 화려하게 화장한 젊은 아가씨들은 밤마다 끝없이 외친다. '어머, 오빠!' '오빠는 왜 이리 멋있어?' 이 싸구려 감탄에 환장한 사내들은 넥타이를 풀어헤친다. 지갑까지 열어젖힌다. 정말 슬픈 이야기 아닌가?"[2]

글쎄, 과연 그런가? 감탄 없는 삶은 세계의 모든 남자들이 다 같은 게 아닌가? 그렇다면 유독 한국에 룸살롱이 번성하는 이유를 설명하기엔 역부족이 아닌가? 게다가 한국 사내들이라고 해서 다 룸살롱에

갈 수 있는 건 아니잖은가. 오히려 조금이나마 감탄의 대상이 되기도 하는 사람들이 룸살롱 애용자이고, 정말 감탄에 굶주린 평범한 사람들은 룸살롱 근처에 얼씬거리기도 힘든 게 현실 아닌가?

'아이폰과 룸살롱' 논쟁

김정운이 룸살롱에 자주 가보고서 그런 주장을 하는 건지도 의문이다. 가보았더라도 이른바 '텐프로' 엔 못 가본 것 같다. 텐프로 룸살롱에선 미녀일수록 좀 오만하고 또 좀 오만해야 인기가 높다는 게 통설이라던데. 조영남이 일본의 술집에서 일하는 한국 여자들에 대해 다음과 같이 말한 것도 참고할 필요가 있겠다.

"이들의 매너가 한결같이 우아해서 이들이 과연 한국 처녀일까 싶을 정도다. 그것은 언어의 차이가 결정적으로 좌우한다. 참 묘한 차이점이다. 가령 '어서 오세요, 반갑습니다' 와 '곤니치와 이라샤이' 한마디만으로도 일본과 한국의 차이는 극명하게 드러난다. 일본식 인사는 그 억양부터 다르다. 한국식 인사말에 비해 억양이 간드러진다. 언어와 행동은 한통속으로 가기 때문에 일본 억양으로 인사하는 말만 들어봐도 괜히 우아하게 느껴진다. 다 아는 얘기지만 한국 영동 룸살롱 접대 아가씨들의 얼굴 표정은 대체로 무표정하거나 시른등하다. 마치 자기는 이런 데 나올 만한 입장이 아닌데 그냥 한번 나와봤다는 폼이다. 그러면서 일본과 달리 난잡한 향락적 광란이 펼쳐진다. 바로 한국 술집 특유의 두 얼굴이다."[3]

'난잡한 향락적 광란'을 감탄의 소재로 보아야 하는 걸까? 어찌 됐건 「아이폰과 룸살롱」이라는 칼럼은 작은 논쟁을 불러일으켰다. 차혜령이 「아무나 만지지 마라」라는 제목의 반론을, 김명기가 「'왜 만지는가'를 생각하라」는 제목의 재반론을 폈다. 김명기는 "김정운 씨는 '아이폰과 룸살롱'에서, 인간 수컷도 다른 동물들처럼 터치를 갈망하며, 아이폰과 룸살롱은 '터치'에 대한 욕구가 해소되는 곳이고, 그런 산업이 매우 커질 것이라는 주장을 하였다. 김 씨의 주장이 타당한지는 '터치는 근원적 욕구인가'를 심리학이나 인류학적 관점에서 연구해보면 될 일이다"라며 다음과 같이 말했다.

"그런데 차혜령 씨는 남성에게 터치에 대한 갈망이 있는가 없는가에 대한 논의는 외면하고 곧바로 김 씨의 주장이 성매매를 정당화시킨다는 주장으로 넘어갔다. '터치'가 근원적 욕구인 것과, '그 욕구를 어떻게 해소할 것인가'는 별개의 문제다. 욕구를 모두 다 충족시켜야 하는 것은 아니기 때문이다. '인간은 모두 식욕을 가지고 있다'는 주장은 결코 무전취식을 정당화하지 않는다. 김 씨의 주장은 '터치의 욕구 때문에 룸살롱에 간다'이지, 터치의 욕구를 룸살롱에서 해소하는 것이 '정당하다'가 아니다. 차 씨의 반박은 '번지수'가 틀렸다. …… 성매매는 분명 나쁜 것이다. 그런 성매매를 추방하기 위해서라도 왜 남자들이 성매매를 하는가, '왜 만지는가'에 대한 이해가 필요하다. 그것은 '만지는 것을 용인해주겠다'가 아니다. 김 씨의 주장은 성매매의 본질을 이해하는 하나의 자료가 된다. …… 진실이 불편하다 해서 외면해서는 안 된다. 그런 자료들 또한 우리 본연의 모습을 올바르게 이해하고 더 나은 모습으로 만들어가기 위한 재료·로 쓰일 수 있다."[4]

'한국 사회의 악의 축은 룸살롱'

김정운의 주장이 룸살롱에 대해 날카로운 안목을 보여준 점도 없지 않지만, 너무 이해하려 드는 쪽으로 나간 게 아닌가 하는 생각이 든다. 물론 그마저 성매매나 성접대의 본질을 이해하는 하나의 자료가 되긴 하겠지만, 또 다른 차원의 이야기인, 삼성의 비리를 폭로한 김용철 변호사의 다음과 같은 주장이 가슴에 와 닿는다.

"검사 시절, 나는 '한국 사회의 악의 축은 룸살롱'이라고 생각한 적이 있다. 수사를 하다 보니, 온갖 나쁜 짓은 다 룸살롱과 연결돼 있었다. …… 대략 이런 식이다. 조세 투명성이 낮으니, 지하경제만 번창한다. 대표적인 게 룸살롱이다. 그리고 공권력이 공정하게 집행되지 않으니, 다들 권력층에 줄을 대려고만 한다. 이들이 끈끈하게 어울리는 곳은, 역시 룸살롱 같은 유흥업소다. 마음에서 우러난 교제가 아닌, 억지 친분을 쌓으려면 술과 접대부가 필수적이기 때문이다. 돈과 권력을 가진 자들끼리 폭탄주를 주고받는 횟수가 잦아질수록 법과 질서는 기득권층에게만 유리해진다."[5]

물론 '한국 사회의 악의 축은 룸살롱'이라 하더라도 여기엔 한국 특유의 음주문화라고 하는 토양이 자리 잡고 있음을 간과해선 안 될 것이다. 고영삼은 한국인의 과도한 음주문화에 그럴 만한 사회문화적 이유가 있다고 보았다. 다른 민족이 7~8세대를 거쳐 이룩한 산업화를 1~2세대에 압축적으로 이룩하는 과정에서 한국인이 의지할 수 있었던 것은 아마도 술과 종교였으리라는 것이다. 즉, "격렬한 방식의 음주행위를 통해 고된 일에서 오는 스트레스를 풀어보고자 했을 것"이란 추론이다. 김민배는 이 견해를 수긍하면서 폭탄주도 압축성장 과정에서의 업무량, 스트레스 과다에서 벗어나려는 욕구와 함께, 음주에 비견할 만한 국민적 놀이문화가 부재한 것도 한 요인이 됐을 거라고 진단했다.[6]

룸살롱은 술과 더불어 다른 것이, '놀이'가 추가된다는 데에 그 매력이 있다. 한 룸살롱 웨이터의 증언에 따르자면, "한국 남성들 중 술만이 좋아서 술집을 찾는 사람은 적다. 대부분 술과 여자가 같이 있어야 만족한다. 술집 매상을 보면 금방 알 수 있다. 괜찮은 호스티스들이 있는 것과 별 볼 일 없는 애들만 있을 때와는 매상이 천양지차(天壤之差)다. 술집의 존립 관건은 바로 인기 있는 아가씨를 확보하는 것이다."[7]

'놀이'의 핵심이 무엇이건 본론은 그것을 매개로 해서 이루어지는 밀실대화와 그에 따른 '유사 친분'이다. 룸살롱의 물리적 본질은 '칸막이'가 아닌가. 칸막이는 패거리 만들기의 필수 요소이며, 패거리주의는 한국 사회를 이해하는 핵이다. 그걸 이해하면 지역갈등에서부터 유흥문화에 이르기까지 모든 수수께끼가 풀린다. 최재현은 연고·정실 중심의 패거리 만들기를 '칸막이 현상'이라고 부르면서 다음과 같이 말한다.

"칸막이 현상이 보편화되다 보니 사람들이 제각기 자기 칸을 넓히려고 혈안이 되기 마련이다. 조그만 하나의 칸막이로는 신분이 위태로우니까 동시에 여러 가지 칸을 만들어가려고 애쓴다. 그러다 보니까 온갖 종류의 단체, 또 무슨 회들이 생겨나고, 그런 모임을 유지하느라고 비합리적인 지출이 늘어난다. 우리 사회에 요식업이 지나칠 정도로 발달해서 전반적인 근로 의욕 감퇴로 연결되는 일도 잦은데 이 또한 칸막이를 구축하고 칸을 키우려는 사회심리와 무관한 것이 아니다. 칸 안에 든 사람끼리 함께 먹고 마시는 일이 잦으니까 요식업도 쓸데없이 팽창하는 것이다."[8]

조직의 공동체화

한국의 '칸막이 문화'는 조직의 공동체화와 깊은 관련이 있다. 우선 '조직의 공동체화'라는 개념부터 살펴보기로 하자. 공동체라는 말은 좋은 의미로 많이 쓰이지만, 특정 목적을 수행해야 하는 조직의 경우엔 사정이 다르다. 공동체화한 조직은 '조직의, 조직에 의한, 조직을 위한 조직'으로 전락하고 만다. 일본의 조직 이론가 사카이야 다이치가 지적한 과거 일본 군대의 이야기는 한국의 군은 물론 법조계에서도 그대로 나타나고 있다.

일본에선 러일전쟁 직업 군인의 공동체화가 이루어지면서 급속히 폐쇄적인 조직이 되었고 기능 강화보다는 내부 조정에 중점을 두게 되었다. 조직의 기능 향상보다는 조직에 속한 전문가(직업 군인)들의 안정이 더 중요한 문제로 대두되면서 내부 경쟁이 최소화되고 종신 고용제로 나아갔다. 동기들 간의 서열은 입대나 졸업 시의 성적 순위로 결정되었고, 사관학교 졸업성적이 평생을 좌우하게 되었다.

공동체화한 조직은 창조성을 거부하거나 배제한다. 창조성을 위한 시도는 단합을 저해하는 것으로 받아들여진다. 조직 구성원의 시각은 내부지향적이 되며, 공동체 내부의 다수 의견이 진리요 정의가 된다. 당연히 외부 인재는 배제한다.

공동체화된 조직에서는 개인의 유능함이 전체에게 폐해가 되는 일이 빈번하게 발생한다. 각 부문 조직의 구성원이 유능하면 할수록 그 부문 조직의 목적만을 추구하게 되고, 다른 부문 조직에게 어떤 것도 양보하지 않게 됨으로써 종합 조정이 어려워지기 때문이다.[9]

공동체 조직은 구성원의 쾌적성 추구가 궁극적인 목적인 반면 기능체 조직은 외적 목적을 달성하기 위해 구성된 조직이다. 그러나 현실적으론 기능체 조직도 공동체화가 어느 정도 발생하기 마련이다. 심하게 발생하는 것이 문제다. 연공서열주의가 나타나고 정보의 내부 은닉이 발생하기 때문이다. 이와 관련, 사카이야 다이치는 다음과 같이 말한다.

"공동체화가 진행되고 조직 윤리의 퇴폐가 현저한 교육계, 의료 분야, 경찰 등이 내부 불상사를 오로지 숨기려고만 한다는 사실은 잘 알려져 있다. 중학교나 고교의 교내 폭력 사건은 거의 보고되지 않는다. 친구들 사이의 따돌림이나 괴롭힘으로 들볶여서 자살자나 사망자가 나와도 틀림없이 교장이나 교사는 '몰랐다'고 한다. 교육개혁은 늘 논의되지만 결코 바뀌지 않는다. 교육공동체를 지키려고 하는 교육 관료와 교육 집단의 정보 은닉의 결과다." [10]

조직의 총체적 수혜주의도 문제다. 능력의 집중이 불가능해지기 때문이다. 기능 조직이 본래의 목적을 달성하려면 필요한 능력을 가장 중요한 부문에 집중시킬 필요가 있는데, 그렇게 하면 당연히 중요하지 않다고 판단된 부서에서 반발하고 방해공작에 돌입하는 일이 나타나게 된다. [11]

평가 시스템이 문제다

이런 '조직의 공동체화'는 사람 사는 어느 곳에서건 나타나기 마련이지만, 정실주의가 발달한 한국에서 특히 심하다. 예컨대, 미국 『워싱턴포스트』(2005년 12월 24일)가 황우석 교수 연구실의 '공장조립라인 같은 칸막이 문화'가 한국 과학계의 허점 가운데 하나라고 주장한 건 가볍게 넘길 지적이 아니다. 이 신문은 "연구원들끼리 의사소통이 왕성하게 이뤄지는 꿀벌통 같은 미국 실험실과 달리 황 교수 실험실은 고도로 칸막이화된 공장조립라인을 닮았다"고 했다. [12]

심지어 오늘날 세계적인 선풍을 일으키고 있는 SNS(Social Networking Service)의 원조인 한국의 싸이월드가 미국의 페이스북에 뒤처진 이유마저 나라별 칸막이를 만들었기 때문이라는 분석이 나오고 있다. 그래서 지역기반을 벗어나지 못한 채 세계 네트워크 구축에 실패했다는 것이다. [13]

물론 한국의 칸막이 시스템이 미국의 꿀벌통 시스템보다 우월한 점들이 있는 건 분명하지만, 전반적으로 보아 바람직하지 못하다는 데엔 공감대가 이루어진 것 같다. '칸막이 문화'의 폐해는 모든 이들이 느끼고 있어 그걸 깨보려는 시도는 민관을 막론하고 제법 이루어지고 있다. 2004년 1월 정부는 부처 고위 공무원에 대한 유관 분야 간 교환 근무 인사를 시도함으로써 공직사회의 고질병이라 할 '칸막이 문화'에 정면 도전하고 나섰다.

전국경제인연합회 부회장 조건호는 2006년 1월 3일 단행된 임원급 파격인사에 대해 "전경련 내부에 존재하는 부서 간의 벽과 파벌주의를 깨기 위한 것"이라고 했다. 그는 "조직 내부에 부서 간 '칸막이 문화'가 심해 자기 일만 챙길 뿐 상대방은 거들떠보지도 않는다"면서 "일부 조직원들 간에 알게 모르게 '누구는 ○○파' '모씨는 XX파'라는 말이 공공연히 나돌고 있는 게 현실"이라며 분위기 일신을 강조했다.[14]

그러나 '칸막이 문화'의 타파는 그것 자체만을 개혁 대상으로 삼고자 하면 반드시 실패할 것이다. 여러 분야에서 '칸막이 문화'에 정면 도전하고 나선 건 잘한 일이지만, 오직 그것만으로 성공을 기대한다면 그건 참으로 어리석은 짓이 될 것이라는 이야기다. '칸막이'를 잘하는 고위 공무원이 유능하다는 소리를 듣게끔 돼 있는 기존 평가 시스템은 어쩔 셈인가? '칸막이'라는 게 무언가? 그건 조직이 '가족' 개념으로 움직이는 조직의 공동체화를 의미하는 것이다.

이런 공동체적 성격이 심한 조직 중의 하나가 바로 대학교수 사회다. 교수들은 신임 교수 채용 시 유난히 '인간성'을 따진다. 물론 좋은 뜻으로 그러는 경우도 있겠지만, 많은 경우 그 인간성이라는 건 학과 교수들의 가족주의 문화에 잘 적응할 수 있는가 하는 걸 의미하는 것이다. 물론 그러한 적응력은 선배 교수들을 잘 모시고 인화단결을 잘할 수 있는 품성을 요구한다. 조직 자체의 안녕과 평화만 생각한다면 그건 매우 현명한 채용 기준임에 틀림없다. 그러나 그러한 채용 기준은 그 조직이 안고 있는 문제를 지적할 내부 비판을 원천봉쇄할 수 있다는 점에서 사회적 역기능을 초래할 수 있다.

공무원 조직도 마찬가지다. '칸막이 문화'가 발달한 조직은 인화단결을 최고의 가치로 여긴다. 조직의 중상층부가 고시 기수나 학연에 따른 학번 등으로 엄격한 내부 위계질서를 갖고 있기 때문에 그런 경향은 더욱 강화된다. 조직의 권력 강화는 그 조직의 본원적 사명을 능가하는 절대적 가치가 되며, 조직 책임자는 그런 일을 잘할 때에 유능하다는 평가를 받는다.

다른 부문 조직 간 조정과 타협을 중시해 전체 정부 조직의 목표 달성에 기여하고자 하는 어느 부문 조직의 책임자는 자기 조직만을 생각하는 이기주의를 자제해야 한다. 그러나 이런 대국적 자세는 그 어떤 평가에서도 실적으로 간주되지 않는다. 뿐만 아니라 그로 인해 자기 조직 구성원의 불만을 살 가능성이 매우 높아진다.

전반적인 조직 메커니즘의 관점에서 보자면, 칸막이 문화는 자기 조직의 발전과 번영을 위한 매우 합리적인 행위의 결과일 수 있다는 것이다. 따라서 기존 평가 시스템의 개선 없이 칸막이 문화를 버리라고 요구하는 건 이타심을 가져달라고 요구하는 것과 다를 바 없는 이상론이다.

일반 기업에서조차 권력이 막강하다고 소문난 조직일수록 가족주의나 공동체의식이 강한 문화를 갖고 있는 건 결코 우연이 아니다. 이런 조직에선 절대적인 상명하복(上命下服)만이 미덕일 뿐 내부 비판은 기대하기 어렵다. 고급 엘리트를 브레인으로 갖고 있는 대기업이 믿기지 않을 정도로 어이없는 이유로 파산을 하는 것도 바로 그런 이유 때문이다.

기존 회식 문화도 칸막이 문화를 강화 및 고착시키는 요인 중의 하나다. 그러나 조직 책임자라면 회식이 얼마나 중요한 기능을 수행하는가를 잘 알 것이다. 이는 칸막이에도 정체성 부여와 그에 따른 사기 진작이라고 하는 나름대로의 순기능이 있다는 걸 의미하는 것이기도 하다.

칸막이 문화의 개혁을 위해선 부처 간 교환 근무 인사와 더불어 평가 시스템의 개혁이 이뤄져야 한다. 이를 위해서도 정보 공개의 내실화를 통한 행정의 투명성을 강화해나가야 할 것이다. 공무원들의 '인정 욕구'를 바람직스러운 방향으로 유도할 수 있는 문화적 접근 방법에 대해서도 고민해야 한다.

이제 룸살롱과 관련하여 총정리를 해보자. 바로 그런 칸막이 현상의 이익을 쟁취하고자 하는 게 접대고, 그런 접대의 무대가 룸살롱이라고 말할 수 있겠다. 한국은 명실상부한 '접대 공화국'이다. '접대 경제'의 규모가 너무 커져 '접대 규제'는 민생에 큰 영향을 미치는 경지에까지 이르렀다. 주고받는 접대 속에 인정이 싹트고 명랑사회가 구현될까? 아무래도 아닌 것 같다. 부정부패가 꽃을 피울 가능성이 높다. 그러나 갈수록 포장술이 세련되어져 '인맥' 이니 '인적 네트워크' 니 하는 고상한 합법적 메커니즘의 길로 나아가게 될 것이다. 그런 의미에서 룸살롱은 한국 사회의 또 다른 얼굴인 셈이다.

| 주 |

머리말

1) 정재철, 「소주 28억 병 맥주 40억 병 정상인가: 술 취한 사회, 비틀거리는 대한민국」, 『내일신문』, 2004년 12월 9일, 22면.
2) 이제교, 「술···술···술 취한 한국 사회」, 『문화일보』, 2005년 9월 13일, 1면; 조철환, 「술 취한 한국 독주 소비 세계 4위」, 『한국일보』, 2005년 9월 14일, 5면.
3) 박재환, 「술, 노동, 커뮤니케이션: 술의 사회학적 의미」, 박재환 외, 『술의 사회학: 음주공동체의 일상문화』, 한울아카데미, 1999, 35쪽.
4) 최혜정, 「불황에도 기업 접대비 늘어: 작년 6조 5천억 지출···매출액의 0.3% 달해」, 『한겨레』, 2010년 7월 6일자.
5) 김주현, 「작년 기업들 접대비 절반이 '술값' ···노래방 등 유흥비로 지출」, 『경향신문』, 2010년 7월 20일자.
6) 유태현, 「룸살롱도 '부익부 빈익빈' /전국 업소 22% 폐업사태」, 『문화일보』, 1998년 3월 7일, 8면.
7) 박제균, 「"한국 위스키시장 급신장 80%가 룸살롱서 소비"」, 『동아일보』, 2001년 12월 10일, 29면.
8) 안종주, 「'룸살롱이 법정' 인 나라」, 『한겨레』, 1999년 1월 20일, 6면.
9) 강훈, 「'스폰서의 능력' 이 '검사의 능력' 이었다」, 『조선일보』, 2010년 5월 1일자.

1장 해방정국~1960년_ 요정의 전성시대

1) 박노자, 「복제된 오리엔탈리즘과 한국의 근대」, 박노자 외, 『21세기를 바꾸는 교양』, 한겨레신문사, 2004, 21~22쪽.
2) 박경수, 『장준하: 민족주의자의 길』, 돌베개, 2003, 222쪽.
3) 조순경 · 이숙진, 『냉전체제와 생산의 정치: 미군정기의 노동정책과 노동운동』, 이화여자대학교 출판부, 1995, 79쪽.
4) 윤대원, 『일하는 사람들을 위한 한국현대사』, 거름, 1990, 35쪽; 한국민중사연구회 편, 『한국민중사 II』, 풀빛, 1986, 248~249쪽.

5) 조순경·이숙진, 『냉전체제와 생산의 정치: 미군정기의 노동정책과 노동운동』, 이화여자
대학교 출판부, 1995, 154쪽에서 재인용.

6) 오기영, 『민족의 비원 자유조국을 위하여』, 성균관대학교 출판부, 2002, 146~147쪽.

7) 「요정을 개방하라: 각 사회단체서 성명서 발표」, 『조선일보』, 1946년 12월 8일, 조간 2면.

8) 「쾌재(快哉) 13 적산 요정 개방 전재민 2천여 명 수용」, 『조선일보』, 1946년 12월 21일, 조
간 2면; 「다시 기한(飢寒)에 방황: 요정 개방 연기에 비난」, 『조선일보』, 1946년 12월 26
일, 조간 2면; 「추방된 고아들!」, 『조선일보』, 1947년 1월 8일, 조간 2면.

9) 박영수, 『운명의 순간들: 다큐멘터리 한국근현대사』, 바다출판사, 1998, 264~265쪽.

10) 조순경·이숙진, 『냉전체제와 생산의 정치: 미군정기의 노동정책과 노동운동』, 이화여자
대학교 출판부, 1995, 155, 200쪽; 서중석, 『한국현대민족운동연구 2: 1948~1950 민주
주의·민족주의 그리고 반공주의』, 역사비평사, 1996, 117쪽.

11) 조순경·이숙진, 『냉전체제와 생산의 정치: 미군정기의 노동정책과 노동운동』, 이화여자
대학교 출판부, 1995, 48쪽에서 재인용.

12) 박영수, 『운명의 순간들: 다큐멘터리 한국근현대사』, 바다출판사, 1998, 182쪽에서 재인용.

13) 「요정출입 금단」, 『조선일보』, 1948년 9월 3일, 조간 2면.

14) 「무허가 영업 등쌀에 수지 안 맞소!: 15갑종 요정 자진폐문」, 『조선일보』, 1948년 10월 5
일, 조간 2면; 「범죄의 온상: 무허가 요정 등을 철저 단속」, 『조선일보』, 1948년 10월 13
일, 조간 2면; 「하로밤에 70만 원 수입: 폐문한 요정 쏘다진 돈벼락」, 『조선일보』, 1948년
10월 22일, 조간 2면.

15) 「연명되는 요정과 기생」, 『조선일보』, 1948년 12월 11일, 조간 2면.

16) 「정복경관의 요정 출입 엄금」, 『조선일보』, 1949년 4월 23일, 2간 2면.

17) 「요정과 기생 재등장?」, 『조선일보』, 1949년 11월 8일, 조간 2면; 「요정출입 누가 많이?:
태반이 공무원들 수위는 세력층!」, 『조선일보』, 1949년 11월 19일, 조간 2면; 「명예롭지
못한 1등: 요정 출입엔 재무·상공의 순위」, 『조선일보』, 1949년 11월 27일, 조간 2면.

18) 「외모만은 그럴듯이…무주무육일의 요정 풍경」, 『조선일보』, 1950년 3월 16일, 조간 1면.

19) 「고급요정 폐쇄」, 『조선일보』, 1950년 12월 29일, 조간 2면.

20) 서중석, 『조봉암과 1950년대 (상): 조봉암의 사회민주주의와 평화통일론』, 역사비평사,
1999, 470쪽.

21) 김두한, 『김두한 자서전 2』, 메트로신문사, 2002, 93~94쪽.

22) 김두한, 『김두한 자서전 2』, 메트로신문사, 2002, 98~99쪽.

23) 안용현, 『한국전쟁비사 2: 낙동강에서 38선』, 경인문화사, 1992, 123~124쪽.

24) 박명림, 『한국 1950 전쟁과 평화』, 나남, 2002, 174~175쪽.

25) 홍성원, 『남과 북 3』, 문학과지성사, 2000, 378~379쪽.

26) 한홍구, 『대한민국사 02』, 한겨레신문사, 2003, 182~186쪽.

27) 이현희, 『우리나라 현대사의 인식방법: 도전과 선택』, 삼광출판사, 1998, 329쪽.

28) 「매일 밤 유흥비 5백만 원: 요정출입 태반이 관공리라니 웬 말」, 『조선일보』, 1951년 7월
30일, 조간 2면.

29) 「고급요정 폐쇄에 모종합의?」, 『조선일보』, 1951년 10월 9일, 조간 2면; 「고급요정을 폐
쇄 요리·주량에도 제한」, 『조선일보』, 1951년 10월 19일, 조간 2면; 「요정 단속의 첫날

실황」, 『조선일보』, 1951년 12월 23일, 조간 2면; 「무허가와 가무에 중점: 요정단속, 김후의 감사방향」, 『조선일보』, 1952년 1월 4일, 조간 2면; 「요정 감사대 또 활동 개시」, 『조선일보』, 1952년 1월 12일, 조간 2면; 「관기숙정의 첫 탄: 다방, 요정의 공무원들을 기습」, 『조선일보』, 1952년 5월 11일, 조간 2면; 「최고 3개월 정직: 요정 등 출입한 3급 이상 공무원」, 『조선일보』, 1952년 5월 20일, 조간 2면; 「요정 8할을 폐쇄: 각의 결의 전시체제에 강화 주사(注射)」, 『조선일보』, 1952년 5월 24일, 조간 2면; 「돌연! 유흥가 습격: 부산서 요정출입 공무원 52명 적발」, 『조선일보』, 1952년 10월 31일, 조간 2면; 「자진폐업하라: 무허가 요정에 경고」, 『조선일보』, 1953년 7월 27일, 조간 2면.

30) 「의연한 고급요정: 부산에서는 여관으로 가장영업」, 『조선일보』, 1952년 8월 5일, 조간 2면.

31) 「요정 허가 않기로: 시경서 내규 결정」, 『조선일보』, 1954년 1월 11일, 조간 2면; 「유용 총액은 5억: 각 요정 매담을 소환, 접대비 조사」, 『조선일보』, 1954년 7월 18일, 조간 2면.

32) 「빠와 캬바레 부활: 고급요정 등은 점차 정비」, 『조선일보』, 1954년 10월 1일, 조간 2면.

33) 「색연필」, 『조선일보』, 1954년 11월 5일, 조간 2면; 「요정출입 등을 엄금: 군기 엄정단속 시달」, 『조선일보』, 1955년 2월 8일, 조간 2면; 「영업정지는 말뿐인가: 춤 단속에 걸린 요정 계속 영업」, 『조선일보』, 1955년 7월 11일, 조간 2면.

34) 서중석, 『조봉암과 1950년대 (상): 조봉암의 사회민주주의와 평화통일론』, 역사비평사, 1999, 523쪽.

35) 「색연필」, 『조선일보』, 1956년 11월 12일, 석간 3면; 「색연필」, 『조선일보』, 1957년 7월 22일, 석간 3면.

36) 「요정에서 시험 보인 선생」, 『조선일보』, 1957년 8월 23일, 석간 3면.

37) 「학교 인근의 요정단속 요청」, 『조선일보』, 1958년 6월 13일, 조간 2면; 「인근 주민 동의가 필요: 시경국장 요정 등 신설에 담(談)」, 『조선일보』, 1958년 11월 24일, 석간 3면; 「요정사건이 빚은 색다른 풍정(風情)」, 『조선일보』, 1959년 1월 18일, 조간 3면; 「고급요정 과세율 인상」, 『조선일보』, 1959년 12월 10일, 조간 1면.

38) 리영희, 『역정: 나의 청년시대-리영희 자전적 에세이』, 창작과비평사, 1988, 299~301쪽.

39) 「요정출입·양담배 엄금: 장총리 관기 확립책 시달」, 『조선일보』, 1960년 11월 12일, 석간 3면.

40) 김영삼, 『김영삼 회고록: 민주주의를 위한 나의 투쟁 1』, 백산서당, 2000, 146~147쪽.

41) 「학원에도 난맥의 시대풍: 요정 출입만 백여」, 『조선일보』, 1961년 3월 7일, 조간 3면.

42) 강원용, 『빈들에서: 나의 삶, 한국 현대사의 소용돌이 2-혁명, 그 모순의 회오리』, 열린문화, 1993, 139쪽.

43) 한용원, 『한국의 군부정치』, 대왕사, 1993, 216쪽.

44) 이영신, 『격동 30년: 제1부 쿠데타의 새벽 ①』, 고려원, 1992, 188~189쪽.

45) 오원철, 『한국형 경제건설 1』, 기아경제연구소, 1996, 75쪽.

46) 「이틀 동안 145개처 적발: 비밀요정… '안방술집'」, 『조선일보』, 1962년 1월 14일, 조간 3면.

47) 「지위 고하를 막론하고 엄단: 박의장 공무원 요정 출입에 경고」, 『조선일보』, 1962년 9월 5일, 조간 7면.

48) 오원철, 『한국형 경제건설 1』, 기아경제연구소, 1996, 76~77쪽.

49) 방우영, 『조선일보와 45년: 권력과 언론 사이에서』, 조선일보사, 1998, 230쪽.

50) 손정목, 「남기고 싶은 이야기들: 워커힐 건립」, 『중앙일보』, 2003년 9월 5일, 23면.

51) 한국통신 인터넷 홈페이지.

52) 「전화도수제 뒤에 온 것: 사용률 최고는 '요정'」, 『조선일보』, 1963년 4월 9일, 7면.

53) 「요정 출입 말도록: 박의장 공무원에 경고」, 『조선일보』, 1963년 6월 25일, 7면; 「요정 출입 등 무조건 징계: 공무원 기강확립 위해 특별감사」, 『조선일보』, 1963년 12월 31일, 1면; 「공무원 80여 명 적발: 경찰에서 고급요정 뒤져」, 『조선일보』, 1964년 1월 9일, 7면; 「요정 드나드는 공무원은 파면: 정총리 엄중 시달」, 『조선일보』, 1964년 12월 13일, 1면; 「'지하'로 들어간 고급요정」, 『조선일보』, 1965년 1월 12일, 7면; 「한숨만을 쉬는 비밀요 정 단속: 구류 끝나면 재업(再業)」, 『조선일보』, 1965년 1월 16일, 3면; 「공무원과 비밀요 정(사설)」, 『조선일보』, 1965년 1월 17일, 2면; 「못 믿을 '관기확립': 요정 출입 공무원에 3개월 정직만」, 『조선일보』, 1965년 2월 2일, 7면.

54) 강성남, 『관료부패의 통제전략: 비교론적 시각』, 장원출판사, 1999, 143~144쪽.

55) 이범준, 「새 대통령에게 바라는 것: 가정을 망치는 요정 정치부터 청산을」, 『조선일보』, 1967년 5월 7일, 5면.

56) 「요정 정치 추방 등 여성단체협의회서 10개항 건의」, 『조선일보』, 1967년 5월 9일, 5면.

57) 「비밀요정은 부패의 상징이다(사설)」, 『조선일보』, 1967년 9월 1일, 2면.

2장 1970~1980년대_ '요정'에서 '룸살롱'으로

1) 「서울의 비밀요정: '고급'이 출입하는 밤의 아지트」, 『조선일보』, 1967년 8월 31일, 8면; "요정 소음에 잠도 못 자": 5백여 인근주민, 폐쇄를 진정」, 『조선일보』, 1967년 11월 26 일, 8면; 「일류요정 '개점휴업': 공무원 출입단속에 영향」, 『조선일보』, 1969년 11월 21일, 4면; 「비밀요정 그 요지경 속」, 『조선일보』, 1970년 7월 25일, 7면.

2) 「여대생에 취직사기: 요정광고 내 위안부로 넘기려다 적발」, 『조선일보』, 1970년 8월 11 일, 7면; 「청년이 분신자살 기도: 변심 애인이 나가는 요정 뛰어들어 소동」, 『조선일보』, 1971년 8월 7일, 7면.

3) 여동찬, 「요정 망국론」, 『조선일보』, 1970년 8월 5일, 4면.

4) 조성식, 「김택수의 여인 김성순 고백/내가 겪은 '요정의 세계': '한윤희' 놓고 이후락 김 진만 김택수 3각게임」, 『일요신문』, 1996년 1월 28일, 52면.

5) 조성식, 「김택수의 여인 김성순 고백/내가 겪은 '요정의 세계': '한윤희' 놓고 이후락 김 진만 김택수 3각게임」, 『일요신문』, 1996년 1월 28일, 52면.

6) 최종선, 『산자여 말하라: 나의 형 최종길 교수는 이렇게 죽었다』, 공동선, 2001, 217쪽.

7) 조성식, 「김택수의 여인 김성순 고백/내가 겪은 '요정의 세계': '한윤희' 놓고 이후락 김 진만 김택수 3각게임」, 『일요신문』, 1996년 1월 28일, 52~53면.

8) 우종창, 「"보안사령관실에 사우나 만들고 마사지걸 채용": 전 합수본부 수사국장 백동림

씨의 '보안사 30년' 회고」, 『주간조선』, 1995년 3월 30일, 56면.

9) 우종창, 「"보안사령관실에 사우나 만들고 마사지걸 채용": 전 합수본부 수사국장 백동림 씨의 '보안사 30년' 회고」, 『주간조선』, 1995년 3월 30일, 56면.

10) 고은, 『만인보 제11권』, 창작과 비평사, 1996, 139~140쪽.

11) 최불암, 「신문을 펼치기가 두렵습니다」, 『경향신문』, 1975년 6월 12일, 4면.

12) 「고위-부유층 퇴폐단속: 비밀요정 등 대상」, 『조선일보』, 1971년 10월 7일, 7면; 「'서민'만 잡은 퇴폐단속: 비밀요정 등 건재」, 『조선일보』, 1971년 11월 25일, 7면; 「"비밀요정 출입자 명단공개": 보사부 방침」, 『조선일보』, 1971년 12월 19일, 7면; 「요정출입 억제 등 유정회 7항 결의」, 『조선일보』, 1974년 1월 26일, 1면; 「의정녹음: 골프장과 요정 없애라(질문) 국민이 바라는 것 안다(답변)」, 『조선일보』, 1974년 10월 11일, 3면.

13) 이재규, 『시와 소설로 읽는 한국 현대사 1945-1994』, 심지, 1994, 135~136쪽.

14) 정덕준, 「한국대중문학에 대한 반성적 고찰」, 정덕준 외, 『한국의 대중문학』, 소화, 2001, 24쪽.

15) 한경진, 「과거엔 술상 엎고 신발에 술 부어 권한 검사도…」, 『조선일보』, 2010년 5월 8일자.

16) 이재규, 『시와 소설로 읽는 한국 현대사 1945-1994』, 심지, 1994, 135~136쪽.

17) 이형기, 「'별들의 고향' 호스티스 삶 통해 도시비정 고발」, 『한국일보』, 1991년 8월 31일, 12면.

18) 호현찬, 『한국 영화 100년』, 문학사상사, 2000, 199~200쪽.

19) 이는 『중앙일보』에 연재되었던 소설이다.

20) 박기정, 「세상이 이래서야…술집의 퇴폐풍조: 돈과 본능이 교차하는 광란장(狂亂場)」, 『동아일보』, 1975년 8월 22일, 4면.

21) 1978년 장미희가 주연을 맡고 하길종이 감독을 맡은 〈속 별들의 고향〉은 명보극장에서 32만여 명의 관객을 동원했다. 1981년에는 유지인이 주연을 맡고 이경태가 감독을 맡은 〈별들의 고향 3부〉가 만들어졌다. 정종화, 『자료로 본 한국영화사 2: 1955-1997』, 열화당, 1997, 89~90쪽.

22) 호현찬, 『한국 영화 100년』, 문학사상사, 2000, 210쪽.

23) 정중헌, 『우리영화 살리기』, 늘봄, 1999, 172쪽에서 재인용.

24) 김해식, 「대중문화의 생산과 소비」, 강현두 편, 『한국의 대중문화』, 나남, 1987, 487쪽.

25) 심산, 「『애마부인』의 아버지」, 『씨네21』, 2001년 4월 10일, 102면.

26) 조상기, 「주안상 가득히 새마을 향훈(香薰)을: 미인 "만원"…호스티스 교양교육」, 『경향신문』, 1979년 4월 13일, 7면.

27) 「"요정 얼굴마담은 50세가 정년": 대법원, 손해배상 소송서 판시」, 『조선일보』, 1979년 11월 30일, 7면.

28) 성정홍, 「허세·낭비의 대명사 '팁'…배보다 배꼽이 더 크다」, 『경향신문』, 1979년 3월 8일, 6면; 「호스티스 (1) 날개 없는 천사」, 『경향신문』, 1979년 5월 10일, 5면; 「호스티스 (3) 선수금」, 『경향신문』, 1979년 5월 14일, 5면; 「호스티스 (4) 팁×365=0」, 『경향신문』, 1979년 5월 15일, 5면.

29) 윤덕한, 「전두환 정권하의 언론」, 송건호 외, 『한국언론 바로보기』, 다섯수레, 2000, 292~294쪽.

30) 「"개점휴업" 고급 유흥가: 정화바람에 요정·살롱·골프장 등 된서리」, 『조선일보』, 1980년 8월 16일, 7면.

31) 김석종, 「통행금지: 사이렌 없던 성탄, 그 짧았던 '긴밤'의 자유」, 『경향신문』, 2001년 7월 13일, 31면.

32) 강충식, 「강남 새풍속도 (7) 호스티스 사장들」, 『경향신문』, 1982년 11월 2일, 6면.

33) 임진모, 「"내 노래는 성장의 그늘에 짓눌린 이들에게 카타르시스를 선물했다": 32년간 트로트의 현장을 지킨 '애모'의 가수 김수희」, 『월간조선』, 2005년 10월, 396~409쪽.

34) 김용신, 「돈을 마시는 초호화 룸살롱」, 『조선일보』, 1984년 6월 6일, 3면; 정동우, 「룸살롱은 '황금시장'인가」, 『동아일보』, 1984년 6월 11일, 3면.

35) 박노해, 『노동의 새벽: 박노해 시집』, 풀빛, 1984, 85~88쪽.

36) 이교동, 「젖소부인을 위한 변명: 에로비디오의 정치경제학」, 현실문화연구 편, 『문화읽기: 삐라에서 사이버문화까지』, 현실문화연구, 2000, 480쪽.

37) 주태산, 『경제 못 살리면 감방 간대이: 한국의 경제부총리, 그 인물과 정책』, 중앙M&B, 1998, 226~227쪽; 이한구, 『한국재벌형성사』, 비봉출판사, 1999, 328쪽.

38) 조선일보사, 『조선일보 칠십년사 제3권』, 조선일보사, 1990, 1790쪽.

39) 송양민, 「소비…분수를 넘고 있다 10: 2~3년새 부쩍 는 향락업소」, 『조선일보』, 1986년 7월 30일, 3면.

40) 허용범, 『한국언론 100대 특종』, 나남출판, 2000, 243쪽.

41) 「'남성윤락' 업주 셋 구속」, 『조선일보』, 1987년 2월 26일, 11면.

42) 『동아일보』, 1986년 11월 8일; 고광헌, 『스포츠와 정치』, 푸른나무, 1988, 13쪽에서 재인용.

43) 고광헌, 『스포츠와 정치』, 푸른나무, 1988, 13쪽.

44) 「유흥업소 '모범' 지정 특혜 말썽」, 『동아일보』, 1988년 1월 8일, 9면.

45) 정성희, 「향락풍조 추방 시민운동」, 『동아일보』, 1989년 3월 13일, 9면; 「룸살롱 평균비용 12만5천원: YMCA 서울 70곳 조사」, 『경향신문』, 1989년 7월 3일, 14면; 홍인표, 「"학우들을 '술독'에서 건지자": 고대서 캠페인 향락 추방 의식개혁 추진」, 『경향신문』, 1989년 10월 28일, 15면; 서영수, 「대학 가도 '과소비': 과외허용 이후 주머니 풍족」, 『동아일보』, 1989년 11월 1일, 15면; 「룸살롱 등 39개소 고발: 주택가 주변 무허가영업」, 『조선일보』, 1989년 12월 6일, 17면; 「유흥-접객업소 33% "퇴폐": 룸살롱 등 천4백64곳 적발」, 『조선일보』, 1989년 12월 9일, 17면.

46) 이영미, 『홍남부두의 금순이는 어디로 갔을까』, 황금가지, 2002, 245쪽.

47) 임진모, 「[노래, 그곳을 가다](6)주현미 '신사동 그 사람'」, 『경향신문』, 2004년 12월 2일자.

48) 「유흥-접객업소 33% "퇴폐"」, 『조선일보』, 1989년 12월 9일, 17면.

3장 1990년대_ '룸살롱이 법정'인 나라

1) 「여적/룸살롱」, 『경향신문』, 1990년 1월 30일, 2면.

2) 「공직자 새정신운동: 룸살롱 등 출입 지양」, 『국민일보』, 1990년 4월 13일, 2면.

3) 육정수, 「골프와 룸살롱과 검사(기자의 눈)」, 『동아일보』, 1990년 8월 30일, 5면.

4) 「의원 판 – 검사 보안사 간부/폭력배 두목과 술판 합석」, 『동아일보』, 1990년 12월 1일, 19면.

5) 「판검사들의 술자리(사설)」, 『동아일보』, 1990년 12월 1일, 2면.

6) 김영호, 「법복 품위에 먹칠」, 『세계일보』, 1990년 12월 2일, 17면.

7) 육정수, 「권력 – 폭력 유착의 충격(기자의 눈)」, 『동아일보』, 1990년 12월 3일, 5면.

8) 박순식, 「권위와 실상(오늘의 사법부:1)」, 『세계일보』, 1990년 12월 5일, 19면.

9) 손규성, 「'밀착' 소문 사실로 드러나/유력인사 – 폭력배 술자리 충격」, 『한겨레』, 1990년 12월 2일, 14면.

10) 「여적/ '음주' 문화?」, 『경향신문』, 1990년 12월 4일, 1면.

11) 「소녀 12명 룸살롱 소개/화대 7천만원 뜯어」, 『국민일보』, 1990년 6월 27일, 19면.

12) 「여고생 등 13명 꾀어/강남 룸살롱에 넘겨」, 『경향신문』, 1991년 1월 14일, 15면.

13) 경태영, 「친조카에 윤락 강요/룸살롱 여주인 10대 7명 고용」, 『경향신문』, 1991년 3월 19일, 14면.

14) 「의원비서관 사칭 "공짜술"(여울목)」, 『국민일보』, 1991년 1월 14일, 15면.

15) 「휴지통」, 『동아일보』, 1991년 11월 28일, 23면.

16) 「'요정정치 33년'이 헐렸다/서울 청진동 「장원」 오피스텔 건설」, 『국민일보』, 1991년 9월 17일, 15면.

17) 마태운, 「'한국 향기'에 취하는 삼청각」, 『문화일보』, 2002년 5월 23일, 25면.

18) 「유흥업 번창하는 대학가(사설)」, 『세계일보』, 1991년 11월 25일, 3면.

19) 「야쿠자, 국내 룸살롱 체인/대리인 운영 향락산업 본격 침투」, 『국민일보』, 1991년 10월 21일, 15면.

20) 김진홍, 「"만원" 호텔 룸살롱(종)」, 『국민일보』, 1991년 11월 15일, 14면.

21) 「호텔 룸살롱서 윤락알선/여대생 등 접대부 고용/미성년자 출입도」, 『경향신문』, 1992년 5월 31일, 18면.

22) 「룸살롱 등 퇴폐영업/3백54개 업소 적발/어제 기습단속」, 『국민일보』, 1993년 4월 17일, 18면.

23) 이재근, 「'고급술집의 검은속' 벗긴 "수작"」, 『국민일보』, 1993년 7월 2일, 10면.

24) 「재벌회장 비서실 사칭/룸살롱 상대 상습사기」, 『동아일보』, 1994년 5월 23일, 31면.

25) 「"한국기업 접촉 땐 촌지 줘라"/독 언론 등에 비친 상담관례」, 『경향신문』, 1994년 9월 23일, 9면.

26) 「LA 시의원/"한국 접대부 향응은 관습" 발언 파문」, 『국민일보』, 1995년 12월 23일, 22면.

27) 노석철, 「호화 룸살롱은 불황 모른다/본사 취재진 실태 확인」, 『국민일보』, 1997년 3월 17일, 31면.

28) 이명재 외, 「"월급이 모자라요" 젊은층 '적자인생'(「과소비」 위험수위 넘었다:1)」, 『동아일보』, 1996년 8월 8일, 1면.

29) 박재환, 「술, 노동, 커뮤니케이션: 술의 사회학적 의미」, 박재환 외, 『술의 사회학: 음주공동체의 일상문화』, 한울아카데미, 1999, 27쪽.

30) 윤명희, 「알코올 연줄의 한국 사회: 술의 공동체」, 박재환 외, 『술의 사회학: 음주공동체의 일상문화』, 한울아카데미, 1999, 89쪽.

31) 강민석, 「"하룻밤 술값이 1천만 원"/황태자그룹 사생활(한보 청문회)」, 『경향신문』, 1997
년 4월 22일, 6면.
32) 강호식 · 박문규 · 이기수, 「밀착의 현장(정경유착, 이번엔 끝자:1)」, 『경향신문』, 1997년
4월 23일, 3면.
33) 변광섭, 「룸살롱 · 단란주점 · 러브호텔 향락바람 농촌 파고든다」, 『세계일보』, 1997년 7
월 29일, 29면.
34) 유태현, 「미 씨그램, 한국 룸살롱 공략」, 『문화일보』, 1997년 8월 19일, 12면.
35) 신창호, 「"단란주점도 밀실 있으면 룸살롱"」, 『세계일보』, 1997년 10월 4일, 31면.
36) 유태현, 「룸살롱도 '부익부 빈익빈'/전국 업소 22% 폐업사태」, 『문화일보』, 1998년 3월
7일, 8면.
37) 이지운, 「IMF 손님 끌기 퇴폐영업 극성」, 『서울신문』, 1998년 3월 21일, 23면.
38) 박영출 외, 「子正이후 서울은 '삐끼天國'」, 『문화일보』, 1998년 4월 24일, 23면.
39) 「'여대생 접대부' 논란(통신에 쏟아진 말…말…)」, 『경향신문』, 1998년 9월 22일, 21면.
40) 강호식 · 윤희일, 「본사 취재팀, 李변호사 '룸살롱 향응' 확인-판 · 검사들과 수시로」,
『경향신문』, 1999년 1월 15일, 19면.
41) 안종주, 「'룸살롱이 법정' 인 나라」, 『한겨레』, 1999년 1월 20일, 6면.
42) 강충식, 「판사들 "집단소송 불사" 발끈」, 『서울신문』, 1999년 1월 25일, 18면.
43) 「'룸살롱이 법정? 일부 내용 사실과 달라'」, 『한겨레』, 1999년 2월 13일, 6면.

4장 2000~2002년_ 한국은 '접대부 공화국' 인가?

1) 김종태, 「주가 따라 울고 웃는 룸살롱」, 『한겨레』, 1999년 4월 30일, 23면.
2) 정영무 외, 「'세기말 돈열풍' (1) '주식 · 벤처투자 안 하면 대화 소외'」, 『한겨레』, 1999년
12월 20일, 1면.
3) 이은정, 「"룸살롱 마담이 한 달 새 20억 챙겼다며?"」, 『경향신문』, 2000년 1월 27일, 17면.
4) 송길호, 「단란주점-룸살롱 작년 52% 늘어」, 『문화일보』, 2000년 1월 20일, 11면.
5) 손병호, 「한국인 '흥청망청 여행문화…' 조선족들 분노」, 『국민일보』, 2000년 3월 1일, 3면.
6) 송창석, 「부끄러운 386 정치인」, 『한겨레』, 2000년 5월 26일, 19면.
7) 송창석, 「386 '광주 술판' 파문확산」, 『한겨레』, 2000년 5월 27일, 22면.
8) 박래용, 「'술바람' 에 날아간 '386바람'」, 『경향신문』, 2000년 5월 27일, 4면.
9) 「룸살롱 개업 작년보다 314% 늘어」, 『문화일보』, 2000년 6월 21일, 10면.
10) 이기백, 「[외언내언] 룸살롱」, 『서울신문』, 2000년 6월 27일, 7면.
11) 이완배 · 최호원, 「단속死角 강남유흥가/(중)끈끈한 '돈줄 유착'」, 『동아일보』, 2000년 8
월 8일, 21면.
12) 박건승, 「[외언내언] 서울 황진이?」, 『서울신문』, 2000년 8월 25일, 7면.
13) 고민구, 「취재파일/빗나간 性상품 '황진이'」, 『문화일보』, 2000년 8월 28일, 29면.
14) 김태균, 「룸살롱 검색사이트 利? 害?」, 『서울신문』, 2000년 9월 26일, 25면.

15) 황호택, 「[횡설수설] 'IMF 미시'」, 『동아일보』, 2000년 10월 21일, 6면.

16) 장지영, 「'아방궁' 대형 호화 룸살롱 실태」, 『국민일보』, 2000년 11월 30일, 24면.

17) 이수범, 「'매매춘 룸살롱' 처벌 검·경 갈등」, 『한겨레』, 2000년 12월 9일, 19면.

18) 조현석·전영우, 「부유층 '흥청 연말'」, 『서울신문』, 2000년 12월 20일, 22면.

19) 강훈, 「여고생 접대부 '도덕불감증'」, 『한국일보』, 2001년 1월 5일, 25면.

20) 고찬유, 「가관…기특…요즘 젊은이들 두 모습: 강남나이트 룸잡기 '추첨' 나이트클럽 출입을 추첨으로!」, 『한국일보』, 2001년 1월 11일, 26면.

21) 신창호, 「룸살롱 성인남자 750명에 한 개꼴…경제는 불경기 밤문화 불야성」, 『국민일보』, 2001년 6월 18일, 31면.

22) 윤상돈, 「수도권 전원카페 밤만 되면 '룸살롱'」, 『서울신문』, 2002년 1월 15일, 27면.

23) 김영찬, 「연예가 블랙박스/방송사 대신 술집 출근… '팁' 출연료로 대리만족」, 『동아일보』, 2001년 11월 27일, 49면.

24) 신치영, 「"양주 선택은 마담들 손에" 룸살롱 주인 시음회 초청」, 『동아일보』, 2001년 11월 22일, 29면.

25) 박제균, 「"한국위스키시장 급신장 80%가 룸살롱서 소비"」, 『동아일보』, 2001년 12월 10일, 29면.

26) 정재철, 「소주 28억 병 맥주 40억 병 정상인가: 술 취한 사회, 비틀거리는 대한민국」, 『내일신문』, 2004년 12월 9일, 22면.

27) 김상협, 「뉴욕 '룸살롱 향연' 진실은…민주, 인터넷 자료근거로 원색 공세」, 『문화일보』, 2002년 2월 22일, 5면.

28) 박주호, 「[여의나루] '뉴욕의 술판說' 갈 데까지 간 저질공방」, 『국민일보』, 2002년 2월 22일, 2면.

29) 「누가 더 저질인지 경쟁하나(사설)」, 『국민일보』, 2002년 2월 22일, 6면.

30) 김형구, 「비리는 룸살롱서 시작?」, 『세계일보』, 2002년 6월 1일, 17면.

31) 석진환, 「대통령 차남들 단골술집도 강안네/헌천·흥업 씨 룸일롱 '시안' 이봉」, 『한겨레』, 2002년 7월 11일, 14면.

32) 주현진·이송하, 「"신인가수 PR비 최소 2억", 연예계 비리 실상은」, 『서울신문』, 2002년 7월 17일, 21면.

33) 호경업, 「드러나는 기획사-PD 유착실태/수백만 원대 '룸살롱 접대' 수시로」, 『문화일보』, 2002년 7월 20일, 3면.

34) 신현준, 「'그렇고 그런' 가요계의 비리 수사, 먹이사슬 그리고 '그렇고 그런' 의혹」, 『황해문화』, 제36호(2002년 가을), 410~411쪽.

35) 김선미, 「줌인/'연예계 접대비리' M-S-H 등 유명 룸살롱 현장취재」, 『동아일보』, 2002년 8월 9일, 51면.

36) 김충남, 「접대부 구인 사이트 '우후죽순'」, 『문화일보』, 2002년 10월 3일, 23면.

37) 조현철, 「'골목길 감시카메라' 찬반논란…강남뿔 "유흥업소 여성 노린 범죄예방"」, 『경향신문』, 2002년 10월 22일, 18면.

38) 김준, 「서울 유흥 단란주점 간판 '노래' 표기 월말까지 단속」, 『경향신문』, 2002년 10월 25일, 17면.

5장 2003~2005년_ "접대를 할수록 매출은 올라간다"

1) 김정섭, 「청와대 만찬 '룸살롱 뒤풀이', 폭탄주 돌며 '거난한 술판'」, 『경향신문』, 2003년 5월 22일, 4면.

2) 박민·김세동·김재곤, 「청와대 만찬 후 강남룸살롱 뒤풀이 전모/3당대표 술판 '民生 잊었나'」, 『문화일보』, 2003년 5월 22일, 5면.

3) 김연광, 「J 룸살롱 이야기」, 『월간조선』(2003년 7월), 474~475쪽.

4) 진경호, 「3당대표 룸살롱 뒤풀이 "경제 어려운데 이럴 수가"/각당 홈페이지 비난글 홍수」, 『서울신문』, 2003년 5월 23일, 5면.

5) 송충식, 「룸살롱 뒤풀이」, 『경향신문』, 2003년 5월 23일, 2면.

6) 진경호, 「3당대표 룸살롱 뒤풀이 "경제 어려운데 이럴 수가"/ 각당 홈페이지 비난글 홍수」, 『서울신문』, 2003년 5월 23일, 5면.

7) 최정욱, 「"속차려라" 민노당 알코올국회 해장식」, 『국민일보』, 2003년 5월 24일, 19면.

8) 배윤동, 「독자의 소리/3당대표 '룸살롱 술파티' 한심」, 『세계일보』, 2003년 5월 24일, 6면.

9) 최정욱, 「"속차려라" 민노당 알코올국회 해장식」, 『국민일보』, 2003년 5월 24일, 19면.

10) 오남석, 「鄭대표 '룸살롱 술자리' 사과」, 『문화일보』, 2003년 5월 26일, 2면.

11) 공종식, 「기업인 84% "접대하면 매출 오른다"」, 『동아일보』, 2003년 6월 17일, 34면.

12) 김재영, 「주부 320여 명 '룸살롱 마담'으로 명의 바꿔 '굿머니' 544억 대출 사기」, 『동아일보』, 2003년 7월 16일, 29면.

13) 이종석, 「불황타격 룸살롱 '섹스마케팅'-단골에 '아가씨와 콘도동행'」, 『문화일보』, 2003년 8월 30일, 23면.

14) 김종목·김준일, 「갈 데까지 간 '섹스 마케팅', '강남 룸살롱 풀패키지 체험'」, 『경향신문』, 2003년 10월 1일, 19면.

15) 유영규, 「사이트 '재신임' 투표…룸살롱 체험권 제공/"뛰어야 산다" 온라인 마케팅 열전」, 『서울신문』, 2003년 10월 23일, 22면.

16) 정재락, 「"더듬이…왕자병…": 경찰, 룸살롱 고객특징 꼼꼼히 적힌 장부 압수」, 『동아일보』, 2003년 10월 18일, 31면.

17) 「학원급식 비리 뿌리 뽑아야(사설)」, 『경향신문』, 2003년 10월 25일, 7면.

18) 남종영, 「'룸살롱 호기심' 신문이 풀어준다?」, 『한겨레』, 2003년 12월 2일, 25면.

19) 「[2004 국감]기업 룸살롱 접대비 1조6천억」, 『내일신문』, 2004년 10월 5일, 1면.

20) 이목희, 「[씨줄날줄] 룸살롱 접대비 1조원」, 『서울신문』, 2004년 10월 7일, 31면.

21) 유회경, 「사창가업주들 '폐쇄' 방침에 헌소 등 대응키로: "룸살롱 놔두고 왜 우리만…"」, 『문화일보』, 2004년 4월 5일, 23면.

22) 김준일, 「"우리 룸살롱 아가씨들 끝내줘요" 낯 뜨거운 인터넷 호객」, 『경향신문』, 2004년 5월 29일, 7면.

23) 박민혁, 「당선자들 이색 '나의 다짐'/"룸살롱 안 가겠다" "5시간 이상 안 자겠다"」, 『동아일보』, 2004년 5월 1일, 4면.

24) 배병문, 「'부어라 마셔라' 연 14조: 삼성경제연 보고서」, 『경향신문』, 2004년 9월 23일, 13면.

25) 김민배, 「한국의 주당(酒黨) 여러분!」, 『주간조선』, 2004년 12월 16일, 98면.

26) 신은진, 「룸살롱 업주들 "성특별법 찬성"」, 『조선일보』, 2004년 10월 26일, A12면.

27) 황진영, 「"판사가 변호사에게 性접대 받아"—지난 2월 회식 때…룸살롱 종업원이 진정서」, 『동아일보』, 2004년 10월 27일, 31면.

28) 김동훈, 「성접대 혐의 판사 사직 뒤 변호사 개업」, 『한겨레』, 2004년 10월 28일, 8면.

29) 최창순·이상록, 「"판사가 변호사 불러내 술값계산 요구"」, 『동아일보』, 2004년 11월 2일, 30면.

30) 「「룸살롱 변론」 아직 남아 있나(사설)」, 『동아일보』, 2004년 11월 1일, 2면.

31) 최승현, 「춘천 사건 진정 낸 前마담 인터뷰—"性風룸살롱 비호세력 있어"」, 『경향신문』, 2004년 11월 3일, 9면.

32) 하윤해, 「춘천룸살롱업주 영장기각 "전담판사 '부적절처신' 의심"」, 『국민일보』, 2004년 11월 20일, 6면.

33) 지호일, 「판사들 왜 이러나?…룸살롱 향응받아 좌천·자신 조사하던 경찰 폭력 휘둘러」, 『국민일보』, 2004년 12월 7일, 7면.

34) 우찬제, 「접대라는 이름의 마약」, 『문화일보』, 2005년 2월 24일, 26면.

35) 권기석, 「현장기자: '성매매 유비쿼터스'」, 『국민일보』, 2005년 3월 23일자.

36) 「성매매특별법 시행 6개월 후: 준비 안된 법…'변태영업' 키웠다」, 『동아일보』, 2005년 3월 22일자.

37) 장광재, 「룸살롱 비즈니스 이렇게 변했다」, 『매일경제』, 2005년 5월 12일자.

38) 장광재, 「룸살롱 비즈니스 이렇게 변했다」, 『매일경제』, 2005년 5월 12일자.

39) 방승배, 「벼랑 끝에 선 노조/택시노련 비리 백태」, 『문화일보』, 2005년 5월 16일, 6면.

40) 「비리의 한국노총 거듭날 수 있을까(사설)」, 『문화일보』, 2005년 5월 16일, 31면.

41) 「'노동귀족' 꼬리표 이참에 떼라(사설)」, 『서울신문』, 2005년 5월 17일, 31면.

42) 「한국노총 환골탈태 약속 지켜본다(사설)」, 『국민일보』, 2005년 5월 17일, 22면.

43) 차형석, 「룸살롱 "노래방이 미워"」, 『한국일보』, 2005년 8월 25일, A10면.

44) 이규연, 「노래밤·노래바는 또 뭐야」, 『중앙일보』, 2005년 8월 29일, 31면.

45) 이제교, 「술…술…술 취한 한국 사회」, 『문화일보』, 2005년 9월 13일, 1면; 조철환, 「술 취한 한국 독주 소비 세계4위」, 『한국일보』, 2005년 9월 14일, 5면.

46) 김성수, 「기업 접대비도 양극화」, 『서울신문』, 2006년 3월 7일, 9면.

47) 임정빈, 「기업 접대비 다시 급증」, 『세계일보』, 2006년 8월 10일, 18면.

48) 주진우, 「'성매매 해방구' 강남 밤마다 대박 터지네」, 『시사저널』, 2006년 2월 28일, 42~45면.

6장 2006~2008년_ '향락 공화국'의 '룸살롱 경제학'

1) 박성준, 「접대비실명제 불구 호화 접대문화 여전 '향락 공화국'」, 『세계일보』, 2006년 9월 5일, 1면.

2) 김성호, 「룸살롱 경제학」, 『문화일보』, 2006년 1월 23일, 30면.

3) 유석재, 「강남 1급룸살롱 '대마담' 영업비밀 책으로」, 『조선일보』, 2006년 1월 17일, A10면.

4) 한연주, 『나는 취하지 않는다: 강남 일급 룸살롱 대마담의 전략적 세상살이』, 다시, 2006, 26~27쪽.

5) 이태희, 「깨려면 제대로 깨라」, 『한겨레』, 2006년 3월 4일, 3면.

6) 이태희, 「깨려면 제대로 깨라」, 『한겨레』, 2006년 3월 4일, 3면.

7) 민석기, 「자정 넘어도 '업무상 술자리' 인정」, 『매일경제』, 2006년 4월 10일, A39면.

8) 유영규, 「룸살롱 '억대향응'」, 『서울신문』, 2006년 8월 11일, 9면.

9) 고찬유, 「'億' 소리 난 '황제접대'」, 『한국일보』, 2006년 8월 11일, 9면.

10) 지호일, 「화폐수집 15억, 룸살롱 3억, 만화책 수천만원…29억 횡령 공무원의 귀족생활」, 『국민일보』, 2006년 9월 8일, 8면.

11) 김동훈, 「'군부대 룸살롱' 취재기자 실형 논란」, 『한겨레』, 2008년 4월 27일, 10면.

12) 백혜영, 「"징역 1년? 다음에도 똑같이 보도할 겁니다": [인터뷰] '군부대 룸살롱' 보도한 김세의 MBC 기자」, 『PD 저널』, 2009년 2월 2일자.

13) 박성진, 「軍 간부들 군기 잡힐까: 룸살롱·내기골프 등 금지에 술자리는 '1차, 10시까지만'」, 『경향신문』, 2009년 5월 19일자.

14) 윤석만·민병기, 「'서울의 밤' 불법광고물 '점령'」, 『문화일보』, 2007년 2월 14일, 9면.

15) 이정하, 「여론마당/유흥업소 차량전광판 선정적…법·제도 미비로 단속 어려움」, 『문화일보』, 2007년 2월 23일, 30면.

16) 박현수, 「인터넷에선 무슨 일이/김승연 회장 '보복폭행' 비난 봇물」, 『문화일보』, 2007년 4월 28일, 4면.

17) 「또 국감 향응 파문, 언제까지 이럴 건가(사설)」, 『조선일보』, 2007년 10월 27일자.

18) 장명수, 「'거지 같은 '관행'」, 『한국일보』, 2007년 11월 2일, 38면.

19) 김재중·이고은, 「작년 기업 법인카드 사용액 중 1조656억원 '룸살롱서 긁었다'」, 『경향신문』, 2008년 10월 9일자.

20) 권혁철, 「증권예탁결제원 법인카드로 룸살롱 골프」, 『한겨레』, 2008년 7월 29일, 9면.

21) 「증권예탁원과 옛 재경부의 비리 共生(사설)」, 『세계일보』, 2008년 7월 30일, 31면.

22) 유지혜, 「증권거래소 '룸살롱 회의'」, 『서울신문』, 2008년 8월 9일, 9면.

23) 「전(前)국세청장이 룸살롱 여주인 계좌에까지 돈을 숨겼다니(사설)」, 『조선일보』, 2008년 8월 13일자.

24) 김유영, 「"접대비 용어만 바꿔도 기업인들 기 살아난다": 경제단체, 여당 지도부 간담회서 건의」, 『동아일보』, 2008년 9월 6일자.

25) 김정필, 「룸살롱 드나들며 해외 원정도박…PD·기획사 뒷거래 '사실로'」, 『세계일보』, 2008년 9월 23일, 10면.

26) 김학민, 「룸살롱으로 서민경제 활성화?」, 『한겨레 21』, 제743호(2009년 1월 9일).

27) 최영철, 「"강남 하드코어 룸살롱? 오래 못 갑니다": 최초 룸살롱 주식회사 CEO 김성렬 씨가 본 '화류계 변천사'」, 『주간동아』, 제670호(2009년 1월 20일), 46~48면.

7장 2009년_ 연예계 룸살롱 성상납 사건

1) 최승현, 「연예 매니지먼트의 그늘 [上] 일부 기획사 '접대용' 신인 따로 관리」, 『조선일보』, 2009년 3월 17일자.

2) 임지선·임인택, 「연기자 5명 중 1명 "나 또는 동료가 성상납 강요받았다"」, 『한겨레 21』, 제768호(2009년 7월 13일).

3) 양성희, 「양양의 컬처코드 ⑬ '장자연 리스트'가 말하는 것」, 『중앙일보』, 2009년 3월 20일자.

4) 박상주, 「더러운 포식자들…」, 『미디어오늘』, 2009년 3월 24일자.

5) 박상주, 「더러운 포식자들…」, 『미디어오늘』, 2009년 3월 24일자.

6) 「조선일보의 명예를 훼손한 49일간의 비방 공격기사(사설)」, 『조선일보』, 2009년 4월 25일자.

7) 「조선일보의 명예를 훼손한 49일간의 비방 공격기사(사설)」, 『조선일보』, 2009년 4월 25일자.

8) 김호기, 「리스트가 넘치는 '유랑민사회'」, 『중앙일보』, 2009년 4월 1일자.

9) 안영춘, 「검찰이 노래를 부르면 조·중·동은 춤을 추네」, 『한겨레 21』, 제758호(2009년 5월 1일).

10) 박상주, 「무서운 ○○일보」, 『미디어오늘』, 2009년 4월 7일자.

11) 「조선일보의 명예를 훼손한 49일간의 비방 공격기사(사설)」, 『조선일보』, 2009년 4월 25일자.

12) 「조선일보의 명예를 훼손한 49일간의 비방 공격기사(사설)」, 『조선일보』, 2009년 4월 25일자.

13) 「신문사의 의원 고소로 번진 장자연 사건(사설)」, 『경향신문』, 2009년 4월 13일자.

14) 김대중, 「조선일보의 명예와 도덕성의 문제」, 『조선일보』, 2009년 4월 13일자.

15) 고차원, 「힘에 기대려는 김 고문과 조선」, 『미디어오늘』, 2009년 4월 15일자.

16) 한현우, 「"당시 성(性)상납 수사 때 엄청난 외압 있었다"」, 『조선일보』, 2009년 4월 16일자.

17) 이충형, 「"장자연 소속사 전 대표 같은 신흥세력 2002년 당시 술접대로 영향력 키웠다": 7년 전 연예계 비리 수사했던 김규헌 검사」, 『중앙일보』, 2009년 4월 22일자.

18) 박창섭, 「"장자연 리스트 수사 촉구했을 뿐인데…": "조선일보, 고소 남발" 시민단체 반발」, 『한겨레』, 2009년 4월 24일자.

19) 박창섭, 「"장자연 리스트 수사 촉구했을 뿐인데…": "조선일보, 고소 남발" 시민단체 반발」, 『한겨레』, 2009년 4월 24일자.

20) 강주형·이대혁, 「['장자연 사건' 수사결과] 화려한 '소문' …초라한 '진실' : "술자리 확인했지만 당사자 부인" 내사중지」, 『한국일보』, 2009년 4월 25일자.

21) 이문영·안창현, 「'고위임원 아들 술자리'엔 침묵, 진실 요구엔 "악의적 명예훼손": 조선일보 '제 논 물대기' 장자연 씨 보도」, 『한겨레』, 2009년 4월 28일자.

22) 「조선일보의 명예를 훼손한 49일간의 비방 공격기사(사설)」, 『조선일보』, 2009년 4월 25일자.

23) 「역시나 알맹이 없는 장자연사건 수사(사설)」, 『한국일보』, 2009년 4월 25일자.

24) 「시늉만 하다 면죄부에 그친 '장자연 수사' (사설)」, 『한겨레』, 2009년 4월 25일자.
25) 이문영·안창현, 「'고위임원 아들 술자리' 엔 침묵, 진실 요구엔 "악의적 명예훼손": 조선
    일보 '제 논 물대기' 장자연 씨 보도」, 『한겨레』, 2009년 4월 28일자.
26) 「'조선일보' 의 균형 잃은 장자연사건 보도·논평(사설)」, 『한겨레』, 2009년 4월 27일자.
27) 박창섭, 「조선, KBS·MBC에 35억 소송: "장자연 보도로 명예훼손"」, 『한겨레』, 2009년
    5월 18일자.
28) 고재열, 「조선일보, 이명박과 왜 싸우나」, 『시사 IN』, 제87호(2009년 5월 11일).

8장 2009~2010년_ 한국은 '스폰서 공화국' 인가?

1) 최연진·이훈성, 「청와대, 룸살롱에 2차까지」, 『한국일보』, 2009년 3월 30일, 14면.
2) 「장자연 리스트 이어 청와대 성접대 의혹까지(사설)」, 『한겨레』, 2009년 3월 29일, 23면.
3) 박민혁, 「李대통령 靑 룸살롱 출입금지」, 『동아일보』, 2009년 3월 31일, 8면.
4) 「'룸살롱·性접대 로비' 와 축소 의혹, 모두 심각하다(사설)」, 『동아일보』, 2009년 4월 1
    일, 39면.
5) 임인택, 「은밀하고 노골적인 접대의 속살」, 『한겨레21』, 제755호(2009년 4월 10일).
6) 이용균, 「갈수록 치밀해지는 '공무원 접대'」, 『경향신문』, 2009년 4월 15일자.
7) 송태희·김성환, 「MB정부 2년차… '2차' 가는 공무원: 3월까지 성매매 적발 95명 예년 두
    배」, 『한국일보』, 2009년 5월 6일자.
8) 김원철, 「[우리 사회 거품을 빼자] (14) 기업 접대비」, 『국민일보』, 2009년 4월 15일, 7면.
9) 신민기, 「4~7층은 룸살롱…8~10층선 성매매 신종 '풀살롱'」, 『동아일보』, 2009년 4월 6
    일, 17면.
10) 김승훈, 「룸살롱·모텔 연계 1년 100억 매출」, 『서울신문』, 2009년 4월 20일, 7면.
11) 신광영, 「특급호텔–룸살롱 '성매매 공조'」, 『동아일보』, 2009년 4월 30일, 14면.
12) 김성민, 「'기업형 성매매' 룸살롱, 상무 80명에 남녀 종업원 250명…중견기업 뺨쳐」,
    『조선일보』, 2009년 5월 9일자.
13) 이용균, 「계열사까지 둔 룸살롱…의상실·미용실 갖추고 여종업원에 폭리」, 『경향신문』,
    2009년 6월 15일자.
14) 조이영, 「'텐프로' 여대생 고민 왜 들어줘야 하나」, 『동아일보』, 2009년 5월 18일자.
15) 박준희, 「1인 손님&전담 접대부 '나홀로 룸살롱' 성행」, 『문화일보』, 2009년 9월 3일, 8면.
16) 김승현, 「"검찰 수사관들 룸살롱서 억대 공짜 술"」, 『중앙일보』, 2009년 11월 18일자.
17) 「검찰 수사관들이 억대 공짜술 향응이라니(사설)」, 『경향신문』, 2009년 11월 19일자.
18) 정민승, 「"룸살롱…" 황당 질문 후 욕설 WSJ기자에 공보서비스 중단: 재정부, 이례적 강
    경 조치」, 『한국일보』, 2010년 3월 10일자.
19) 강경희, 「여성에게 '룸살롱 문화' 보다 더 높은 장벽」, 『조선일보』, 2010년 3월 17일자.
20) 조현호, 「KBS 고위간부 술자리 추태 구설수: 본부장·국장, 여주인과 싸우고 룸살롱 술
    파티」, 『미디어오늘』, 2010년 3월 24일자.

21) 조현철·구교형, 「'스폰서 검사' 후폭풍…검찰 특별감찰 검토」, 『경향신문』, 2010년 4월 21일자.

22) 김철웅, 「[여적]스폰서」, 『경향신문』, 2010년 4월 22일자.

23) 「검찰 향응 의혹, 이번에도 어물쩍 넘겨선 안 된다(사설)」, 『한겨레』, 2010년 4월 21일자.

24) 「'검사와 스폰서' 의혹 철저히 규명하라(사설)」, 『경향신문』, 2010년 4월 21일자.

25) 「업자가 검사에게 술 사고 돈 줘야 되는 사회(사설)」, 『중앙일보』, 2010년 4월 22일자.

26) 이철재 외, 「이귀남 법무 "검사들 룸살롱·골프 금지할 것"」, 『중앙일보』, 2010년 4월 28일자.

27) 강훈, 「'스폰서의 능력'이 '검사의 능력'이었다」, 『조선일보』, 2010년 5월 1일자.

28) 김낭기, 「검찰에만 '스폰서 문화'가 있는 이유」, 『조선일보』, 2010년 5월 4일자.

29) 정용인, 「지역사회 토착비리의 사슬」, 『위클리경향』, 제874호(2010년 5월 11일).

30) 김광호, 「"공직자, 천안함 애도기간 중 룸살롱·2차에 골프까지 쳐": 재오, 공직기강 해이 지적 "차량 번호까지 적어놨다"」, 『경향신문』, 2010년 5월 24일자.

31) 「이재오 위원장의 '으름장 놓기' 유감(사설)」, 『중앙일보』, 2010년 5월 25일자.

32) 「전국의 '검사 스폰서'들이 웃고 있다(사설)」, 『조선일보』, 2010년 6월 10일자.

33) 박방주, 「과기평이 조성한 비자금 5700만 원으로 룸살롱 접대받은 교과부 국장 해임」, 『중앙일보』, 2010년 8월 7일자.

34) 「산하기관한테 성접대까지 받는 공무원들의 나라(사설)」, 『한겨레』, 2010년 8월 7일자.

35) 조선일보 특별취재팀, 「여종업원·손님·웨이터…2000명 '지하 불야성': '국내 최대' 강남 룸살롱이 문 열었다는데」, 『조선일보』, 2010년 8월 28일자.

36) 정대하, 「룸살롱 2차 장부에 목포가 '덜덜': 400여 명 꼼꼼히 기록」, 『한겨레』, 2010년 9월 16일자.

맺는말

1) 김정운, 「아이폰과 룸살롱」, 『한겨레』, 2010년 6월 3일자.

2) 김정운, 「감탄할 일 많아질수록 더 행복해진다!」, 『신동아』(2009년 1월), 456~457쪽.

3) 조영남, 「맞아죽을 각오로 쓴 친일선언」, 랜덤하우스중앙, 2005, 132~133쪽.

4) 김명기, 「[독자칼럼] '왜 만지는가'를 생각하라: "아무나 만지지 마라"에 대한 반론」, 『한겨레』, 2010년 6월 9일자.

5) 김용철, 『삼성을 생각한다』, 사회평론, 2010, 419~420쪽.

6) 김민배, 「한국의 주당(酒黨) 여러분!」, 『주간조선』, 2004년 12월 16일, 98면.

7) 이흥, 「한국 사회의 심층심리/성을 사고파는 사람들: 농어민이 땀 흘려 번 돈과 성매매로 쓴 돈이 같은 나라」, 『월간조선』, 2003년 5월, 316쪽.

8) 강준만, 『한국생활문화사전』, 인물과사상사, 2006, 684쪽.

9) 사카이야 다이치, 김순호 옮김, 『조직의 성쇠: 무엇이 기업의 운명을 결정하는가?』, 위즈덤하우스, 2002, 48~62쪽.

10) 사카이야 다이치, 김순호 옮김, 『조직의 성쇠: 무엇이 기업의 운명을 결정하는가?』, 위즈
덤하우스, 2002, 182쪽.
11) 사카이야 다이치, 김순호 옮김, 『조직의 성쇠: 무엇이 기업의 운명을 결정하는가?』, 위즈
덤하우스, 2002, 182~183쪽.
12) 「WP "칸막이 문화가 한국 과학계 허점"」, 『조선일보』, 2005년 12월 26일, A4면.
13) 박혜민, 「싸이 Why?: 'SNS 진짜 원조' 싸이월드가 페이스북에 뒤처진 이유는」, 『중앙일
보』, 2011년 1월 21일, E1면.
14) 박문규, 「"칸막이문화, 전경련서 영구퇴출"」, 『경향신문』, 2006년 1월 5일, 17면.

＊ 사진 출처 도서

p. 18, 20, 55, 149, 187, 236
-『서울의 밤문화』(김명환 · 김중식 지음, 생각의나무, 2006년)

p. 32, 34, 36~38
-『사진으로 보는 서울 4』(서울특별시사편찬위원회, 2005년)

p. 46(아래)
-『격동 반세기』(정부간행물제작소, 1998년)

룸살롱 공화국

ⓒ 강준만, 2011

초판 1쇄 2011년 3월 18일 펴냄
초판 3쇄 2019년 3월 26일 펴냄

지은이 | 강준만
펴낸이 | 강준우
기획 · 편집 | 박상문, 김소현, 박효주, 김환표
디자인 | 최원영
마케팅 | 이태준
관리 | 최수향

펴낸곳 | 인물과사상사
인쇄 · 제본 | 대정인쇄공사
출판등록 | 제17-204호 1998년 3월 11일

주소 | (04037) 서울시 마포구 양화로7길 4(서교동) 삼양E&R빌딩 2층
전화 | 02-325-6364
팩스 | 02-474-1413

www.inmul.co.kr | insa@inmul.co.kr

ISBN 978-89-5906-177-8 04300
        978-89-5906-013-9 (세트)

값 12,000원

이 저작물의 내용을 쓰고자 할 때는 저작자와 인물과사상사의 허락을 받아야 합니다.
파손된 책은 바꾸어드립니다.